立人天地

REFRAMING BULLYING

反欺侮：
让学生远离恐惧

PREVENTION TO BUILD STRONGER

[美] 詹姆斯·E. 狄龙 (James E.Dillon) 著

张 禾 高连兴 译

SCHOOL COMMUNITIES

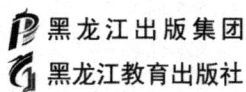

版权登记号：00-2016-023

图书在版编目（CIP）数据

反欺侮：让学生远离恐惧 /(美) 狄龙
(Dillon,J.E.) 著；张禾, 高连兴译. — 哈尔滨：黑
龙江教育出版社,2016.4
ISBN 978-7-5316-8700-9

Ⅰ.①反… Ⅱ.①狄… ②张… ③高… Ⅲ.①教育理论-研究
Ⅳ.①G40

中国版本图书馆CIP数据核字(2016)第094050号

REFRAMING BULLYING PREVENTION TO BUILD STRONGER SCHOOL COMMUNITIES
Copyright © 2015 by Corwin
Chinese simplified translation © 2016 by Heilongjiang Educational Press Co. Ltd.
ALL RIGHTS RESERVED

反欺侮：让学生远离恐惧
FANQIWU: RANG XUESHENG YUANLI KONGJU

作　　者	〔美〕詹姆斯·E.狄龙（Dillon,J.E.）著
译　　者	张　禾　高连兴　译
选题策划	王春晨
责任编辑	宋舒白　郝雅丽
装帧设计	Amber Design 琥珀视觉
责任校对	周维继

出版发行	黑龙江教育出版社（哈尔滨市南岗区花园街158号）
印　　刷	北京鹏润伟业印刷有限公司
新浪微博	http://weibo.com/longjiaoshe
公众微信	heilongjiangjiaoyu
天猫店	https://hljjycbsts.tmall.com
E-mail	heilongjiangjiaoyu@126.com
电　　话	010—64187564

开　　本	700×1000　1/16
印　　张	20
字　　数	285千
版　　次	2016年6月第1版　2016年6月第1次印刷
书　　号	ISBN 978-7-5316-8700-9
定　　价	42.00元

目录 / contents

前言 ·· 1

序 ·· 1

第一部分 重构预防欺凌体系的必要性 ·· 1

第一章 欺凌：从恶作剧到暴行 ··· 2

第二章 设定决定游戏 ·· 17

第三章 当前心理设定/学校游戏中的欺凌问题 ······························ 45

第四章 心理设定/游戏模式对学生个性的塑造 ······························ 60

第五章 重构的前景 ·· 78

第六章 重构预防欺凌体系 ·· 107

第二部分 重构预防欺凌体系的过程 ·· 147

第七章 重构预防欺凌体系指南 ·· 150

第八章 重构预防欺凌体系的心理策略 ······································ 182

第九章 重构预防欺凌体系的"身份"策略 ··································· 207

第十章 重构预防欺凌体系的"行为"策略 ··································· 232

第十一章 重构预防欺凌体系清单 ·· 270

第十二章 答疑解惑 ·· 277

致谢 ·· 290

参考文献 ·· 292

前言

"真理来敲门,你说:'走开,我正在寻找真理',于是,真理走开了。"
——罗伯特·波西格(Robert Pirsig),《禅与摩托车维修的艺术》
(*Zen and the Art of Motorcycle Maintenance*)

五年前,我退休了,不再担任小学校长。自那以后,我读了很多书,也写了很多文章,而且有幸仍能留在学校,这给了我很好的机会来和学生及老师们相处。

"永远不要忘记,懂得最多的人,才是最亲近学生的人。"这条简单的建议在我退休前一直指导着我,目前仍在指引着我前进的方向。

因此,当我面对教育工作者或给他们写些什么时,不会装作比他们懂得更多,因为我确实没有他们懂得多。我和他们在一起的原因是我得到了过去35年都没得到的——更多时间来阅读、思考和反省。

我从阅读中的发现并不令人惊讶,这些知识我在之前和学生及老师相处时就已经知道了。不过这确实帮我正确理解了我所了解到的事。因此,当我站在教师面前,我承认,由于我没有和学生们日常相处的经历,所以没有老师了解的多。但我补充到,由于我现在有了时间,我可以给他们提一些意见,帮他们回想经验中吸取了哪些教训。我希望他们能多咨询我,从我这里获得帮助，这样我可以分享一些观点，如果他们愿意花时间，最终会明白这些道理。我向本书的读者致以同样的邀请。

我并非因谦虚而分享这些想法，而是为目前教育政策和实践中的趋势所困扰——那就是告诉最有学问的人（每天和学生相处的教师们）他们懂得并不够。为了告诉他们这些做法是错误的，他们需要做那些专家认为正确的事。学校的教育工作者是与学生关系最密切的人，竟然有人告诉他们，让别人来为他们思考。遗憾的是，有太多教育者相信了这席话，认为工作需要他们按照某个程序、协议或草案的要求行事，以使他们确定自己是正确的。因此，时间如果花在别人让他们做的事情上，就很少甚至没有时间来独立思考了。

时间的限制对于教育工作者来说一直都是问题，但我也为当前的其他潮流所困扰。一位学校管理员总结了这一趋势，他向我坦诚，鉴于种种命令和规定，以及很少有时间来执行，使得对学生和教师友善变得越来越难。目前，教育工作者不仅没有时间思考自己的事，甚至都没有时间或自由来做他们内心想做的事。

这些趋势让我想起了那句关于真理敲门的名言。

序

"我们唯一恐惧的就是恐惧本身。"

——富兰克林·罗斯福

  这个问题让我猝不及防，使我停下了前行的脚步。因为要完成作品《让欺凌无容身之处》，两天后，我即将结束与学校管理员相处的时光。我们彼此相处得都很好，大家对于一些在学校遇到的现实问题畅所欲言，很多人要应对的问题远非欺凌这么简单。或许这可以解释当我们问及"是什么让我处于目前这个状态——研究如何预防欺凌？"这一问题时，关键点由专业性转移至我们个人方面。

  为何预防欺凌成了我职业生涯的中心？为何我对于帮助学校领导解决学校里欺凌问题充满热情？对这两个问题我并未深思过。我当前的处境是，作为一名学校领导，在决策方面有何进步，同时也成为一些人眼中关于欺凌预防的"专家"，而不再担任作家、培训师和顾问。我并没有真正回答他的问题，而是讲述了一些我学生时代的经历，这些经历驱使我想要确保孩子们不会遭受我曾经历过的虐待。对于学生时代的经历、我的使命以及作为教育者的价值观三者之间的联系，我并未给出明确的解释。

  但这个问题以及我在想要回答这一问题时表现出的笨拙，着实令人深思，再加上"退休"所赋予我的时间，最终使我真正明白，我所作所为的原因以及为何站在这群人的面前。这一问题以及之后对我产生的影响，都驱使我创作这本关于预防欺凌的书，深入探讨这一问题，以及其在我们的学校中挥之不去的原因。据此我认为，在回答所面对的问题时头脑中出现了一个故事，我将其分享是无可厚非的；这个故事透露出此时此刻我为何要这么做，以及这本书是怎样诞生的。

讽刺的是，思考如何回答这一基本的个人问题，让我仿佛回到了20年前，当时我也遇到过类似的情形，那时我是参与者而非领导者。那两天是双休日，我与教区教堂的教众得到了一次心灵上的净修。主持的是一位来自爱尔兰的牧师，他年纪轻轻就已睿智非凡。他对基督信仰的见解有别于我所见过的任何一位牧师。出于这一原因，我决定放弃这个原本应属于文书工作的周末，当时我还只是一位初来乍到的小学校长。

令多数人感到懊恼的是，M神父对我们的忏悔和请求宽恕并不感兴趣，而更多地让我们回想其他人对我们"犯错"的情形，以及这些行为对我们有何影响。有一种信仰一直萦绕在我的心头（我现在仍然信奉并高度重视），那就是我做错了什么，这让我有机会思考他人是怎么对待我的——尤其是当我年轻时，更容易受到欺负。

作为明智的领导人，M神父并没有对我们进行说教，只是给我们讲了一段故事：

他曾在爱尔兰就读一所天主教男校。当时有一位老师非常严厉，对于学生要求十分苛刻。他经常惩罚学生来阻止他们的不良行为，或是激励他们学习更加刻苦。当M神父五年级的时候，有一天这位老师在奚落一位学生时做的有些过分。M神父认为他是时候站出来，或对于这件事做些什么了。终于，他鼓起勇气举起手，并告诉老师这么做是不对的，会伤害到他人，应该就此罢手。老师对此并没有说什么，而是继续上课。

这件事发生在早上，而一切仍旧一如既往。所有学生都同时去吃午饭，之后在操场上休息。休息结束后，所有学生列开队形，集中注意地站着，直到校长下令解散才会回到各自的教室里。但这次他们并没有像以往那样迅速解散。校长叫了M神父的名字，让他上前面来，站到自己面前。在全体师生的注视下，校长厉声训斥了M神父，称他不尊重老师，还把他的裤子脱下来打了好几下屁股。之后他才被允许回到教室，学生们也各自解散回到课堂上课。

M神父讲完这段故事，我惊呆了，哑口无言。我已经想不起来他讲完故事以后的事了，因为最后这一情景一直萦绕在我心头。他的故事如同打开了我人生中一间被遗忘之屋的灯光，而这间屋子已被我遗忘多年。一刹那间，我在教会学校整个十二年的学习生涯在我心中像走马灯一样回放了一遍。我所认为的过去对我来说仍然记忆犹新。我曾以为这一切都已被遗忘。我的生活和学习都只是成长的一部分。然而，事实并非如此，他的故事我也曾经历过，我现在才知道，这是我一直试图忘却的。

他的这段故事中究竟是什么如此打动我，让我回想起自己的经历呢？我并没有马上知道答案；我所知道的就是我告诉M神父的话；我要告诉他，他的故事让我感同身受。当所有人去吃饭时，我询问了M神父，是否能与他谈谈。我们等到房间里所有人都离开后，他点头说："开始吧"。

当我正要开口时，一阵思绪掠过我的心头，这时我忍不住落泪，觉得内心深处有什么释放了出来，等到我深吸一口气后，我这才知道了自己为什么落泪——我的内心和思绪瞬间明朗起来。

我并没有因为像M神父那样挨打或遭到羞辱而哭泣；我哭泣的原因恰恰是我并没有挨过打或遭到羞辱。

我曾认为自己12年的上学经历很简单：我尽心尽力，取得了出色的成绩，最终进入了一所名牌大学。我有好朋友可以共度暑假，做一些大家都爱做的事，有时也会忍受一些痛苦。大多数人会说我接受了良好的教育，兄弟姐妹们做的也很不错，他们为学生提供了一条通往成功的路——笔直而狭窄，一帆风顺。

就我本人而言，我不知道整个在校期间，我一路上"丢失"了一些重要的东西。这就是M神父的故事给我的启示。这也是我落泪的原因。我为我的损失感到难过。

M神父的故事在一定程度上和我的很类似。我们都曾目睹过虐待或欺凌行为。我们都曾看到过同学和朋友遭到羞辱。他最终没有选择沉默，而为此付出了痛苦而高昂的代价。而我则保持了沉默，也没有付出代价。这就是我们的故事的不同之处。我安然无恙，并避开了一些其他同学没有避开的事。但他的故事告诉我，我最终会为选择沉默而付出代价。他的故事改变了我对自己经历的看法，我为因此而错过的事或悄无声息失去的东西感到难过。

我所难过的不是自己缺乏站出来帮助他人的勇气，也不是没能够站出来。我的损失远大于此。因为这12年里我从没有考虑过在别人遭到虐待时挺身而出，哪怕一丝想法都没有。我只是将其默认为学校里正常的现象而已，再正常不过了。老师们只要保证学生听话，让那些不听话的学生回到正轨就好。我内心的想法是那些遭遇虐待的孩子是罪有应得，他们应接受教训。他们是"自作自受"。回想起来，我意识到这都是恐惧造成的；这种恐惧是与生俱来的，我上学这么多年甚至都不知道它的存在。我怎么可能知道它从我这里带走了什么？

在潜意识里，我下决心保护自己，确保自己的安全。在某种程度上我同情那些遇到麻烦的孩子，但并没有想过去帮助他们。绝对不会责问或质疑我的老师！反思起来，我并不因这种态度而责怪自己，我只是和大多数人一样：面对危险要保证自身安全。

当危险及其带来的恐惧并非偶然现象或紧急情况，而是巧妙伪装成正常情况而蔓延数年时，就会造成长期的后果。忍受这种后果的人，学会与沉默和恐惧共存，失去了自身的很多东西——同情心、共鸣和勇气。结果他们就只能听命于那些位高权重的人，变得越来越不像真实的自己。这就是我所感到难过之处，也是我最终真正付出的高昂代价。

现在回首，我意识到这种看不见、蓦然的恐惧让我留在学校并成为一名教育工作者。我学会如何在学校里获得成功，但并不相信自己能够在其他地方一样出色。但作为教育工作者，我确实知道内心深处的想法，我知道学校可以和我所经历的不同，对于我所教的学生也可以不是现在这个样子。我不愿意学校像对待我那样对待他们。作为教育者，我希望学校能够更加安全，成为一个没有恐惧，学生能够安然自在的地方。这是我的使命，一直延续至今。这就是我结束休养时对问题的真实答案，也是我写这部书的原因所在。

这本书用另一种方式叙述了我的故事，这种方式照亮了藏在阴暗角落的一个问题。欺凌这种行为，使用恐惧来改变别人或作为达到某种目的的手段，这与学校正常的职能是很不搭配的，尽管我们努力想要将其作为一个另类而突出的问题进行解决，在暴露出来之前，这一问题仍旧存在着。

由此看来，这本书很有意义，我希望能够借此来解决一个问题，要甚于欺凌本身。目前在学校里，欺凌依旧是一个更深层次问题的表现形式，该问题借助"标准行为准则"的假象来伪装自己。尽管很多人为之付出了诸多努力，而大多数人不会欺负他人，也不赞同欺凌行为，但这一问题仍然对整个学校环境造成了负面影响。这本书的目的是帮助教育工作者反省自身行为，从全局审视欺凌行为，而不是作为单独的一个问题来解决。

本书的第一部分，第一章到第四章，阐释了欺凌与当前大多数学校的结构和运作框架之间的关系。第五章给出了一些针对组织如何积极改变文化和氛围进行的研究，很有前景。第六章给出了理解欺凌问题的新视角，也提供了一种积极的方式。这不仅可以解决问题，还要改善学校社区对所有成员提供的学习环境。如本书所述，重构防欺凌体系能够支持有能力及有责任心的老师、学生和父母，帮他们创建并经营理想且需要的学校社区。

本书第二部分的关键概念是如何重构防欺凌体系，这一概念可以追溯到另一个故事，这则故事启示我们如何让学校远离恐惧，使其成为更安全的学习场所。

这则故事非常简短，但对于学校如何应对欺凌具有重大意义，并为我们所有人所面对的问题提供了一条明智的建议。这是一个基本的事实，也可能是我们为何将其付诸实践如此困难的原因吧。

本内特博士，我的朋友，也是我的导师，是我们学校一个研讨班的主管人。（本内特按照意识流的方式工作，鉴于此，我对他奇怪的想法一直很警惕，这些想法脱离于研讨班的主题。这些想法和他说的其他一些话一样有价值）。一天在他讲课的途中，他突然停了下来，并说了如下一番话："与孩子相处相当简单，绝不要按照己所不欲的方式来对待他们。"之后他就回到讲课内容了。但对我来说，我知道他是将大多数学校存在的问题浓缩成了一句话。这句话对很多教师来说已经遗忘，而作为老师，他们也并没有将这句话付诸实践。

如果本内特从古人智慧所得来的建议能够为学校所采纳，很多看似棘手的问题都可以迎刃而解。如果学校领导能够在对待他人时更和蔼一些，多一些同情心，欺凌问题就会变得十分明显而没有那么多伪装了。如果学生看到并听到成人们平日里能尊重并关心学生，那么他们就有了很明确而积极的榜样。在这种环境下，欺凌就会暴露于众目睽睽之下，从而得到人们的关注，进而消除这一行为，因为欺凌不是大家想要的，同时也无处藏身。

多年前的一个夏天，本内特在研讨班上所说的话、看似奇怪的想法却告诉我们，如何重构防欺凌体系，打造更好的学校社区。这一简单的建议对于M神父及我本人的经历，以及大多数人的经历来说，是一种回击、一条出路，也是一剂补药。这些故事目前在大多数地方仍时有发生。

本书的第二部分是对本内特建议的一种解释，将这条"黄金法则"分解为诸多方针和策略，可以帮助我们将学校变成更好、更安全的学习场所。鉴于改变想法是一种过程，我为人们提供了一些资源和活动以供参考，可以一同分享，并为重构防欺凌体系打造更好的学校社区而努力。有句关于和平的名言如是说，"没有构建社区的方式，构建社区就是方式"。

尽管改变学校这一想法非常大胆，但我非常希望我们能够改变学校里发生的这些事，让学生和老师们能够过得更好——更加人性化、更加善良。我知道我的故事有些不同，如果我就读的学校能够少一些恐惧，那么事情会变得更好。我从阅读、研究、和其他人的互动、在学校就读以及教书的经历中了解到下面这些事实：

- 人性本善，大家都希望与别人保持良好的关系。
- 人们很容易恐慌，需要保证安全。
- 有时想要保证安全的想法阻止他们做善事、帮助别人。
- 有时好人也会虐待他人，但他们却认为自己是在帮助别人，在做他们认为"正确"的事。
- 当人们感到安全和获得支持时，善良的一面就会体现出来。他们会帮助彼此，发现这也是在帮助自己。

- 当你改变他人所处的环境并给予他们选择，按照更人性化的方式满足他们所需，他们最终会做内心最初想做的事：行善并帮助他人。

- 一旦人们相信可以通过合作来改变境遇，他们就会这么做，并营造一种环境，人人都可以感到安全，获得他人支持，以及每个人都能从中受益。

我希望大家可以携手让学校变得更好，在这里，每个学生、每个人都可以得到关爱和重视。我希望本书能够帮我们实现这个目标。

永远不要怀疑，用心执著的少众，可以改变这个世界。事实也一直如此。

——玛格丽特·米德

第一部分
重构预防欺凌体系的必要性

第一章　欺凌：从恶作剧到暴行

"我们想要从惯常叙事角度来看待并解释这个世界的倾向根深蒂固，然而我们却从不注意——即使我们已经写过这些话"。

——丹尼尔·平克《全新思维》

两则故事

2012年春，有关于欺凌的两则故事得到了媒体的广泛关注，并引发了强烈的大众反响。

寄宿学校事件

第一则故事最早出现于2012年5月5日的《华盛顿邮报》。

在密歇根一所知名的寄宿学校，一名高中高年级学生刚结束春假返校。他是曲棍球队的队长，隶属于超过11家学校俱乐部，算是小有名气。他注意到一名高一学生，看起来和大多数学生不一样。该生虽说是学校新生，但已经饱受嘲笑，被称为异类；他的言行举止有些偏女性化，被认为是同性恋。春假返校后，他的外表更加有别于常人，头发染成了金色，流海遮住了一只眼睛。他这一举动使其变得更加与众不同，因此惹恼了前面说到的高年级学生，后者决定采取一些行动。

他聚集了一些朋友对此评头品足，"这家伙究竟认为自己是谁？"。几天后，他请这些朋友们帮他把那位新生的头发剪掉，以此给他点教训。

于是他和朋友们直接来到新生宿舍，把对方按到了地上。随后他开始对这位新生的头发"下手"。在惊讶与恐慌中，新生开始大声地请求帮助，看到没有人帮忙，只得躺在地上哭起来。当高年级学生和他的朋友们"大功告成"后，他们彼此祝贺了一番就离开了。这对这名新生来说绝对是一次深刻的教训。

几年后，当这名高年级学生和参与此事的五位朋友讲述当时情况时，他们表现得懊悔不已，"这件事真是太愚蠢、太荒唐了""这是黑社会干的事儿""这太可恶了""他就是个单纯的小孩罢了"。其中一位朋友自感罪恶深重，刻意回避了那位高年级学生一段时间。他想看看他们是否会因那件事而受到惩罚，但这件事并没有向学校领导汇报。这些学生并不用为自己的这次行为负责，而是顺利毕业，过着不错的生活。

校车事件

另一则故事发生在2012年6月21日。

有四名即将毕业的男中学生用低俗的污言秽语，嘲笑了一位六十八岁高龄的校车助理，整个过程长达十分钟。大多时间，这位助理只是坐在那里，对这些男生的话置之不理。突然，一位男生摸了她的耳朵，另一名学生拿了一本教材碰了她的胳膊。还有一名学生为此录了一段视频，将它放在了YouTube网站上，希望最终能出现在喜剧中心节目"Tosh 2.0"上。这段视频最后在全球范围内收到了超过百万点击量。

新闻媒体很快发现了这段视频，并在网络和有线电视上进行播报。几乎所有的主流新闻媒体都对这位校车助理进行了采访。欺负她的这几名学生受到了漫天指责。他们的家长也因为教导无方而受到严厉指责。一名电视主持人给这几位学生打电话称他们是"心胸狭窄的小怪物"，而其他人评论道，"这个年龄就如此堕落，长大会是什么样"。这一事件为这位校车助理赢得了很多同情，并因此得到了免费机票和去迪斯尼乐园的全包旅行套票。专门有网站为她筹集捐款，一个月内筹集了70多万美元，最后帮她安然退休并成立了一家反欺凌基金会。

人们对这些欺负人的学生们怒不可遏。这些学生和家人受到了上百次死亡威胁。当地警方在其住处对他们进行了长达数日的保护。这些学生只得藏匿相当长的一段时间。

接受媒体采访时，校车助理戴着助听器，最初声称她当时什么都没听到，直到自己看了这段视频并听到了其中说的话。对于这种类型欺凌行为出现的频率，她给出了不同说法。一次采访中，她称之前从未有过；另一次采访中她则表示这些学生曾戏弄了她一段时间。当问及如何忍受这种欺凌时，她回应称，这需要很强的意志力。

当她被问及这些欺负她的孩子是否是坏孩子时，她的答案是否定的，她认为他们只是试图给彼此留下深刻印象，用他们的评论来胜过彼此而已。她也说到当学生们聚在一起也会发生一些很奇怪的事，但当单独与他们接触时，并不存在这些问题。

这些孩子最终被中止剩余学年的学习，需要进行50个小时的社区服务。这位校车助理决定不对这些学生进行诉讼。当问到如何才能确保这类事故不再重演时，她建议学校应教育学生不要欺负他人，要学会如何尊重他人。

尽管这些故事在媒体上出现的时间隔了几周，但大同小异，代表了不同时代、态度和价值观。他们都证明了我们的文化和集体意识中，欺凌这一概念在不断升级。

寄宿学校事件后续和分析

尽管第一则故事2012年才得到报道，但事件本身实际发生于1965年。一件发生于50年前的事为何最终公之于众？因为故事中强行为别人剪头发的高年级学生米特·罗姆尼（Mitt Romney）在2012年参加了总统竞选。一位具有探究精神的记者认为1965年的这件事可能在大选选举方面能帮人们做出决定。2012年出现的新故事清楚地证明了欺凌这一问题应引起人们的足够重视,足以影响一位在很久以前欺负过他人的候选人是否能够当选,证明其缺乏成为总统所应具备的道德品质。

《华盛顿邮报》中的文章为这一事件提供了如下附言:

20世纪90年代中期,大卫·塞得(David Seed)在奥黑尔(O'Hare)国际机场的酒吧看到一张熟悉的面孔。

"嗨,你是约翰·劳伯(John Lauber),上次没有帮到你,对此我深感抱歉。"他说道。

劳伯回答道,"那次真是太糟了,那次之后我经常回想这件事。"

事件首次报道之后,罗姆尼(Romney)试图利用这次事件作为竞选优势。

罗姆尼甚至在竞选中利用这次事件,来代表他有能力将这种无害而充满人性化的恶作剧大事化小小事化了。

面对来自公众的质疑,罗姆尼做出了如下评论:

"你们知道,早在高中时,我做过一些傻事,可能有人因此而受到伤害或被冒犯,但我不记得具体情况了。我在高中时参与过很多恶作剧,一些可能比较过分,对此我感到抱歉。"

这件事引起了一些令人不安的问题:

1965年,这些好学生(后来飞黄腾达了)怎么会用暴力按倒另一位学生,并不顾对方的哭喊而强行剪掉对方的头发呢?

这位受到伤害和侮辱的学生为什么不把这件事告诉其他人呢?

如此具有伤害性的暴力行为怎么能被轻描淡写为恶作剧,甚至回顾起来也如此表述呢?

这些学生并没有对自己的所作所为负责,又怎么能从这些错误中吸取教训呢?

要想回答这些问题并不容易,需要我们所有人深思,不仅是关于欺凌,而且好人怎么能对他人做出如此行为,来伤害对方呢?

1965年，同性恋不只是表现出另类，更是一种不道德的罪行。当罗姆尼和他的同伴将这名男生按在地上并剪掉其头发时，他是理亏的。在别人眼里，他这叫罪有应得，身为同性恋，他是低人一等的。或许在某种层面上，他们是在帮助他；这种暴力行为能让他改变自己的行为，变得正常一些——就像大多数学生那样。他们或许认为学校里几乎每个人，甚至是老师都会认为他们的做法是理所应当的。他们的所作所为没有借口，但很遗憾，他们和其他做出伤害性行为的人一样，都认为自己是正确的：这位同性恋男生是罪有应得。

这种对同性恋的歧视根源于社会和文化。他们从小就被教导，另类的人应该受到教育而变得不那么与众不同，同时也要因另类而遭到惩罚。这种流行的世界观在他们的心中已根深蒂固。他们按照绝大多数人的惯例来做事，这样自己的行为就显得天经地义了。

这种行为的受害者很可能意识到，将其公之于众对自己没什么好处。他心知肚明，这些领导人和行凶者的态度是别无二致的，坦白自己是同性恋无异于庸人自扰。领导肯定会告诉他不应该激怒对方，何必要多此一举呢？甚至某种程度上，受害者也会认为这是自己罪有应得，就因为自己与众不同。（1965年，与众不同的人会为这种流行文化造成的态度所误导，因而会谴责自己的行为。）

罗姆尼和他的朋友们大错特错，行为可能构成了犯罪，但他们并不是"小怪物"——随着年龄增长而日趋堕落。他们是在学习分辨是非的过程中对他人造成了巨大伤害。一些参与欺凌的学生会意识到自己的错误，而且这些错误不会受到领导的惩罚。这些学生日后会反省自己的行为，并因此感到由衷的懊恼。他们经过与不同类型的人打交道，这些年培养起来的道德意识告诉自己，所谓的天经地义并不能让自己脱离更高标准的行为规范。

1965年发生的这件事，再次证明了这些被认为与众不同的人受到他人的不公平对待是理所应当的。这也例证了人们可以在伤害他人的同时还有正当的理由；这种现象实则为欺凌以及与众不同者所受虐待的根源。

尽管将欺凌视为一种严重的冒犯行为（并非恶作剧）是一种进步的表现，但这只能说明宣称这种行为不可接受，无法阻止事情的发生。正如事件所描述的，给他人造成伤害的同时认为自己是有理有据的真正根源就在于，这些人太与众不同了。这是我们要理解也要重视的。因此，这则故事告诉我们要想改变欺凌的现状，仅仅告诉人们不要做什么，是远远不够的。

校车事件后续和分析

作者注：我在创作了《和平校车》（*Peaceful School Bus*）这本书之后，出版商问我是否愿意作为校车欺凌方面的专家接受访谈，我同意了。媒体报道此事后，我对新的报道保持密切关注，读了很多新发表的文章。我做笔记的目的是如果我接受访谈，能确保对所提问题有充分准备。

就最近的中学生和校车助理一事而言，欺凌已经浮出水面，而不只是受到文化制裁了；人们开始将其视为一种不可接受的行为、同龄人虐待行为以及对人权的侵犯。

校车事件中，欺凌并非是悄悄发生而数年之后再被报道。当前情形下，几乎任何一种行为都可能被报道，而且迅速为全世界所知晓。视频中"目击"的欺凌行为发生之后，迅速引起了我们强烈的情绪化反应，人们纷纷对此事以及当事人做出评判。尽管欺凌行为引起的众怒只是欺凌浮出水面的原因之一，我们也要警惕这种反应对后续行为的影响，以及解决问题时所采取的决定。这件事生动证明了，当欺凌成为吸引数百万人关注的焦点并广为媒体宣传时，会出现什么状况。

2012年的这件事到现在也很容易搜索到。您可以访问YouTube网站收看访谈，并了解人们的反应以及对视频的评论。

在所有与校车欺凌事件相关的视频中，校车助理对事件的看法比媒体讲述的更加准确而深入。毫无疑问的是，比起评论员或置身局外的专家来说，同学生们朝夕相处的工作者更有资格对欺凌事件给出有意义的评论。

下面是助理对欺凌经历的讲述：

她不认为欺凌她的孩子们是坏孩子。实际上，她再三地表示他们是好孩子。

她认为他们的行为是不对的，也是不尊重他人的一种表现。

她认为他们的行为尽管有些卑劣，对自己而言其实没什么，更多的是给彼此留下印象而已。

她和孩子们相处了很久，知道好孩子会说一些蠢话、做一些蠢事，甚至会伤害到他人，尤其是在校车上。

她知道孩子们在车上表现出的状态不佳，因此她决定原谅他们。

她喜欢车上的这些孩子（即使是那位对她出言不逊的男孩），否则她也不会在这个岗位上坚持这么久。

她一开始确实不知道会有什么后果，但知道这不是犯罪。

她没有谴责他们的父母，因为她知道孩子们在家里绝不会这么做的。

她认识到这些孩子确实需要帮助，以学习更得体的社交方式。

她一开始并不理解媒体们为何如此小题大做，但最终将所有得到的善款投入到了预防措施上。

这位校车助理对事情的看法要比媒体所报道的更加真实，但明显没有媒体所描述的夸张。这件事一开始并没有好坏之分，旁观者也不应给这些学生和他们的家长下结论。尽管媒体抛出了很多问题，但她拒绝起诉以及谴责这些学生和家长的行为值得称赞。

无论这些学生所作所为多么恶劣，但解释事故背后的原因和情况并不等同于原谅这种行为。借助校车助理对这件事的看法作为切入点，根据之后发生的情况，我们可以知晓学生们为何这么做，以及公众对此事的反应为何如此强烈。

1. 校车助理听力存在障碍，她承认自己听到的内容很少。学生们也知道她的听力不好，很可能认为她没有听到自己说了什么。

2. 他们对她的评论并非出于伤害她的目的。这些评论只是随口说说罢了，就像校车助理在之后的采访中所解释的那样。他们用了一种很粗鲁的方式（这对男中学生来说算是家常便饭）来寻找乐趣。

3. 这段数百万人收看的网络视频中，人们听到的评论由一部智能手机所记录，位置更靠近这些男生而非校车助理。

4. 大多数观众武断地认为他们在视频里听到的就是校车助理所听到的。这也可解释为何校车助理大多数时间都对这些脏话充耳不闻了，人们往往会忽略听不清或根本听不到的话语。

5. 尽管这些学生所说的内容不堪入耳，但语气并不凶悍。他们只是把校车助理当成同龄人开玩笑罢了，要知道男生之间开玩笑时是会说一些脏话的。

6. 事发时天色已晚，孩子们比较疲惫也没什么顾虑，因此想到用粗鲁肮脏的玩笑来解闷。

7. 看到校车助理似乎不为这些话语所动，这些男孩误解其为对他们行为的默许。他们用课本触碰校车助理时，后者才怒目而视并责令他们住手。他们明白之后就再没有接触过对方。如果她对这些孩子的脏话抱以同样态度的话，这些孩子就不会继续说下去了。

8. 这些孩子很可能认为校车助理知道他们是在开玩笑，也接受所发生的事情。在他们看来，如果领导不予阻止，就表明他们可以继续自己的行为。有时候中学生对于社会上一些暗示并不知晓，除非是一些特别明显的暗示。

9. 尽管这些孩子的所作所为是错误的、不当的，但按照欺凌的定义，也不能归类为欺凌。

欺凌是指某人故意对他人说一些伤害性的话语或做出一些伤害性的行为，而对方在这一过程中会吃不少苦头（奥维斯Olweus, 2007, p. 11）。

欺凌是学龄儿童中出现的一种攻击性、令人讨厌的行为，涉及事实或感官上的权力失衡。这是一种重复性行为，或随时间推移有可能重复。欺凌包括威胁、散播谣言、身体上或口头上攻击他人以及故意从某一团体中驱逐某人等行为（美国卫生及公共服务部 United States Department of Health and Human Service，2014）。

通常监督岗位上的成年人要比学生的权力大，因此此次事件中并不存在这种权力失衡（欺凌行为的关键要素）。当这位校车助理本人采取防卫行为时，这些孩子们停止了自己的行为，因此我们不认为校车助理是毫无防备的。这些孩子是否故意伤害校车助理尚不清楚，尤其是他们可能认为对方听不到自己所说的话。这次事件是否是一种经常性行为或只是偶发事件也不清楚。

这些解释并非为这些男孩的行为开脱，只是为了证明出于诸多原因，欺凌这一现象并不明确。就文中校车事件而言，并结合欺凌的定义，这些学生的行为是否构成欺凌尚有待确定，至少可免于人们对他们的谴责。讽刺的是，校车助理本人对于这种欺凌的不确定性也负有相应责任。

文中的校车事件引出了如下疑问：

这些孩子是"小怪物"吗？

随着年龄增大，他们会继续"堕落"吗？

人们对他们的谴责公平吗？

死亡威胁有道理吗？

他们这样是因为父母没尽到责任吗？

为了确保下次不犯，是否应暂停他们一个学年的教育？

即便没有校车事件的一手资料，但经过对事件的分析，我对这些问题的答案很明确："不"。他们是典型的中学生，想要在风头上盖过别人。他们确实做了一些不该做的事；他们很可能以后不会再这样做，即使他们没有因此而受到惩罚。对于我们大多数人来说亦是如此。如果我们犯了严重的错误，一旦我们明白这些行为是不对的，我们就会避免以后再犯这样的错误。在没有外界痛苦或制裁的情况下，我们也能学习和成长。（如果质疑这些是可能的，请参照1965年的那起事件）。事件发生之时，我们并没有听到媒体和大众对这些问题说"不"。除了这些不得不去其他学校上一年学的孩子，也除了可以带着公众捐款就此退休的校车助理，对所有人来说，这件事引起众怒之后很快就销声匿迹了。但这件事能否阻止其他中学生并使他们不再重蹈覆辙，非常值得怀疑。

事件对比情况表

事件	寄宿学校事件 1965 年	校车事件 2012 年
事件描述	一群学生对一名学生进行了人身攻击。	一群学生口头上侮辱了一位上了年纪的成年人。
与欺凌定义的关系	严格意义上的欺凌，但也可认为是殴打或仇恨犯罪。	可能不符合欺凌定义的标准。
作恶者的意图	故意谋划攻击某个人，作为"教训他"的方式，因为无法接受对方的行为。	并不确定是否蓄意为之，尽管对方经常会被当作玩笑的对象。
社会背景	发生在课堂之外。事发时并没有处于监管角色的成年人。	典型的学校结构之外。一位职权最低的辅助人员成为了口头辱骂的对象。
受害人的反应	很可能没有告诉学校的任何人。接受/默认了虐待行为。	并没有进行通报，但没想到视频会被放到网上。并不想让学生们被控有罪。坚定地认为学生们本性是好的，只是为了彼此炫耀罢了。
对受害人的影响	明显受到了伤害；心理上的创伤持续了很久。	表现出了情绪上的烦恼。当事人承认没有听到全部内容。收到了来自公众的支持和就事件发起的捐款。
公众意识与反应	当时没有引起公众意识，直到40年后才引起了一些负面反应。	当时就引起了大众的负面反应与愤怒。作恶者和父母受到了谴责。甚至受到了死亡威胁。
作恶者受到了何等惩罚	并没有对行为负责，没有受到惩罚。	大众媒体给作恶者贴上了负面标签。遭到学校停课一年的惩罚。
大众对欺凌以及欺凌者的看法	行为被视为家常便饭而忽略了；作恶者当时年轻，没有意识到所造成的伤害。	欺凌是一种不可接受的行为，作恶者应受到惩罚以确保不会再犯。
对作恶者的长期影响	所有参与者事业都很成功，一些甚至成了领导人。	尚待确定。

两则故事中"隐形的角色"

如果不承认两则故事中存在"隐形"中心角色,那么就无法得出全面的总结。这一角色在两则故事中的所有行为都起到了决定性作用,但当事人并没有意识到这一角色影响到了他们的所作所为。如下两段陈述描述了这位"隐形"角色:

研究借助功能磁共振成像证明了:在推理或解决问题时,学生在大脑使用方面是有别于成年人的。比如说,学生会更依赖一些像扁桃体这样的本能结构,而并非大脑额叶这样的高级区域,大脑额叶关乎目标导向以及理性思考。他们会误解一些社会暗示,比如与面部表情相关的情绪。

青少年的大脑奖励中枢要比儿童或成人的更加活跃。青少年最想得到的就是社会奖励,尤其是来自同龄人的尊重。当他们认为其他同龄人在旁观自己的所作所为时,大脑的奖励体系会异常活跃——他们会为此而更加冒险。

这些故事以及很多案例中的隐藏角色就是成熟过程中青少年的大脑。这解释了(并非纵容)为何好学生也会对其他人做出伤害性行为。在寄宿学校事件中,解释了为何一名学生另类的外表能够激起同龄人如此强烈的反应,也解释了这些同龄人为何能轻易说服自己,为了压制个人另类的表达而伤害对方。在校车事件中,解释了为何学生们在试图超越他人的过程中,会忽略他们对校车助理评论的内容,要知道他们本应尊重对方。

人们在不了解青少年大脑对其言语行为的影响的情况下,很容易将罪责归咎于父母教育不到位、性格特征或对权威的故意挑衅。这一发现可以解释群体会轻易改变个人对情况的感知,也解释了随着时间推移,寄宿学校事件中的学生们没有因所作所为而受到任何惩罚,却会对自己的行为感到真切的懊悔。

这一隐藏角色解释了为何学生们不能很好地分辨是非、对他人的感受如此淡漠；解释了学生对世界的看法为何有别于成人，以及为何要把他们视为"半成品"，要比成年人得到更多的关注。他们对故事的阐释取决于是否意识到这一隐藏角色。只有理解了青少年的大脑会影响自己的所作所为，我们才能真正领悟两则故事的真谛，让我们克制自己对他们的情绪化反应。

"反应"在这些故事中所扮演的角色

作为对两则故事的回应，艾米丽（Emily）在著作《棍棒与石头》（*Sticks and Stones*）中详述了其他与欺凌相关的故事。她总结了我们对欺凌事件反应所造成的一些意外结果：

在极端形势下，急于惩罚会导致反应过激。我们可以不把这些犯错的孩子们当孩子看，不一定要按照成年人的标准来对待他们。但当一桩欺凌事件在媒体的狂热宣传下迅速发酵，一位青少年成为了恶意的代言人，我们就会忘记应当给予孩子们改过自新的机会。相反，我们只是沉浸在对报复的呼吁上……问题在于当你想要挖掘事实和背景情况时，欺凌的相关案例就会变得十分复杂。关键在于几乎每个人都有同情和尊重他人的能力——并且倾向于尽力去发挥这一能力。

人们对于校车事件如此快速而强烈的反应，彰显了旁观者可以如此轻易就忘记对方只是青少年，而很武断地对其他人做出道德上的评判。正如校车事件后续所证实的，这些媒体所营造的谴责，造成很多人希望对这些学生施加更严厉的惩罚。这一现象目前已成为我们文化中欺凌表现的一项关键要素。针对欺凌者的愤怒只能造成比欺凌本身更糟糕的态度和行为。这也是我们必须要懂得的：对于欺凌的反应为何本身却变成一种欺凌呢？

尽管判断别人很简单，但我们必须要审视我们文化、校园以及本身所包含的欺凌之根源，而不只是那些被发现在欺负他人的个人。巴泽龙（Bazelon）所说的"报复是我们主要的冲动"确实也是一种方法，证明我们的社会只是试图用武力或权力来阻止问题的出现。我们越是用欺凌的方式来预防欺凌，我们就越背离预防和减少欺凌的初衷。

两则故事的寓意

尽管本章给出的两则故事看似相差甚远，结果也迥然不同，但都证实了所有欺凌事件和虐待行为的关键点所在：将他人批评的一文不值。

我们对欺凌的看法可能有了根本上的改变，但不幸的是，一些对于人类基本的看法和信念却并没有变。这两则故事尽管截然不同，但都体现出相似的套路。欺凌的实施者——校车上的男孩们——并没有将自己的乐趣建立在别人痛苦的基础上——却成了罪有应得，为了改变而必须受到严厉的惩罚。他们遭到了严厉的谴责，这归咎于他们的欺凌行为。由于他们犯了错误，因此生命都受到了威胁。在大多数人的眼中，他们做了错事伤害到了别人，他们是罪有应得的坏人，应当严惩不贷。讽刺的是，参与攻击同性恋男生的那起事件也是同样套路——这位同性恋男生也得到了应得的待遇。对于这些行为所持有的信念在某种程度上是公平的，因为受害者各有不同，有可能是不道德的，这是更深层次的问题，而且受害者也为欺凌和暴力提供了条件。

如果预防欺凌演变为欺负他人的年轻人现在被贴上了道德欠缺或离经叛道（正如1965年同性恋事件）的标签，人们对欺凌的看法并没有发展到我们所预想的高度。

人们每天都会遭遇不公平待遇，而虐待他人者都有各种理由和借口为自己开脱。欺凌的根源与我们往往会在一些行为上找理由相关，要知道我们并不希望这些行为发生在自己、家人、朋友或与我们相似的人的身上。欺凌根源于一些更深层次的原因，关乎我们对他人的基本看法，以及对与众不同者的反应。

本书在更宽泛的层次上阐释了欺凌，这一层面上人们深受文化价值、学校和社区规范的影响。本书尝试回答这些故事引起的问题，证明到目前为止学校是如何解决欺凌问题的：

欺凌事件何以成为一种故事的类型？

人们为何在没有弄清事情真相或了解行为背景的情况下，就草草对这些欺负他人的学生贴上标签并予以谴责呢？

人们的反应对我们的文化以及我们对世界看法有什么启示？

我们为何如此轻易地"忽略"宽恕，需要吸取那些教训？

我们对于欺凌所采取的办法，为何无法让我们认识到，我们究竟对人类发展和社会交往有哪些了解呢？

尽管这些问题很难回答，但可以让我们学会同情他人，不仅可以在预防欺凌上做得更好，还能改善我们在学校和文化中待人接物的方式。

新的方向

"我们务必要培养并保持宽恕的能力，缺乏宽容的人也缺乏爱的能力。最坏的人也有好的一面，最好的人也有邪恶的一面。当我们发现这一点，我们就不大可能憎恶敌人了。"

——马丁·路德·金

为最大程度上预防并减少欺凌，我们需要重新审视欺凌，并非简单的定义"好人"与"坏人"，也不要用欺凌的方式去对待欺凌。尽管我们的情绪会因欺凌的行为被扰乱，但我们要控制情绪来更好地理解欺凌是什么，按照这种理解来行事，让人们携起手来解决这一重要议题。就算行为得不到宽恕，这些欺负他人的学生也要学会尊重并关心他人。我们必须要帮他们了解自己和他人，而不只是因所犯的过错而一味惩罚。所有的学生，即使是欺负人的学生都需要我们的同情和指导，而不只是约束。

我们"报复的原动力"并非一成不变的选择，或称为我们面对欺凌时的驱动力。我们要用更好的态度来替代这种冲动：我们有能力思考、理解、同情和关爱。为了切实改变自己的方式，我们首先要相信，只有学校和与他们朝夕相处的成人们率先做出改变，才能够改变学生。学校必须要在话语和行为上反映出我们希望学生们模仿的改变。

我们务必要分析和理解当前的校园文化和做法，二者可能间接影响我们对与众不同者做出负面评判，并抑制我们帮助和支持他人的想法。这种方法可以帮我们审视一些隐藏的假设或典范，这些假设或典范束缚了我们作为学校所持的看法和所下的定义。我们首先要探索我们的感受、想法、言论和行为是否受到我们对世界看法的控制——也是我们设计的方式。

只有当我们正视并理解当前学校的体制以及所有教学的衍生物，我们才能重新进行设计，不仅能够终止欺凌，还能最终使我们的校园成为更强大的社区。这个过程最终能使我们的学校做出改变，就像马丁·路德·金所说的那样。

第二章　设定决定游戏

"你的道德情感依附于体制，即对现实的描述，而非现实本身。"

——丹尼尔·卡曼《思考，快与慢》

言之有理；悔不当初

当我在"YouTube"上搜索校车欺凌事件的新闻报道时，我发现了一段由一位父亲自制的视频，就学生欺负校车助理的原因发表了评论。他振振有词，称这些学生管教不当。但报道中并没有提及父母对这些孩子的养育。一名男生的父亲发表了声明，称自己的儿子可能需要心理疏导，这意味着自己在为儿子的所作所为开脱。但制作视频的这位父亲认为这表明男孩缺乏管教，这就是他欺负人的原因。他的言语充满了冷静与肯定，他制作视频的目的是参与媒体对欺凌的这次大讨论。

他认为这个过于纵容的社会也难逃其咎，作为一个国家，我们需要对表现不佳的孩子施加更严厉的管教。"欺凌"一词以及该视频表明，这位父亲的世界观颇为激进——有什么错误，如何来纠正。

除了对校车事件简单而通情达理的解释，人们还陈述了如何纠正问题，这表明尽管当前人们对于欺凌问题十分看重，效率却十分低下。

就像这位充满好意的父亲，人们需要理解这个世界，而且越快越好，而不是只关注自己对问题或情形知晓程度是多少。这位父亲并不知道校车上的这几名学生是怎样被父母养育的，只是假设他们成长中没怎么挨打，因此不知道区分对与错。

这种思考方式就是使虐待他人或按照己所不欲的方式对待他人合情合理的原因之一。在这位父亲的心目中，欺凌他人是错误的，不应遭到忽视。欺负他人的学生们需要严厉管教（这恰恰是他们欠缺的）来学会区分对与错。这种看法认为惩罚欺负他人或不遵守规则的人，确实是教育对方的良策。不惩罚犯错者只能让不听话的人继续犯错。

很多阅览该视频的观众对这位父亲深表支持。他们认为他的说法"很有道理"，与其他人对这个世界上错误的看法所一致。很多人回顾自己的成长过程，基本都遭遇过体罚，因此认为这是自己能够健康成长的原因，认为孩子们需要这种类型的管教。既然体罚对有道德的好人"奏效"，那么为什么不能对那些欺负校车助理的坏孩子们"奏效"呢？既然这个世界已经失控，欺凌随处可见（就像媒体所呈现的），唯一合理的解决方式就是对孩子们施加更为严厉的管教，确保他们不会欺负他人。这一看法在全世界是如此之普遍，1965年寄宿学校那起事件中施暴的学生很可能就有这一想法，认为自己体罚他人是合理的：是在惩罚对方不道德、错误的行为。他们认为自己是在帮助他而不是在伤害他，或他们为了帮助他而不得不伤害他。

这种解决方式就是问题所在

如第一章中所探讨的，校车事件和寄宿学校事件都包含了一项隐藏要素——青少年成熟过程中的大脑。这位呼吁用更严厉的管教来解决问题的父亲并没有意识到这一隐藏要素——在他的理论中并没有这一要素。他认为这些学生是因为缺少了什么（管教）而做出这种行为，这种行为在某种意义上是注定的，并没有受到同龄人或想要从他人那里获得赞许的影响。他错就错在这种常见的看法上：尽可能多地收集信息，有时只能阻止人们找到问题所在。

因此，他对这些欺负校车助理的学生们的看法，很难解释这些学生如果不受同龄人的影响，怎么会对校车助理讲礼貌。他很可能忘却了，青少年有很强烈的欲望让他人接受自己，做到合群。就如何应对欺凌问题而言，他将"报复的原动力"伪装成一种常识，认为这比同情或对人类成长的知识更加重要。他也发现自己很难承认，是感情驱使自己对问题给出"正确的"解决方案。他自认为自己的方案很合理，很多人都是如此。

我给出这一分析的目的不在于批评这位严苛的父亲，而是证明尽管大多数人对某种解决方法表示赞同，但并不保证这种方法就是正确的。实际上，我们都有一种倾向，想要"马上找到应对方法"来处理问题，这本身就是问题所在，也是这位父亲所犯的一种错误。就像很多人怀疑的那样，欺凌问题不仅会持续——甚至会更糟：对儿童施加更多的体罚并非应对欺凌的正确方法，反而会适得其反，南辕北辙。

对体罚的研究表明：

本研究是对目前越来越热门的文献进行补充，认为父母采用体罚来教育儿童可能造成儿童更具有攻击性。这一证据表明，对暴力的初级预防应首先防止对儿童采用体罚教育。

这项研究继而补充道：

面对带着受到体罚的儿童来综合小儿内科诊室看病的家长，医生在教育他们应采用非暴力的方式对待儿童时，出现了诸多结果。

这不仅是针对父母的一种问题：19个州允许学校内出现体罚，2005-2006学年共计223190名学生受到过体罚（有效管教中心 The Center for Effective Discipline, 2010）。

美国很多州都采取这一方式来针对青少年犯错，同时他们还颁布了法令来预防校园欺凌。这一矛盾是不容忽视的。当我们应对问题的解决方式成为了反作用力时，我们需要明白这种反作用力是怎样出现的，只有这样我们才能解决最开始的问题。

更深层的问题

改变的实质

想象一下这个场景：小儿麻痹症是一种可以治疗的疾病。治疗手段在全世界已得到应用和传播。假设某地人们并不知道这一治疗方法；在找到治疗手段之前，出于诸多原因，医师们仍然使用过去的方法来治疗病人。那么问题是什么呢？问题不在于小儿麻痹症。问题在于尽管治疗手段已被证实行之有效，但医生们却并不采用，无法理解为什么没有做出必要的改变。

这一比喻同样适用于当今校园内出现的欺凌现象。目前我们可以掌握的研究告诉我们，需要知道用什么来大大减少并阻止校园内的欺凌现象。我们知道社会动态创造了催生并维护欺凌的条件。很多书籍、文章和资源都包含这一信息。人们意识到并接受了欺凌是一项严重的问题，很少有人能宽恕这一行为。人们达成了一种共识：这种现象不应该出现在校园里，而很多法律都对这一共识进行了规范。学校里的工作人员都是精明能干而富有同情心的，不会纵容这种虐待行为的蔓延，也不想看到这一现象。在所有已得到的数据面前，最新的政府统计资料表明，2005年至2011年，报道欺凌率依旧保持在28%的水平（美国国家教育统计中心National Center for Education Statistics，2014）。

作为教育工作者，就专业性和个人而言，我们还是坚持认为问题就在于欺凌本身。尽管我们已经重视这一问题许久，但方法并不奏效，原因就在于我们的方向是错误的。就像比喻中提到的小儿麻痹症问题，校园里欺凌并非问题所在，真正问题在于改变。既然学校已经知道预防和减少欺凌可以采取哪些行之有效的方法，却为何不予以采用呢？这就是我们需要讨论的，尽管我们尚不得知对于这一深层问题，人们是否已有所共识。

改变之所以复杂的原因

我们在预防欺凌上所做的努力似乎总是不尽如人意，或许原因在于与改变相关的问题难以回答，人们更愿意只关注欺凌本身。

但是，社会心理学已尝试解释我们如何对复杂而令人困惑的问题进行响应，以及这么做的原因。《思考，快与慢》一书中给出了对研究比较全面的总结。该书为如下问题提供了答案：

当一个人或组织需要解决一个问题或解答一个疑问时，并没有答案，这时会怎样？

回答：他们会把其变成一个自己能够回答的问题。

这种倾向指的是启发式判断。丹尼尔·卡曼描述到：

你精神生活的一个显著方面是你很少会被难倒……你的正常心理状态是几乎对所面对的一切都有所直觉和想法。无论你是否予以陈述，你总会对自己并不完全理解的问题给出答案，依据是你无法解释或辩解的证据。启发式教育法的技术定义是一种简单程序，通过对困难问题给出充足但不完美的答案。你可能不会意识到目标问题难度很大，因为心目中已经有了来自直觉的答案（P.97）。

启发式判断是我们"第一系统"的一部分，或对世界的快速思考反应。卡曼认为，信息的思考和加工有两种方法："第一系统"或快速思考，以及"第二系统"或慢速思考。第一系统是对我们大多数典型或重复性经历的操作系统。当我们面对熟悉的经历时，快速思考不需要过多思考或反应——就像操作自动驾驶仪一样。我们自发做出判断和决定来有效生存和工作。大多数这类思考都是过去经历的产物，由我们的文化以及对于世界的普遍思考方式所塑造。这类思考并不会过于复杂或造成疑惑，因为我们需要快速思考、快速而有效地行动起来。人类对于快速思考和反应机制也存在一种潜意识的青睐，在某种程度上希望让事物保持原样，让事情平稳发展。我们喜欢熟悉的、能够轻易理解的事物。相反，对于不熟悉或扰乱正常模式的事物感到不屑一顾、充满质疑。

慢速思考或"第二系统"思考是指我们不再对问题很快给出答案，转而收集更多信息。当我们倾听、反思、质疑、探索和协作时都进入了慢速思考的状态。这种思考方式要求我们学会倾听不同的观点，与他人产生共鸣，并在探索新思想时暂时搁置自己固有的思想。这样一来，我们可以包容不确定性，接受一些让自己不适的感觉，并承认自己在想法上所犯的错误。慢速思考帮我们意识到自己的快速思考并不准确，我们可以跳出自己熟悉而依赖的参考坐标，从而意识到可以探索其他合理的框架。

第一系统，快速思考的倾向解释了人们为何会认为体罚是解决欺凌问题的答案。快速思考会迫使我们理解一些事物，给一些与我们之前经历所一致的问题提供答案，此时我们的个人知识是有限的。因此，快速思考让我们在理解某事物的情况下，却只能让解决问题的方式成为反作用力。快速思考不能算对也不能算错，但鉴于更加复杂的问题需要更多的信息以及我们自身经历外的知识，因此这种思考效果着实有限。快速思考使我们执着于老旧的信息，不愿意获取更多知识或进行创造性思考。如果我们认为自己已经知道答案并对其深信不疑，我们就不大愿意去寻求问题的其他答案。

快速思考在保持现有状态方面十分有效，会让我们抵制较大的改变并且会阻碍创造性思维。快速思考让解放思想成为天方夜谭，因为我们会误认为我们面前只有一个盒子（思维模式），或这个盒子就是一切，我们不再需要探索其他的盒子。由于研究中这种思维方式有诸多的表现形式，卡曼将其称为"WWSIATI"，或"我们看到的就是问题的全部"。其他作家和研究人员对于快速思考有着其他的称呼。卡尔迪尼（Cialdini）将其称为"点击后转动"法，以此来强调一种行为会触发某种反应，我们认为这种反应很合理，但实际上并非如此。他解释道，"点击后转动"（自动的也是潜意识里的）反应被广告商以及一些商业人士所利用，以此来影响人们的消费习惯。

奇普·西斯（Heath，C.）和丹·西斯（Heah，D.）将快速思考称为"焦点效应"，也就是说人们在做出决定时，过分关注小范围的信息，却忽略一些更有帮助的信息。他们是这样重申卡曼的"WWSIATI"的：

焦点之下的事物在我们做出决定时基本上是用不到的，但我们却总是无法移开焦点。有时我们会忘记焦点的存在，而是在聚光灯这个小小的范围内来回兜圈子，完全忽略了范围之外还有更宽广的视野。

面对复杂的问题，人们倾向于采用简单的方式来回答，如下因素更加剧了这一倾向：

有时候问题会变得如此复杂，而时间又如此紧迫，令人顿感心烦意乱，整个情绪处于十分激动的状态，或心理过于憔悴，我们的认知状况不足以理智思考问题。无论重要与否，我们都不得不走捷径来应对。

在心理上走捷径的内部过程是采用熟悉和方便的方式来应对问题，无论问题之间差别有多大，都可以一视同仁。在有限的时间和精力条件下，我们的心智、思考方式会大大受到束缚，只能局限于我们已知的事物，并不承认问题需要更深入的思考和检验。

卡尔迪尼描述的这些因素在当今的校园里是如此突出，教师不会因为依靠走捷径来解决问题而遭到责罚。可惜的是，这些捷径并不能带领他们走向正确的方向。

还有一种倾向使得对问题的自动响应更加复杂，那就是人们不得不寻找信息来强化起始反应和想法。人们很容易找到证据来强化目前思考的方式。奇普·西斯和丹·西斯将这种模式称为证实偏见。

我们正常的生活习惯是培养一种对情形的快捷信念，然后寻找能够支撑这种信念的信息。当人们有机会从外界收集信息时，他们更可能挑选能够支持现有态度、信念和行为的信息。我们通常假装，只有让自己更加确信的情况下才渴望真理（pp.11-12）。

社会心理学的研究已明确证实这种变化并非一种合理过程，尽管我们总是认为事情应该如此（即我们工作时的快速思考）。人类总是非常喜欢自欺欺人，本应感到质疑时，却有办法让自己安心。问题越是复杂，我们越是依赖预想的想法（以及伴随而来的常识），而不是通过研究和了解人类行为获取的更准确的信息，因此而阻碍了慢速思考。当我们的个人知识过于狭隘，受到现有态度、偏见以及伪装为理性思考的隐性情感之束缚时，我们需要找到正确答案。

针对视频中的这位父亲为何如此有理有据、在想法上有如此偏见以及我们为何在预防欺凌方面会犯下同样的错误，如果我们采用社会心理学提供的理解方式，可以得出如下结论：

- 人们将自己的信念纳入具体情境中，认为自己的理解是客观的。这位父亲认为孩子需要更严厉的体罚，使他们知道区分对与错，所以当孩子犯错时，原因就在于他/她没有得到正确的管教。

- 人们越是确信自己的解释，越会认为这不是一种解释，而是事实。这使得他们很难去寻找理解问题的其他方式。就发生在校车上的事件或对此可以做什么而言，人们很难与这位父亲就其解释进行争辩。那些建议寻找其他方法来代替严厉惩罚的人们会被斥责为对问题如此冷漠，甚至会被斥责为助纣为虐。

- 人们对问题的看法或理解方式决定了他们对问题的解决方式。这位父亲对欺凌问题的解决方式并不需要过多思考或反思。对他来说，问题起因和解决方式如此简单而显而易见。

不仅是个人会陷入快速思考的陷阱，像学校这样的组织也不能例外。

预防欺凌的启示

如果欺凌在我们的校园和文化中持续作为一种问题存在，我们不应该自欺欺人，只关注欺凌相关的知识以及看似合理的解决方式。欺凌是一种感情问题，并非独立于态度和文化规范而存在，后者是欺凌得以出现和维持的原因之一。我们想要解决欺凌问题的原因在于其违背了我们的是非意识。我们想要得到答案，因此会（借助快速思考）很快找到解决方式，鉴于其在解决其他问题上有所成就，我们就期望它能够同样见效于欺凌问题。一旦不起作用，我们并不会对其提出质疑（切换到慢速思考），而是对这些对其他问题有所成效的方法加倍下注。当我们发现这些方法也不起作用时，我们会将问题归咎于解决方式的实施和设计不合理，或对这些看似正确的方法进行一些微不足道的改良。

有关欺凌的那些广为报道的事件会引起人们感情上的强烈反响（比如在集体本位上进行快速思考），并驱使人们制定出相应的政策和规范。本书解释了目前人们对欺凌的应对方法（按照政策和规范的形式）为何体现出组织性快速思考阻碍了人们找到更具创造性、更为有效的方法。

尽管我们对欺凌的情感反应迫使我们对其采取行动，但不应决定我们采取怎样的行动。在切入正确的方向前，我们首先需要意识到当前处理欺凌问题的很多方法存在一些警示，提醒我们可能陷入的误区：

- 面对问题，一味责怪某一类人群。
- 针对犯错的人进行谴责、评判，而不是针对其话语或行为。
- 采用武力迫使对方做出改变，为让对方停止欺凌而欺凌对方。

为保证我们能有效解决欺凌问题，我们必须检讨如何审视问题，以及我们的观点对我们的反应会有哪些影响。我们无论从个人还是集体的角度上都陷入了误区，认为自己知道答案对于最终找到解决方案至关重要。我们必须知道是什么塑造了我们的快速思考，让我们轻易得到问题的答案和应对方法。换句话说，就是我们审视和解释这个世界的现有框架。

心理设定及其影响

人们对很多欺凌事件感情用事并伴有某些解释或应对方法的原因（比如呼吁增加体罚力度的那位父亲）在于，他们按照预置的心理或认知设定来审视整个事件。心理设定会对问题的理解方式加以过滤、限制和塑造，进而影响对问题的反应。这种设定可以解释人们为何总是有理有据地犯错误，为何我们对问题的很多解决方式并不奏效，常常是南辕北辙。

乔治·拉考夫（George Lakoff）专门研究了心理设定及其政治影响，解释了这种设定怎样塑造了我们所体验的世界，以及我们对其的反应：

所谓的心理设定是指一种心理结构，会塑造我们看待世界的方式。因此，会影响我们的目标、制订的计划、行为方式以及行为所带来的结果是好是坏。改变心理设定就能改变这一切。重新进行设定也就是我们所说的社会转型（p.15）。

这种心理设定的概念可以解释为何如此多的欺凌事件很快就能转变为好坏之间、施暴者与受害人之间鲜明的对立。心理设定解释了为何会有这么多人在没有获取所有可用信息的情况下就草草做出判断。由此我们可知，为何人们会在犯下明显错误的情况下却对自己判断的正确性深信不疑。它告诉我们为何事实、逻辑推理乃至最好的想法都无法改变人们的心理和想法。

总而言之，心理设定在我们面对问题或某种经历时，铺好了我们通往快速思考的道路。

心理设定研究与理论概述，2012；罗坤（Lakon）；施瓦茨与夏普（Schwartz & Sharpe）
设定可以组织我们来自经历的信息。
设定帮我们使用这些信息来解释并理解这个世界，它们对生活、人与世界本质存在基本的假设。
设定会过滤一些不适合或与设定不一致的信息。思考和理解时，有一些信息会被视为无关信息或遭到忽视。
设定很容易与世界或现实本身相混淆——比如把地图混同于地形、把镜片混同于所观察到的事物。
设定是隐形的，会受到过去的经历、态度和偏见影响。
设定影响我们看待他人并互动的方式。
设定可能成为冲突的真正源泉，当冲突中的人们无法意识到设定对自己的想法和行动产生何种影响时，问题尤为棘手。

续表

设定可通过尊重与信赖的关系和对话来改变。当人们故意想要改变另一人时，改变就越是困难。
设定既不能算对也不能算错，但一些设定对于新增或不同类型的信息更具包容性和开放性。

校园里的心理设定

为了理解我们的学校为何在减少和预防欺凌上裹足不前，我们需要分析当前学校中流行的心理设定，这种设定决定了快速思考。要想找到应对欺凌问题更具创造性的方法，主要步骤有二：

- 意识到我们通过心理设定来感知和解释欺凌。
- 理解并分析这种设定是什么，以及它是如何影响我们对欺凌问题的想法和反应的。

一些心理设定对于政治、文化和校园有着尤为强烈的影响。乔治·拉科夫将这种心理设定称为"深层设定"，因为我们对世界的看法和理解大多包含于其中。有一种深层设定叫作主导/严父设定。下表给出了其主要特征：

主导/严父心理设定的关键要素：
我们生活在一个可怕的世界中，处处充满了竞争，一定要分出胜负。
儿童生性本恶。他们只想做让自己开心的事而非正确的事；因此我们要让他们变得更好。
道德上讲，对错都是绝对的。
父亲是道德权威，知道对与错。
道德权威神圣而不容置疑。
对道德权威的服从决定了什么是道德（正确），什么是不道德（错误）。
孩子们生而缺乏管教，需要教育他们学会区分对与错。
当孩子犯错时，父亲有责任惩罚他，以此来教育他，让他知道怎样做才是对的。

快速思考决定了这种思想和行为，而通往快速思考的道路恰恰由这种心理设定所铺设，这显而易见：

寄宿学校的学生对待被认为是同性恋男生的方式；

公众要求校车事件中的中学生应受到刑事制裁，以及这位父亲认为欺凌的原因在于这些学生小的时候缺乏体罚。

这种心理设定不仅让惩罚有理有据，甚至成为确保小孩能学会区分对错的必要手段。如果轻微的惩罚无法让孩子吸取到应有的教训，那么这种惩罚应变得越来越严厉。在这种心理设定下，人们会认为人类成长或青少年大脑的相关知识微不足道，甚至鉴于对与错是绝对的，错误的决定最终反映出性格缺陷，这些知识可有可无。道德权威有权力进行惩罚并／或赞同与奖赏，因此孩子们要做正确的事，不要做错误的事。在家长教育子女学会区分对与错时，就会灌输这种思想。为了控制并教育子女需要知道什么，一些外界的、严酷的手段也是必须的。

尽管有人认为，违背道德标准造成的后果并非想象中那么严重，可能取代原本严酷的惩罚，但人们仍然坚持基本的判断：对于犯错的人要给予一些形式上的苛待。（我将苛待定义为：为让目标人群对自己的行为感到内疚，并纠正这种行为，从而造成其身体、情感或心理上的痛苦。说得简单点，就是不要遵从"黄金定律"或己所不欲勿施于人。）有人仍然认为这种苛待是必须的：对于犯错误的人来说，他们需要某种形式的负面经历。在这种设定下，"欺凌"或迫使他人停止欺凌会创造出很多常识。当那些更加道德且博学的人使用权力或武力来教育那些权力和知识上不如他们的人讲道德时，这种权力或武力就显得有理有据了。在这种心理设定下，"强权的确就是真理"。

因此，我们要记住，在这种心理设定下获得的权力就成为同时具备控制权和保持安全的方式，会引诱人们渴望获得更高的地位和权威。这种设定为欺凌创造了绝好的条件，尤其是为那些渴望得到安全和控制欲的人们。这不仅成为解决问题的一种模板，也滋生了一种想法，让虐待有理有据。这在很大程度上解释了位高权重的人明明虐待了他人，却很少认为自己有错，总会责备受害者是罪有应得。同样也解释了为什么这项研究表明，受到体罚的儿童更容易欺负其他儿童：他们不仅在模仿这种模板，而且将这种心理设定予以内化，使自己的虐待行为变得天经地义。

还有一种心理设定对于校园产生着深远的影响，进而影响到学校对欺凌的看法和反应：工厂设定。这种心理设定可谓是严父设定的天作之合，一旦二者结合，要想改变就是难上加难。

工厂设定下的教育

在2011年创作的《超越思想：学习创新》（*Out of our minds: learning to be creative*）一书中，肯尼斯·罗宾逊（Kenneth Robinson）描述了工厂设定对我们学校的组织和管理形式的影响：

学校就像工厂一样，是一种特殊的机构，有着明确的界限隔绝于外部世界。二者都有着固定的工作时间以及明确的行为守则，建立在标准化和一致性的原则之上。学术体系下的学生们都学习着相同的材料，按照相同的成绩标准进行评估，而选择的机会相对较少。每一天都按照标准的时间单位划分，每一个时段都以铃声响起为标志（p.57）。

保罗·弗莱雷（Paulo Freire）在《被压迫者教育学》（*Pedagogy of the Oppressed*）一书中对严父/工厂设定的描述如下：

（a）教师教，学生学；（b）教师无所不知，学生一无所知；（c）教师思考与学生相关的事；（d）教师说，学生听；（e）教师管教学生；（f）教师做出选择并予以实施，而学生则要遵从这种选择（P.59）。

尽管这种描述也有例外，但大多数学校依然保留着这一基本组织结构。我并不是要分析工厂设定为何与我们学生所受的教育类型不再相关；有很多优秀的分析值得我们去研究。相反，我关注的是如何理解这种设定对学校纪律和欺凌预防所产生的影响。探索工厂设定的主要特征可以帮助我们理解这种设定在欺凌预防上有哪些负面影响：

学校结构/组织所采用的工厂设定之主要特征：
命令与控制结构：高度集权的权威对下属工作予以管理和控制。
组织的目的在于管理和控制一大群人的工作：要让这么多人在同一时间和地点好好工作，需要标准和惯例。
秩序和效率是大群体生产力的关键要素：组织内部人员需要遵守规则和章程，以保持组织的效率。
工作必须要在标准的时间框架内进行，任务定义明确：按照组织确定的标准对学习成绩进行评估。
组织主要关注完成所需工作的个人表现：社交活动对组织来说是附加的，可能造成注意力分散并/或成为一种问题。
按照表现对个人进行评估和排名：这就在学校、老师和学生之间形成了一种竞争氛围，并分开层次。

公共教育工厂设定的历史根源

"泰勒（F.W.Taylor）的思想深深扎根于当代社会的土壤，我们并没有意识到它还在这里。"

弗雷德里克·泰勒不是一位教育家，但他在20世纪初为加工厂提出的科学管理体系对我们的教育系统有着深远的影响。管理体系的目的在于提高效率并提供标准，反过来可以增加企业的利润。实践证明，他的方法十分成功，在其他类型的组织内得到广泛应用，其中就包括学校。

弗里森（Friesen）和贾丁（Jardine）在《21世纪学习与学者》报告中就泰勒对教育的影响进行了深入研究，描述了教育系统采用这些方法的原因。

随着目前移民学生大量涌入美国东海岸的大城市，工厂同样需要大量接受过最低限度教育的工人，而学校早在20世纪就已不堪重负，因此对学校来说，采用高效管理组织结构势在必行……尤其在教育方面，我们可以援引斯坦福大学教育学院院长库伯雷（Cubberly）的话。在他看来，学校就像工厂，而学生（原材料）需要在这里得到塑造和加工，"学校有职责按照所设的标准教育学生"。为了做到这一点，泰勒的工作原则恰到好处，可谓是参考的不二之选。

这种管理体系的关键在于对学生和老师的控制。泰勒如是说："在我们的体系下，我们不需要员工发挥创造力，我们不需要任何创造力，我们只想让他们服从我们所下达的命令，快速完成我们让他们所做的事"。

在这种体系下，顺从与听话就成了关键。这种方法也恰好符合奖惩行为规范：奖励顺从，惩罚违反行为。作为一种组织，学校为了教育学生，首先要控制学生（和老师）。

儿童、工人、学生们不需要担心自己所学的内容或为什么需要学习，他们只需要按照所下达的命令行事即可——听话，照做。

目前的"学校游戏"

我给出学校的基础结构信息目的是将其同欺凌问题具体关联起来，借此探讨学校在有效减少和预防欺凌问题上为何困难重重。

我的论点是：现如今学校的结构和组织在严父/工厂设定基础上，为促进和维护欺凌行为提供了间接条件。借助权力和权威来使人们不得违反自己的意愿，或只是告诉他们应该怎么做，这就反映出了欺凌的实质。"学校游戏"是一种严父/工厂设定的派生物，主要有如下三种基本原则，供学生遵守：

- 完成老师布置的作业并取得好的成绩。
- 遵守规则——学校让你做什么你就做什么。
- 管好自己的事——不要因为社会而忘记遵守前两条原则。

好好遵守规则的学生会得到奖励、提升地位，并获得更高程度的安全感和控制力。反之，则会遭到批评，成为不公正待遇的对象。因此，这种基本的"学校游戏"可有效让学生学到在学校应该做什么,而不只是学到课本上的知识。

"学校游戏"的实例

这种设定/学校游戏在学校学习和工作上班之间有所区分。按照如下基本顺序进行:

- 所学内容由权威决定。
- 学生为了学习,必须由当权者来教育。
- 教学需要组织和管理。
- 学生为了学习必须要受到管理。
- 学生由当权者管理,采用正确的奖惩体系来激励。

尽管相比于以往严厉的惩罚及对学生公然的虐待,学校目前已进步很多,但仍然是在严父设定和工厂设定范围内运作,尽管要积极一些。

下面是近期我的两次经历,证明了这一事实。

事件一

今天是本杰明(Benjamin)上幼儿园的第四天,他已经吃了不少苦头。他穿着一件漂亮的衬衫,打着领结,脸上挂着笑容,这一切证明了进入学校是为了好好表现——他此刻积极性十足。他没有上过学前班,因此幼儿园是他首次和其他24名同学一起学习,由一名成人引导。第一天结束时,他已经证明了他无法按照老师的意愿做到每一件事。(他的老师已经向他抱怨过,这也是校长让我在教室里多待一会儿的原因,看看我能否帮到这位学生和他的老师。)

我在音乐课上仔细观察了本杰明的表现。他的同学们都坐在地毯上,而他则坐在椅子上;他喜欢唱歌,此时他在班里的表现是没问题的。我跟随他回到了教室,有机会同他短暂地交流。鉴于我和他一样都打着领结,因此我们有了共同点，相处得十分融洽。

那天临近结束时，老师让孩子们自由玩耍。但她指定了哪些桌子用于哪些玩具/材料，而本杰明的桌子指定为农场动物，而不是汽车和车库。这些农场动物玩具放在毯子上，距离小汽车和车库只有区区几英尺。

起初，本杰明不理解自己为何要玩自己不喜欢的玩具，而我对于这种情况也不知所措。

本杰明开始变得激动起来，我试图尽快想出解决方法，这时一位小女孩建议可以把两组玩具合在一起，这样两个小组就可以一起玩了。我对她说，"这个主意真棒！"。我向本杰明转达了这一建议，让他问问老师是否可以这么做，我默默许愿希望老师能将这视为一次机会，来承认本杰明解决问题的能力和沟通技巧。我紧紧看着她，直到她点头我才松了一口气。本杰明高兴地跑回来和其他小伙伴一同玩耍，因此这一天有了愉快的收尾。

放学后，我向校长讲述了这位教师很灵活，我认为这是帮助本杰明适应幼儿园的一次积极尝试。我回到家，对于本杰明和他的老师充满了乐观，相信他们能从积极的交往中学到什么。

第二天，当我回到教室时，老师找到了我。我以为她会赞扬前一天发生的事，但她所说的话却让我深感意外："我昨天晚上回到家，想了很多关于本杰明的事。我现在意识到自己不应该允许他玩小汽车。我开了一个坏头，可能会导致以后出现更多麻烦，让他和其他学生知道自己不必遵循我的指导。这样无法教育他们学到真正应该知道的事。"

她通过对学校的心理设定回顾了这件事，意识到自己犯了一个严重的错误。学校需要建立控制与顺从机制，这一机制要凌驾于解决问题、沟通和信任之上。这种设定再次决定了规则必须要得到遵守。

事件二

后来，我被分配到另一所幼儿园培训老师。这位教师确立了明确的规章制度，课堂运行井井有条。孩子们学会了对她提出的很多常规问题进行异口同声的回答。很明显，这位教师对整个课堂有着较好的掌控，对孩子们实施了有效管理。

在我同孩子们打交道时，我观察到很多孩子不善于表达观点或回答一些开放式问题。总的来说，我很担心学生们没有足够时间来思考和彼此交谈。尽管校长安排我帮助这位教师，但在我看来，她并不认为自己需要任何帮助。

临近任教的最后一天，我回到课堂，发现环境发生了天翻地覆的变化。学生们在课堂里走来走去，做着各种各样的事。负责评估学生的教师带有歉意地看着我，告诉我为了完成评估，不得不暂停"学校规范"，因此安排剩余的课时自由活动一小时。尽管教室里没有进行教学，但洋溢着学习的氛围——这种氛围比我之前看到的都要浓郁。一些学生玩起了开饭店的游戏，问我如何拼出他们菜单上的一些词语。一些学生玩起了开发廊的游戏，给其他人设计各种不同的发型。还有一些孩子用积木搭建充满想象力的建筑，用玩偶创造出生动的场景。一些孩子画得很漂亮，并给其他小伙伴展示自己的作品。总而言之，这一个小时内孩子们所表现出来的思考、交谈和学习远甚于以往。

可惜的是，这位教师无法意识到此时此刻这间教室里所发生的一切，因为她没有教育孩子们可以不按照惯例行事。她的学校设定过滤掉了这些学习经历，因为它们不符合自己对学校的看法——她的心理设定中不存在这种类型的教育。

课本上的例子

我在前两则故事中观察到的现象，在当前的行为管理守则中进一步反映出来：

好的课堂管理可以提高教学效率。如果没有有序的、目的性环境，教育者无法营造培养学习和合作的课堂氛围。

我们用"纪律"这个词指代教师期望建立的体系，帮助学生理解这些期望并采用奖惩模式。

上面两段陈述被视为教育的基本真理。在这些前提下，作者很好地描述了教学和管理的方式，可以营造可预测的、积极的、可控制的课堂环境。相比混乱的、消极的、不可控的环境，谁会认为这种环境更好呢？这本手册提出的这一观点完全可以作为推荐读物，对于大多数教育背景来说，由于作者如此细致地进行解释和呼吁，几乎不可能有人提出反对意见或观点。

人们强烈依赖于严父/工厂设定，认为教学的其他方法都是混乱的、站不住脚的。这几位作者所提出的观点的确会提高当前学校设定/规则下学校的工作效率，但当我们不考虑人类发展和学习的知识时，会出现一些后果，这些后果通常是隐性的。学校可能运行得更加平稳，但这么做却牺牲了孩子的部分需求。很多有效的行为控制都是为了满足教师的管理需要，却不考虑学生的学习需求。这一前提让人难以接受，除非我们鼓起勇气跳出固有的设定，勇于探索我们固有意识之外的内容。

学校设定/游戏中缺失了什么？

理解心理设定的关键在于检索我们的意识中，因心理设定而遗漏了哪些想法、信息或概念。比如说，老师为何对幼儿园教室里的学习气氛视而不见，或这位父亲针对校车欺凌事件的理解和阐释中，为何忽略了隐藏角色（青少年的思维模式）。构思新想法可能与现有的想法相冲突，但这对于由快速思考切换为慢速思考来说是必须的，以此来开发出更具有创意的想法。（要记住，人们通常不愿意承认存在其他想法，甚至事实。）

正如本书第二章中详细引用的内容所言，目前实证研究支持一些陈述和/或假设，这与当今大多数学校主导的心理设定相冲突：

- 儿童天生好学，需要学习的正确条件。
- 儿童可从周边的一切吸收知识，而不仅是跟老师学习。
- 学习不仅是一种知识行为，更涉及情感，取决于社会背景。
- 学习探索社会并非一蹴而就，需要从童年起就逐步灌输。儿童需要支持和引导，在正确的环境下学习接受其他人的不同之处。
- 当人们对学习加以控制时，会学得更加深刻。
- 当人们感觉到社会维系和周围人的支持时，会学得更多。
- 人们在学习和成长的过程中难免会犯错。这些错误并不意味着性格不好或缺乏教养，而是被身处的社会背景所影响。
- 当人们理解自己所学内容的目的、价值和意义所在时，他们能学得更多且更深刻。

学校如果应用这些设想来重构心理设定，会得到截然不同的结构和组织。学校中的学习气氛以及人们对待他人的方式会发生巨大的改变。

正如我在本书中解释的，我们在学校组织和运作方面不应遗漏这些设定。教育工作者不应忽略这些设想，更不应假设这些设想并不存在。当人们按照这种方式重构学校时，一切都会变得更好——这就是预防欺凌的要义所在。预防欺凌的进展与我们改变教育方式的进展直接相关。

当前学校设定/游戏中的欺凌问题

对于学校来说，欺凌几乎无处不在；人们开始将其视为一种严重问题，公众也开始要求必须对其做些什么。学校承受着尽快消除欺凌的压力。然而，政府工作人员、立法机关、辖区和学校对于这一问题所采取的应对方式同其他问题大同小异：都按照严父/工厂模式设定解决问题，简单地将这种设定视为问题的应对方式。

当务之急不在于借助慢速思考来探索问题以及同其他学校问题有多大的区别，而是要结合其他学校面对的诸多压力和要求来应对问题，要知道学校通常依赖针对其他问题的现成的解决方法，由此养成了快速思考的习惯。这种快速思考回避了对当前学校结构和组织的分析，这二者可能恰恰就是问题的成因。西摩·萨拉森（Seymour Sarason）在1996年出版的《学校文化与改变所带来的问题》（*The culture of school and the problem of change*）一书中提到的笑话，可能是对当前应对欺凌问题的最好描述。

这是一个寒冬，一名男子生病了。医生对他进行仔细检查之后，告诉他"请你回到家，脱掉所有衣服，打开所有窗户，站在一扇窗前深呼吸。"男子听完很吃惊，"但如果我这么做，"他说，"我会得肺炎的。"医生说："没事，我知道怎么治疗肺炎。"这就是做你知道的事与做需要做的事区别之所在。

学校目前处于一种困境。它们需要针对它们确实不理解的问题做些什么（但认为自己理解），所以就像故事里的医生，它们想要把欺凌简单转变为对规则的违反，这样就可以按照其他针对违反的措施来对待，就像在走廊里奔跑或殴打某人。当这种转变无法奏效时，它们会保持在心理设定下，采取下一步的逻辑常识步骤，就像下注一样，把欺凌当作一种罪行以及有犯下罪行的或有行为。在这些对学校的影响下，我们针对欺凌预防的方法看似很新，但却仍然体现出过去解决问题的影子。当前预防欺凌的特征主要与大多数学校主流的严父/工厂设定特征相一致：

- 欺凌是错误的，需要予以阻止。不仅违反规则，现在还违反法律。
- 是一种自我对抗权威的行为。
- 有很多人（主要是学生）在从事这种行为。
- 学校在解决该问题上并不怎么成功，是因为并没有控制学生行为。
- 更加严格的法律与实施能帮助学校在控制学生和阻止欺凌方面做得更好。
- 防止学生欺凌他人需要明确而一贯的后果，予以警告。
- 学校需要得到监管和评估，确保与法律以及解决欺凌问题的预设步骤相一致。

当前学校设定/游戏附加的法律框架

"手术很成功,但病人去世了。"

——俗语

一位当地律师擅长法律教育,在很多校区工作过,最近根据安排,跟随我出席给几位学校管理人员举办的预防欺凌的讲座。他很和蔼地坐到观众席里,在等待演讲时仔细聆听我所说的话。他的演讲主题是"学生尊严法"(DASA),这是纽约州新出台的一部反欺凌法律。在我的演讲行将结束时,我表示计划的材料还没有完全呈现。这时这位律师举手,表示他可以腾十分钟的时间给我。我接受了他的提议,完成了我的演讲,之后便着重关注他说些什么。

当他完成演讲时,我马上站起来向他致以谢意。他感谢我对这些管理人员所说的话。他说我所说的话能帮他规避那些需要解决的欺凌问题。"问题的关键就是学生的学习环境,这不应该是一个法律问题,"他摇着头说道。接下来,他根据自己最近的经历,分享了对学校欺凌预防问题的看法。下面是他讲话的主要内容:

• 尽管通过法律和学校政策来应对欺凌是不错的选择,但他看过太多管理者更愿意按部就班,确保在法律上不负有责任。

• 遵守规程所需的时间让人们无暇减少和预防欺凌。

• 他感觉现在越来越多的父母想通过法律途径来解决问题,而其实这些问题只需要在信任基础上经常沟通就可以解决。

• 在他眼里,法律体系可能最不适合解决欺凌问题,因为其机制是一方胜利而另一方失败。他认为大多数欺凌都可以通过父母和学校工作人员携手解决,即针对所有涉及的学生交流正确的信息。

• 身陷欺凌问题之中的学生不应被视为犯罪分子或遭到谴责。他们要从错误中吸取教训，而学校则可以帮助他们从错误中学习。

- 他警告过共事过的教育工作者们，要抵制诱惑，不能将解决欺凌的问题全权委托给法律执行人员，因为他们的主要职责不是保持学习氛围，而是寻找证据并惩罚犯罪人员。
- 像"敌对环境"这样的概念是针对职场上的骚扰问题而言，很难应用于学校。就像要把一个方形的桩钉入一个圆形的洞。经理们可以解雇那些总是在职场中骚扰他人的捣乱分子。但学校不能开除学生，也不能从一群候选者中选拔新人。他们只能面对固定的学生，踏踏实实帮助他们。
- 学生们感到安全并对教师和学校工作人员感到信任，这是很重要的，这样他们才乐于同对方分享自己的看法。对于目睹欺凌的学生们同样如此，他们为了汇报欺凌问题，需要信任学校的成年工作者们。

尽管最初我认为这位律师只是呼吁管理者对欺凌相关的程序性问题予以关注，但事实上，他的观点着实令人眼前一亮。他知道法律和法律体系设计的目的是什么，也知道二者仅局限于解决社会问题。

法律是以突出某种问题的方式来证明人们关注的问题是什么，并向公众传递信息，告诉他们我们的社会无法接受哪些行为。政府官员面对着来自公众的压力，需要解决一些严重的问题，因此几乎目前每个州都出台了与校园欺凌相关的法律。

很多学校之前可能忽略了目前研讨会所探讨的这一问题以及预防欺凌的事项，因为他们要做的只是顺从学校管理。因此，他们出席这次研讨会，希望了解到他们需要怎样做来继续顺从管理。大多数教育者为了遵守法律法规可谓煞费苦心。

遵守法律实际上并不意味着就能预防和减少欺凌。鉴于顺从本身对于大多数学校来说就很难做到，当最终做到时，教育者很容易满足于这种成就，而不愿积极探索如何才能更好地预防和减少欺凌。

大多数情况下，为解决问题而对学校施加的法律命令，只是想让学校加强对学生已经到位的控制力，以此来阻止欺凌再次发生。法律加强对学校的控制使得学校们不约而同地加强了对学生的控制。将欺凌视为一种犯罪并没有提升预防欺凌的效果，甚至都没有起到什么积极作用。

在2012年出版的《让欺凌无容身之处》中，我解释了目前针对欺凌的刑事诉讼法（依赖于能够证明犯罪的证据），为学校管理人员和抱怨自己子女受到欺凌的父母呈现了一种几乎是天方夜谭的情形。由于很多欺凌他人的学生是在父母监管下学会这么做的，管理人员依赖目睹欺凌的学生们能"做证"，或告发那些比欺凌他人者更受关注的学生们，这样他们所寻找的证据就常常无法找到了。如果将欺凌视为犯罪，要点包括：

- 欺凌的方式可能很隐蔽，难以被觉察。对于因地位而遭受过欺凌的学生来说，即使最轻微的恐吓姿态都会造成巨大痛苦和危害。

- 学生很容易成为被欺凌的对象，因为他们的盟友和帮手非常少。这些学生可能并不受老师的喜欢。欺凌他人的学生知道这些被欺凌者很容易受到权威的忽视。

- 欺凌成为了一种很容易犯下、否认和养成习惯的罪行。对于感觉自己有点权力的学生来说，欺凌是一种很好用的办法。

- 学校很容易被当作有着安全且有条不紊运转的环境——可远离犯罪。一切似乎都"处于控制下"，老师们似乎总能保持极高的警惕性，然而对于少部分学生来说欺凌问题一直挥之不去，甚至成为了家常便饭。

管理人员由于无法找到证据证明他们对于欺凌确实无能为力，因此会将这些汇报给家长。家长因此会十分生气而沮丧，对子女的安全忧心忡忡。禁止欺凌的法律和法令通常只能让家长更愿意通过更严厉的管教措施和惩罚来解决问题。当执政者无法收集到足够信息并因此无法惩罚他们认为有罪的学生时，父母会认为执政者不尽责甚至无能。

在没有其他可靠选择下，学校管理人员只能完全依赖学校纪律来管教学生。这就束缚了他们的能力，很可能像父母一样充满挫折感。使用传统的学校纪律来解决欺凌问题就像只用一种工具来建造房屋一样。可以使用一种工具，但要想完成这份工作需要的劳动力要多得多。预防欺凌需要很多工具和技术，以及懂得使用这些工具和技术的教育工作者。

下表给出了学校设定下法律途径的局限，并推荐了一种教育途径。

欺凌：刑罚思维定式	欺凌：教育思维定式
只有纪律才是解决问题的主要方法。要尽可能使用规则和惩罚措施来解决问题。	纪律只是综合方法的一部分，这种方法更强调氛围与文化。
欺凌发生后才对其做出反应。	通过在社会关系的大背景下教育与欺凌相关的知识，可以很大程度上起到预防效果。
管理人员是欺凌问题的主要负责人。	所有人员都要参与到解决问题中来，要采用积极的策略和向上的态度。
接受学校环境的当前状态。	学校环境的进步和改变是解决问题的一部分。
主要考虑犯错者及其目标。	考虑包括旁观者在内的所有人。
事件特定性。事件有开端也有结束。	学习如何对待他人是一种持续的过程。
大多数报道涉及不断恶化的严重案例。	更可能报道细小的事故。
学校领导只负责对问题做出响应，通常是比较被动的。	学校领导是改变学校文化和学校气氛的关键人物。
并不涉及解决问题所需的知识和技术。	承认学生需要社会和情绪技能。
理想状态下，违规行为就不应出现。	学生都是"半成品"，通过犯错和改正错误方能成长。
如果学校没有采取措施，家长就认为学校没有尽到责任。	家长要接受与问题相关的教育。他们要明白即使某种情况并不明朗，但学校仍致力于解决问题。即便不过分依赖惩罚措施，依然可以帮助学生应对问题。
如果学生知道惩罚会是主要后果，会减少旁观者举报的可能性。	学生要知道举报的重要性，这是每个人应尽的责任。
目标是消除欺凌这一现象。	目标是改善人与人相处的方式。

来源：迪伦（Dillon），让欺凌无容身之处，2012。

另一种困境

目前，学校不得不将欺凌视为一种问题，尽管工作人员实际并没有看到或听说过欺凌事件。很多工作人员私下认为针对欺凌所制定的法律和政策才是解决问题的有效途径。他们已经努力保证学生的安全，他们讨厌大众批评他们不尽责。就个人而言，他们认为家长有责任让孩子知道区分对错，所以当孩子做错事时，他们要承担这一责任。因此，法令实际上可以减少工作人员的职责，不必费心去营造更安全的学习环境，因为他们关注的是遵守规则，避免因违规而受到负面责罚。

新的选择：以智显慧，学会慢下来

对于美国目前欺凌预防的状态，如果我能听到教育工作者说像"这是个棘手的问题；我不确定怎么做；我们在想出应对或解决它的方案前需要做更多工作"这样的话，我会获得更多信心。几乎每天媒体都会给予这一问题大量关注，但鉴于学校领导们必须遵守现有的规定和章程，他们的选择少之又少。遗憾的是，很多学校选择装作对该问题充满信心和具果断性，却并没有实际解决问题。无论遵照法律多么重要，学校如果想真正确保所有学生安全，光靠法律是远远不够的。

即使学校领导想要彻底改变预防欺凌的措施，却无法将其应用于整个社区，因为这么做只能强化现有的严父／工厂设定罢了。其实，整个学校社区英明的领导人需要跳出现有的心理设定，尝试改变思维，寻找更多潜在的有效方式。在高强度管理气氛笼罩下的校园，公众面对欺凌问题时，想要朝改变的方向前进正在变得越来越难。

替代方法（慢速思考）的特征是：

- 意识到人们快速思考、自动判断的趋势以及这么做通常是不准确或不完整的。

- 意识到我们之前的经历会影响我们观察世界时所拥有的心理设定。
- 明白问题要比最初设想的更加复杂,解决问题不会一蹴而就。
- 明白要想弄清楚一个问题并做出正确决定,需要很多必要过程,包括同其他人交流。
- 解决问题时要接受出现的怀疑、困惑和不确定,勇于承认过去的错误。
- 知道这一过程的关键在于时间、努力和反思(即学习的周期)。
- 知道存在一种更好、更完整、更包容的心理设定。

因此,预防欺凌需要更新心理设定,这样学校社区的成员能够用正确的方式看待问题,培养出应对问题复杂性以及该问题与目前学校主流结构和设定之间的关系所需的创造性反应能力。本书的剩余部分将继续探讨当前学校设定及其对预防欺凌的影响,而且会给出替代方法,帮助人们找到更具创造性、能够改善学习气氛的解决方式。

总结

本章提出了慢速思考这一新颖的方式,对于应对当前校园问题是一种更好的选择,这是解决欺凌问题的第一步。要想用一种更新颖、积极而有效的方式理解欺凌问题并最终重构预防欺凌的心理设定,心理设定及其影响的关键概念至关重要。

- 解释了什么是心理设定,以及它是如何控制我们的思维、想法和行动的。
- 解释了心理设定为何难以察觉、难以改变的原因。
- 描述了心理设定甚至会控制我们对学习的理解。
- 给出了快速思考这一概念,解释了面对复杂而棘手的问题时,我们为何会依赖熟悉的套路。

• 分析当前学校心理设定对我们理解问题的限制，并如何阻碍我们想出更具创造性和有效的方法来应对。

• 明确了目前我们心目中过滤掉的假设已得到理论研究支持，包括学校的定义以及我们对教学的理解。

下一章，我用一些校园问题出现和解决的实例描述了在当前心理设定／学校游戏内，欺凌是如何体现的。接下来，我们一起探讨当前学校的很多做法是怎样为欺凌问题的加剧创造条件的，以及因何而限制了很多有效应对欺凌的创造性方法。

第三章　当前心理设定／学校游戏中的欺凌问题

> "在学校里，教师与学生每天相处时主要是一种管理与被管理的关系，而这种管理的理由是为了学生着想。"
> ——赛斯·克莱斯伯格（Seth Kreisberg）《变化中的权力》
> （*Transforming Power*）

"一个错误"事件

校长给我讲述了一件有关一年级教师的故事。当上课时，她会时不时停下来问些问题，这次她提问的这位男生给出了错误的答案。这时一位小女孩儿"咯咯"笑了起来。老师立刻严厉斥责了这位女孩儿，并告诉她嘲笑犯错的同学是何等的粗鲁。老师告诉她犯错没有关系，但嘲笑犯错的人就不应该了。女孩儿羞愧地低下了头。老师命令女孩儿看着自己，确保女孩儿接受教训，并表示尊重。当女孩儿拒绝这一命令后，老师开始失去耐心，对女孩儿的拒绝和违抗十分生气。最后，女孩儿被叫到了校长办公室。

这种情形不止发生在我们的学校里，类似情况几乎每天都会出现，人们视其为家常便饭。大多数时候犯错的学生都会遭到公众谴责与惩罚。一些教师会用其他方式处理这种错误，但毕竟只是少数。孩子们在学习过程中犯错误很正常，而嘲笑别的同学犯错就是一种社会性的教训。在学校里，如果犯错成为一种不可接受的行为，那么学习效果就会大打折扣，取而代之的是一味地服从命令。如下问题中，我们主要探讨当教师对错误予以负面回应时会发生什么：

- 为何这位教师会有此反应？
- 嘲笑他人的学生从这次经历中吸取了哪些教训？
- 其他学生从这次经历中吸取了哪些教训？

通过这些问题的答案，我们可以知道学校何以在不经意间为助长欺凌行为创造了条件，从而能够与其他被认可的虐待行为相区分。

为何这位教师会有此反应？

最简单的答案：她只是在做自己认为的本职工作。她不是一位坏老师或卑鄙小人，事实上她很爱护自己的学生。如果换一种环境，她并不是一位教师的话，她很可能会温柔地告诉对方尊重他人为何很重要。尽管没人确定她心里到底怎么想的，但这很可能是一种社会背景下（教室环境和她自己定位的角色）想法和感受的连锁反应，让她对小女孩儿的行为有如此反应：

- 小女孩儿的笑声打断了她的教学，影响到了自己的教学内容。
- 小女孩儿的笑声表现出对犯错学生的不尊重。
- 维持课堂的礼貌氛围是她的本职工作。
- 如果她不马上做出反应，小女孩儿会认为自己的所作所为是正确的。
- 她也需要给其他学生一个教训：不应该嘲笑别的同学。
- 小女孩儿拒绝看她是一种明显的不尊重行为，是对自己权威和管理课堂能力的否认。
- 允许学生否认自己，是对自己权威和管理课堂能力的一种削弱。
- 无法控制课堂或学生是一种无能的表现，会因此受到校长的负面评价。

因此，这种小事却能进一步强化目前盛行的学校心理设定，使问题反复出现，比如她对自己的角色以及教师职责、对权威的维护以及对环境影响力的看法。因此，这种连锁反应是一种沉默、恐惧以及焦虑的体现，与自己作为教师的身份直接相关。

这位教师很可能认为如果自己不这么做，会是一种失职。这证明了她的学校心理设定驱使自己做出了快速思考的行为；这决定了她对事件的看法、解释以及按照自己理解的方式去做出反应。她很可能只是按照或模仿自己学生时代老师的做法来行事的。如要让她用其他方式来阐述发生了什么会比较困难，或要让她承认自己的反应受到了恐惧和感情因素的影响则会更困难。

在所有这些自发的想法和感受的掺杂下，她做出了快速反应并遗忘了非常重要的因素：同情这位犯错的女孩。我并不谴责这位老师缺乏同情；当你感到恐惧并只关注自己时（即使没有意识到这种恐惧），去思考或感受其他人就会变得异常困难，几乎是不可能的。

下面是我对这位教师（以及像她这样的其他人）的期望：如果你问她，在她的心目中，假如自己是当时那位学生，是否愿意接受自己作为老师时的做法，答案会是否定的。而且如果你给她提供其他的方式，免除对该方式所造成后果的恐惧，而不是按照当时的做法对待学生，她的答案会是肯定的。

嘲笑他人的学生从这次经历中吸取了哪些教训？

最简单的答案：永远不再犯这一错误。如果我们忽略了更深层的东西，会很容易认为这位老师决定是正确的——事情就这样解决了。这位教师的反应达到了预期目的。如果我们对成功的唯一标准是维持权威和秩序，而且除此之外唯一的选择是"放过"这位小女孩儿而招致混乱，那么讨论就此结束了。但事情远非这么简单，要分析的东西很多。

如果问她在学校学到了什么，答案很可能和大多数学生一样，学到了阅读、写作和数学。而真相是她并没有意识到自己真正的身份，或更准确地说，她在学校环境下需要成为什么样的人。

下面是针对这一问题，她在这件事中应该学到的：

- 知道自己会按照遵守学校三大准则的情况而受到评价：完成老师布置的作业、遵守规则以及管好自己的事。
- 确定自己是获得了老师的肯定，还是因没有听话而遭到了惩罚。
- 知道自己应接受谴责，要想改变这种情况对她来说是无能为力的。
- 知道自己有基本的选择：是否遵守学校三大准则。
- 可能从老师的肯定中领悟到什么，由此调整自己的行为以获得肯定。
- 知道要接受对规则的理解，或在这种情况下，为何其他学生的错误可以得到原谅，自己的却不行。
- 知道自己首先不应犯错误。错误和问题都是要避免的，因为老师不喜欢。
- 知道自己低头不看老师来保护自己只能让事情更糟糕。
- 很可能知道自己是罪有应得，因为老师是不会犯错误的——他们决定什么是对，什么是错。
- 知道如果让老师大发雷霆，会被赶出教室；她知道这个团体里有着各种限制，自己并非高枕无忧。
- 最后，很可能知道这次错误会影响同学们对自己的看法以及对待方式。

她不知道的东西太多了。首先她不知道自己为何发笑。她知道自己不应该这么做，但换一种做法，她又不知道如何去做了。因此，她会陷入一种新的局面，很可能无法让自己避免惹麻烦。这样一来，自己未来的上学经历会增添更多的忧虑和恐惧。

她也不知道老师想要教育她——尊重别的同学。当她遭到谴责、事态恶化时，情绪更多的是自我保护、羞愧与恐惧，反过来只能考虑自己的想法，完全忽略了回答错误的那位男孩儿。就像该事件中的老师一样，恐惧轻而易举地"战胜"了同情。

其他学生从这次经历中吸取了哪些教训？

最简单的答案：和这位女孩儿学到的一样。他们没有直接经历这位女孩儿所经历的，因为仅通过观察就可以吸取同样的教训。他们还额外学到一点：不要学这位女孩儿，确保自己不会像她一样。他们知道这位女孩儿同他们不一样，而和别人不一样并不是什么好事。既然他们知道自己不应该像这个女孩儿一样，同样地可能也知道不要喜欢这个女孩儿。他们可能只关注她所犯下的错误，而忽略了她的所有优点。因此，他们也可能将这位女孩儿视为异类，甚至是低人一等。

他们也学到了，当目睹欺凌事件时，什么也别说、什么也别做，要知道，这位教师对这位女孩儿的所作所为可以确定为欺凌行为。他们不应该看到自己的老师犯错误，即使他们其中一些人直觉上明白不应对他人过于苛刻。他们学会了沉默。他们在学校的时间越长，就越是习惯将其他人的欺凌行为视为上学的正常经历。他们学到了如果有足够大的权力和足够高的地位，就不用为自己的行为承担责任。他们也学到了如果一个人十分与众不同，那么受到不公平待遇也是应得的。

欺凌的"游戏规则"

作为一年级课堂顾问，我掌握了欺凌在小学校园里社会动态运作的一手资料。有一回，我在走廊里看到学生们排成一队前行，井然有序。当我到了教室门口，一位男孩用一种实事求是的口吻告诉我，"乔（Joey）蹬了墙一脚"。他迫不及待地想要看我如何反应，但我很可能让他失望了——我只是轻描淡写地回答道，"嗯"。

乔是我在这个班里需要重点关注并帮助的一名男生。他在听从老师指导方面存在一些困难，很多场合会因为行为不当而被叫到校长办公室。他的老师明显对他颇有怨言，认为他的行为是不尊重他人的表现，影响到了其他同学的学习氛围。

乔和那位嘲笑别人犯错的小女孩儿差别不大。他之所以蹬墙很可能是一种神经能量的表达，绝非想要破坏财物。为何会有别的学生注意到甚至关注这一行为呢？为何会有学生告诉我——一名成年访客——这件事，还迫不及待地想要看我如何反应呢？

他的同学早已将乔视为班上的捣乱分子。他们知道他惹了很多祸，让老师感到反感。在他们心目中，老师也许并不喜欢乔，而老师也有充分的理由这么做。鉴于其他同学渴望得到老师的肯定，并为之乐此不疲，他们认为乔的行为会让老师不高兴。而我作为一名成年人，这位告状的男孩肯定认为要让我知道乔做了什么，这样我就知道乔是什么样的学生，进而知道他和其他学生与众不同——别人可不会没事儿蹬墙。这位男生给我透露的信息是他和其他同学们站在老师这一边，而乔站在对立的一边。这是对教室社会动态一种简要而又准确的认定：乔自成一方，而剩余学生和老师成为另一方（一人对立全体）。

进一步观察之后，我知道乔陷入了一种恶性循环。他在班里毛毛躁躁的原因是没有得到同学们的接受。他的毛毛躁躁使得自己很难表现得正常，从而驱使自己做出更冲动的行为，并因此被频繁叫到校长办公室。他知道自己是捣乱分子，是局外人，与其他人都格格不入。乔给自己挖了一个坑，然后越陷越深。他之后的行为只能使自己捣乱分子的身份更加稳固，让自己的行为更加无法为别人所接受。在老师和其他学生眼中，乔不仅会惹麻烦，而其本身就是一个麻烦，因此他做的每件事都会引起别人的关注，用来作为告发他的证据。他们认为，乔的局外人这一身份是他自找的，算是罪有应得。

在很多情况下，学生们如果欺负像乔这样的学生，他们这么做是代表老师。他们爱戴自己的老师，渴望得到老师的肯定，如果有学生欺负老师，他们就会报复这名学生。在他们眼中，排斥或虐待像乔这样的学生怎么可能是错误的呢？这种思维模式很早就确立了，难以改变。

这一情景证明了校园欺凌行为的模式——学校心理设定／学校游戏的一种副产品或结果。研究总结认为，欺凌他人的学生有着各式各样的理由，不仅是因为自己想要伤害他人——莎米瓦利(Salmivalli）。大多数原因都与社会地位和对同龄人群体的感知相关。欺凌像乔这样学生的行为只是阻止学生欺负他人的一种手段。遭遇欺凌的对象总会成为别人的笑柄，进一步提升欺凌者的地位。尽管大多数学生不会欺负像乔这样的学生，但他们也不会保护他或和他成为朋友，因为这样会增加自己犯错误的风险，或让自己的社会地位受到威胁。即使学生们不再看重老师的肯定，他们过早给乔这样的学生"贴上标签"，也会使其成为欺凌的对象，以获得老师的关注。

关于校园社会动态典型的这件事证明并确认了以下要素，这些要素构建了校园欺凌的模式：

社会分层：学生按照自己在学校里的表现以及得到权威肯定的多少，可以划分为有着不同价值和地位的社会群体。在大多数学校里，甚至在没有学会常用词和数字之前，大多数学生可以说出哪些学生是聪明的、哪些学生是好学生，以及哪些不是。

害怕进入"犯错帮"：学生的心理和情感安全取决于是否处于正确的社会群体中。这是学生行为的一种隐藏驱动力，在这种驱动力的影响下，学生将自保视为重中之重，而同情就会遭到忽略。大多数欺负他人的学生都是为了获得更高的地位、安全感以及控制欲，这在正常的校园生活中是无法获得的。

缺乏社会权威的认可：学生们生活在这个社会上，随着年龄增长，这种社会性会越来越突出。在学校里，人们关注的重点是学业，大人们似乎对学生生活中真正发生的事情并不感兴趣。因此，学生们只能自己在复杂、多变以及混乱的社交网络中摸索，而探索过程中如果犯错，还要承受来自大人们的指责和惩罚。

简化欺凌是对规则的违背：当社交行为违背某种原则或正确对待他人的价值观时，欺凌就出现了。欺凌可能是微妙的、模棱两可的、充满隐藏矛盾和误解的情感表达。学生们只知道不要欺负他人，否则就会违反规则，就像在走廊里奔跑一样，他们会很容易陷入困惑——因为这一信息与他们在与同龄人社交过程中所经历的相矛盾。

为证明欺凌在校园的社交圈里如何起作用，我绘制了下面这个表格，由三层社会地位构成。我还描述了学生的行为以及这些分层地位对他们自我意识的影响。

顶层
• 很多方面较为成功的学生：学业、社交、以及体育等领域。他们很有吸引力，很受同龄人和老师的喜爱。 • 这层中的学生是优势群体。他们会成为评判他人所参考的对象。 • 这层中地位比较稳固的学生会感到安全，通常不需要欺负别人。 • 这层中的一些学生需要通过欺负他人来"大展拳脚"或证明自己的实力，以显示自己的控制能力。他们会经不起诱惑而模仿并追求成年人所拥有的权威。 • 这层中一些学生在权力或优越感受到威胁时，会通过欺负他人来做出回应。 • 对大多数学生来说，要想进入这一层是十分困难的。一些学生会憎恨这层中的学生以及创造、认可并延续这种分层的罪魁祸首——学校。
• 学生们对于下层学生所遭遇的欺凌会表现出漠不关心，因为大多数朋友都和自己处于同一层。只有强制性要求才会让他们关注下层学生的遭遇。

续表

中层
- 一些学生会为了获得顶层学生的地位而欺负他人。 - 一些学生为得到社会地位或让同龄人刮目相看而寻找一些"歪门邪道",即使顶层学生也会如此。他们会不惜欺负下层地位的同龄人;他们可以通过规避规则和/或同不如自己的同学相比较来突出自己的身体力量或吸引力,以此来证明自己赶超成年人的能力。 - 一些学生会为了与下层学生相区分而欺负别人。 - 学生们会感到自己难以靠自身实力达到顶层,因此而欺负他人来享受控制欲或权力感。 - 学生为了同下层学生保持距离,会欺负他人、附和欺凌或对欺凌表示漠然。
底层
- 学生因自己在老师和学生眼中地位低下而感到痛苦。 - 学生通常在控制学校里发生的事情上感到无能为力。 - 学生可能通过欺负别人来提升自己的地位或降低比自己弱的人所持地位。 - 学生会欺负他人来获得控制力,但却又不够聪明来躲避欺凌。 - 学生们通常祸不单行,一方面因得不到成年人的保护而成为欺凌的对象,另一方面自己在冲动下想要报复别人或保护自己时,又被指控为欺凌者。他们发现欺负自己的人往往逍遥法外,而自己却总受到惩罚。 - 学校首先让他们沦落到这一地位,之后又无法提供保护,这样一来学生们不再信任大人们会帮助或支持自己。 - 学生们不会认为学校是适合自己的好地方。

"游戏规则"分析

菲利普·罗德金(Philip Rodkin)在其好评如潮的佳作《欺凌——与同龄人的权力》(Bullying-And the Power of Peers)中描述了战前德国进行的一次研究,将几名10岁的男孩置于两个不同类型的小组中。该研究探索了小组的社会背景对这些男孩有哪些影响。他将该研究同当今学校的社会背景关联起来。

在独裁气氛笼罩的小组中牺牲他人与寻找替罪羊的概率是最大的,领导居于主导地位,结构高度层次化。而充满民主气氛的小组中牺牲他人概率最低，领导人之间的关系更趋于平等与团结。因此，当今学校是处于一种民主还是独裁的社会氛围下，以及学校氛围的区别是否与欺凌相关很值得探讨。在社会地位层次感更加平等的教室中，大多数人会以支持学术成果和助人为乐为标准，而孩子们之间积极的社会纽带将消除很多同龄人与社会因素相关的欺凌问题。

罗德金研究针对的对象是学校设定/学校游戏，告诉我们欺凌不应被视为一种独立的问题。如果不探讨和触及学校的文化和氛围，是无法消除欺凌问题的。

当前的心理设定会将完整的、人性化且复杂的学习观过滤掉，而如果学校继续采用这种设定，成人世界（关注秩序和控制）以及学生世界（关注人际关系）将继续于同一时空下共存，但仍会彼此隔绝。在这种四分五裂的环境下，大多数学生将只能学到学校成功所依赖的简单规则（少数没有半途夭折的成功），而当所有学生试图在社会以及学校之外的世界应用同样的规则时，会很快发现这些规则是多么的不完整，效率是多么低下。只要当前情况依旧，学校就会继续按照有序而平稳的方式运作，学生们只能处于一种"蝇王"式的社会环境下，而大多数成人却对此一无所知。反过来说，如果学校能设计出促进学习氛围的心理模式，能包含完整的人类经历，学生们可以培养出道德规范以及更好的社交技巧，这样他们就不会被动地适应世界，而是与成人们携手创造一个更好的未来。

保护当前模式的心理设定

当前学校的心理设定不仅创造出一种激发欺凌行为的模式（条件和背景），还使得学校里的人们无法看到或理解究竟发生了什么。

即使是预防欺凌项目也很难以阻止人们使用权力来教学生不要欺负他人，教师也很不愿意配合。

作为培训的一部分，我曾参与过一次预防欺凌项目，我们进行了角色扮演来干预欺负他人的学生。除了得到一份脚本外，指导员还告知我，当我管教欺负别人的学生时，我要确保这名学生是坐着的。他告诉我要故意恐吓学生来凸显我的权力和地位，这样要比坐在他对面耐心说教更加有效。他要求我用一种很严厉而略带愤怒的口吻和表情，来确保这位学生知道我是严肃的。在培训期间，领导告诉我可以用差评来威胁教师好好配合，以此来保证项目能得到有效实施。如果我想要采用更积极的方式，可以奖励实施项目的教师，给他们得到靠近教学楼车位的机会。

在健康的机体中，感染对于宿主细胞来说是一种入侵。一旦被发现，就会吸引抗体的注意，自动对病毒发起攻击来恢复机体的健康。如果我们不改变权力和控制设定，欺凌就总能找到隐蔽之处，因为当前校园为其提供了繁衍壮大的温床。

如果学校设定和欺凌预防的当前体系仍然根深蒂固，持续为欺凌行为提供掩饰，那么免疫系统（我们的同情心和包容）就会失效，因为它看不到需要看到的问题，无法让我们的身体恢复健康。就像一个健康的人长时间处在黑暗中也会失明一样，在当前这种贬低人类经历多样性和抬高一致性、服从命令和效率价值的体系下，随着时间的推移，学生的同情心也会慢慢消失。

当学校体系几乎强迫人们只关注自己的安全和地位，而忽视其他人的情况，同情心——理解、关注和敏感行为——怎么可能起作用？

掌权的人总是打着帮助别人的旗号冠冕堂皇地欺负他人，在这种体系下同情心怎么可能起作用？

当学校里目睹欺凌行为的学生将其视为正常的例行公事时，预防欺凌的规则就成了不具意义的摆设，甚至可以说是笑里藏刀的标志。他们认为这一套规则都是为自己设定的，并不是每个人都要遵守。讽刺的是，欺凌行为的持续只能让掌权者更加确信，自己需要加强对学生的控制。有效预防欺凌取决于学校领导如何使用自己的权力，以及如何对待那些权力不如自己的人。学校管理者和教育工作者需要理解，加强控制只能南辕北辙，只有寻找更新颖、更有效的方式才是解决问题的正道。

重新看待错误

本章一开始小女孩儿犯错误的故事很常见，这些问题看似难以纠正，甚至在未来难以预防。错误也是学习的一部分，但只有犯错的人能够承认错误，放弃对自己的辩解。一个人权力越大，地位越高，就越难将他的行为视为错误。这种结构和组织建立在权力和控制之上，坚持认为自己正确是出于对失去权力和控制力的莫名恐惧。就像故事中的教师，任何示弱的表现都将造成对班级失去控制。

尽管领导在承认错误时仍难以克服恐惧，但他们实际已获得下属的尊重和敬仰。柯林斯（Collins）给出了对领导权实质的重要提示："真正意义上的领导权意味着人们有权不听从命令。"真正的领导不怕地位或权威授予自己的权力会丧失，而是通过遵照道德价值观或指导原则来给他人树立榜样。

如果领导的权力或地位可以让自己免于承担责任，却在欺负他人时能够承认错误，那么机会的大门就打开了；这个机会可以让事情涉及的每个人学会在同情和关爱的基础上更好地对待他人。

最大的错误——最好的机会

正如这位教师的错误为同学们提供了重新看待错误的机会，能够成为一个真正的团体，而学校如果能正视、明确并接受为其所犯的最大错误负责，也能够得到同样的机会。当前学校结构就好比积木游戏，使用大小相近的长方形木块搭建一座小塔。在游戏中，如果每位参与者一次取走一个木块，那么总有一个木块在被取走时会引起整个塔的垮塌。同样，在学校里一项关键的设想是错误的，那就是对学校的定义以及管理理念的威胁。这种设想就像积木游戏里引起垮塌的最后一个木块。当提出这种设想时，如果对其加以检验并质疑，而不是将其隐藏在现有结构中，我们就能够重新设计整个学校。（或许是因为这种设想对于理解学校来说过于复杂，因此人们很害怕对其进行质疑，尤其是那些高高在上的权威人士们。）

有很多方法可以帮助我们确定学校最后一个积木木块——当前学校结构中关键的错误设想，在我看来，应该是：为了让学生好好学习、行为得体，我们需要对他们加以控制。

这种错误的设想解释了为何当前学校里在不同背景下，总会有很多行为不公平、不友好而且不可接受。我坚信成人之所以这么做，是因为他们并没有接触到其他对待学生的方式，尤其是那些未能满足学校要求的学生。学校里很多成年人已经学会拒绝按照学校权力和控制的心理设定来处理问题。其他人则因为不知道怎样做或害怕来自高层的惩罚而无法做到。因此，建立在错误设想基础上的学校设定，不仅控制着学生，还控制着学校结构下参与运作的每一个人。

认为要想让学生好好学习就要对其加以控制的想法只是一种信念；不一定要成为现实。很多教育工作者认为，当学生参与到真正而有意义的学习中来，他们就会自发地学习和求知，而根本不需要控制。讽刺的是，我认为大多数教育工作者其实是在被动等待机会来放下权力和控制设定，获得一种新的心理设定——可以成为真正意义上的教育者，而不是管理者。

学生：希望之源

我们不一定非要给学生强加同情心、感同身受以及真正想要学习的欲望。当他们第一天踏入校门的时候起，就已经拥有了。一旦教育工作者们意识到，其实学校并不信任学生能做到他们所预期的那样，那么就能够重新塑造欺凌预防的框架，从而改变对学生的看法和对待方式。

学生们希望也需要得到信任；他们希望教育工作者们相信自己，这样他们就不再需要被加以控制。教育工作者们必须要将投入到控制学生上的精力转移到帮助学生上来，使其成为真正意义上的自己，而不是标准化的模板。老师们在指导和支持学生学习方面有着强有力的影响。学校能够也需要重新设计来真正帮助学生学习，而不是专注于管理和控制他们的行为。本书的第二章提供了具体的指导方针和策略，使焦点从控制和管理转移到指导、支持和积极影响学生上来，而依赖的设想是学生们想要好好学习、茁壮成长。

教育需要摒弃权力划分的观念，学生并非需要外部动力来学习。教育应该是教育工作者和学生们共同分享的一段经历，而指导思想是认可并尊重对方。

重构预防欺凌体系的真正意义在于对学生的信任，以及创造一种同更包容的教育设定相一致的应对方法。这种意义上的重构表明，教育工作者需要信任学生和自己的能力，用同情心和感同身受的态度来待人处事。

学生是欺凌问题的答案所在，而不是起因。下一章我们将探讨是什么阻止了学生互相帮助，我们怎样做才能让学生在欺凌发生时不只是袖手旁观。

总结

• 分析教师对学生的管教方式，从而了解学校如何在不经意间为助长欺凌创造了条件。

• 典型的学校环境存在某些因素，这些因素创造了一种模式，在此模式下欺凌成为了一种家常便饭，折射出很多学校默认的做法。

• 学校当前的设定形成了一种三级分层的社会结构，使得欺凌对很多学生来说，成为一种提供安全感、地位以及控制力的方式。

• 看待欺凌问题时不应忽视其赖以存在的组织结构。

• 当前的学校设定和组织结构让人们无法看到或理解学校设定与欺凌行为之间有何种关系，以此来保全自身。

- 当位高权重者错待其他权力不如自己的人时，能够为自己的行为负责，而不是为其找借口或拒绝承认错误，那么学校就能有所改变。
- 学校所犯的最严重的错误是设想为了让学生好好学习，需要对他们加以控制，这一设想亟待改变。
- 重构预防欺凌体系与重新看待学生方式息息相关，要积极设想学生们想要学习，渴望在学校里取得成功。
- 做出积极改变并重构预防欺凌体系的最关键的驱动力在于：意识到学生是欺凌问题的答案所在，而不是起因。

第四章　心理设定／游戏模式对学生个性的塑造

"我们只需知道一名成人对儿童的看法，就能够预测其对待儿童的方式。"

——艾尔菲·科恩（Alfie Kohn）《跳出纪律：从顺从到民主》
（*Beyond Discipline: From Compliance to Community*）

在二月份的寒假期间，我经常去佛罗里达的棒球春季训练营。有一年，我连续两天访问了两家训练营，体验了两种截然不同的经历。第一天，我探访了圣露西港的美茨训练营。这里满是激情的棒球迷们迫不及待地想欣赏球员们比赛。球场围满了栅栏，整个训练营到处都有保安巡逻。当球员完成训练并走向等候在栅栏另一侧的球迷时，人们就会蜂拥而至球员所在的地方，人数之多让我不禁担心有人会遭到踩踏。我在其他训练营也看到过同样的情况。

第二天，我到了维罗海滩的道奇训练营。这里并没有栅栏，只有一些临时放置的柱子，用绳子或带子相连，示意球迷要站在指定区域来给球员们腾出空间。当天来了很多球迷，但我看不到任何球迷会侵犯球员的空间。当球员同意签名时，球迷也不会拥挤到他身边，而是井然有序地排队。

为何会有此差异呢？并非因为美茨的球迷比其他球迷更活跃；道奇的球迷对球员的喜爱程度并不亚于美茨的球迷。想想对球迷设置的栅栏吧，它传达了这样一种信息：如果我们允许自由进入，你会干扰到球员们，所以我们设置了栅栏来确保你们无法这么做。球迷们收到了这一信息并照做了。

在道奇的训练营，没有栅栏和保安也向球迷们传达了一种信息：你们会尊重球员对空间的需求，不会干扰到他们的训练。我们希望你们通情达理，当球员们有时间时，他们会到你们身边为你们签名的。如果人人尊重彼此，那么就万事大吉。

这种差异的原因就在于每个训练营对球迷的看法不同。这种看法并不仅仅影响球队对待球迷的方式，也影响到了人们的反应。在两个例子中，当球迷在所选择的心理设定下做出反应时，两支球队都得到了所需的证据，来支持自己对管理球迷所做出的决定。

如果球迷将栅栏视为球员得以安全的原因，他们就不会有意识地对球员们负责。他们会让这些栅栏代劳；这样一来球队（而非球迷）就要负责让一切井然有序、保证每个人的安全。鉴于栅栏就意味着一切都在掌控中，他们也就不需要控制自己的行为。鉴于这种控制是来自外部的，一旦外部控制解除，这些球迷就会茫然而不知所措，只得跟着大部分人的脚步。当没有栅栏时，球迷需要自己决定怎样行事：当谨慎行事时，他们需要依赖自己，而不是外部控制。他们的决定反映出一种安全感和尊重的价值观。他们会将自己定义为负责而值得信任的人，并按照这一标准行事——这正是开放式环境所确认并强调的。当人们处于一种没有外部控制的新环境下，其身份意识（取决于个人的价值观）就会指导自己做出负责任的决定。在他们心目中，他们是有责任意识的人，要对自己的行为负责。

道奇训练营正是敢于不设栅栏，并因此收到了良好的效果。他们信任球迷，球迷也投桃报李，没有辜负他们的信任。如果有些球迷一时大意并侵犯了球员的空间，他们的行为会被他人认为不得体，违背了社会规范。负责任的球迷们很可能会给这些少数人贴上标签，表示他们需要纠正自己的行为。这是健康的文化自我纠正或自我管理的方式。当规则或权威没有加以干预时，尊重、负责以及内化价值等积极情感就会决定人们的行为。

当人们按照价值观行事时，他们会设定一种很坚定的原则并确立积极的标准，不会轻易违背。讽刺的是，比起外部控制，这种来自于内在价值观的标准对人们的行为有着更强大且更持久的影响。道奇的管理层并没有采用快速思考的方式，因此避开了"快速做出决定"公式所引起恐惧的陷阱（比如那位公然批评一年级女生的教师所做出的连锁反应），这一公式是：冒险=坏事，控制=好事，栅栏=措施。

道奇训练营透过现象看到了本质，他们意识到设置栅栏并非是必须的选择，还有其他方式可以采用，这些方法甚至能更好地确保球迷的安全。

与此相类似，学校给学生们传达了信息，学生们接收了这一信息，随后按照信息的指示以及指定的方法来管理自己的行为。学校决定对待学生的方式向学生传达了一种信息——告诉他们自己是谁，应该得到怎样的对待——和栅栏向球迷们所传达的信息一致，都是为了让目标的行为符合自己的指示。

本章探讨了当前严父/工厂设定对所有学生传达的信息，以及这些信息如何影响学生们对自身的看法，并进而影响他们的想法和行为。这些栅栏（即学校施加控制的手段）明确了管理和安全的重要性，但事实上，它们只能让学生们彼此相隔绝，阻碍了互帮互助。

恐惧与错误假设

栅栏和保安都是美茨针对球迷及其行为的管理模式错误假设的外在体现。这些设想的中心在于害怕失去对人们和情况的掌控：人们会很快设想出最糟糕的情况，随后会做出相应的反应来保证这种情况不会发生。当人们执着于甚至是错误的设想时，恐惧很容易就会取代理智（快速思考阻碍了慢速思考）。

通过研究人们的大脑是如何陷入恐惧的，我们可以知道人们为何会执迷于某种思维方式以及对世界的反应。里克·汉森（Rick Hanson）在

《幸福的连接线》（*Hardwiring for Happiness*）中解释道，"大脑有一种机制，对于负面思考一触即发"。这种机制最初是为保护我们的生存而出现，但现在我们却执着于关注负面信息，而不是正面、积极的部分。因此，我们往往会高估威胁而低估机遇。我们总是感觉不愉快或讨厌的事会变得越来越糟，而不是越来越好。

我在当校长时，每个学年的头六周我会注意到一种现象，一些老师会惊慌失措地找到我，反映有些学生对新的教室环境难以适应。这其实是一种恶性循环，老师在学生的焦虑影响下也出现了焦虑。

学生的焦虑总会造成一些发泄行为而引发老师的警觉，反过来又会增加老师对整个学年的担忧。一些老师在调整期间的恐惧与焦虑会进一步使情况恶化。焦虑的学生最不希望看到的就是老师也同样焦虑，然而事情往往就是如此。

过了一阵子，我发现老师们会高估学生们引起的一些小麻烦，因此我暂不对学生的行为做出评判。为了帮学生们冷静下来，首先我要想办法减轻老师们的焦虑。大多数情况下，一旦学生做出调整并冷静下来，整个情况就会有所改善。负面偏向会造成很多老师忘记过去曾在调整期取得的成功，而是担心整个学年只能变得一团糟。

老师们也往往会低估自己影响学生的能力。我了解到这是一种过程：我不能只是告诉老师们要冷静下来；我需要为学生和老师提供大力支持。我知道自己需要暂缓对学生该做什么得出结论和制订长期计划。我知道如果我无法在十月中旬前让整个情况达到最佳状态，老师和学生们就会感到问题过于严重，而很快会陷入感知与现实的混乱中。

老师对学生们的担忧往往会随着时间推移而不断减弱，因为开学头几周内的惯例、事情的可预见性以及信任会帮学生们冷静下来。恐惧与负面偏向就在于老师们高估了学生们的实际需要，而低估了自己解决问题的能力。

过于严厉的管教控制着学校，加剧了这种恐惧/负面偏向，高估了问题的困难程度，而没有根据学生自己的情况做出判断。在教师心目中，大多数问题要比实际严重得多，因此他们十分渴望能确保问题不会再次出现。

保证学生的安全是学校的第一要务，但学校面临着如何实现这一目标的抉择。遗憾的是，对无法实现目标的恐惧造成学校会自动选择依赖外部手段来保证安全，而没有意识到其他的选择。这还是学校权威人士所做出的错误设想，高估了事情消极的一面，将错误的信息传达学生，使其误解了自己的情况以及老师对自己的看法。

教职员工认为学生不配合自己的工作或不听话是缺乏动力的表现，忘记了其实学生们都希望在学校能好好表现。无一例外。大多数情况下，学生们会主动避免让老师看到自己失败，因为他们希望取悦对方。可惜的是，老师对学生行为的错误阐释使学生有了错误的看法，破坏了学生原本积极的形象，并最终否定了学生的整体表现。由于学生们希望老师告诉自己是什么样的人，教会自己遵从权威，因而他们会内化这种错误的身份意识（即某些学生缺乏动力），从而按照老师眼中错误的身份意识来行事。

一旦学校接受了这种对学生错误的设想，学生们就成为这种错误的受害者。学生们希望在探索社会时能得到来自大人的沟通、配合、指导以及支持。他们希望学校能意识到这一点并给予他们真正需要的：把知识和技能运用到实践中来，积极与人沟通，与之产生共鸣。

针对学生的其他设想（正确的设想）

人类社会只在我们对于人类本质的概念中才显得健康。要知道，人们一直认为人类行为的核心是自私、贪婪和竞争，这也是我们进化的产物。这些设想在人类活动的大部分领域都起着主导作用，这显而易见。但最近的科学研究有力反驳了这种对人类本质的看法。我们认为同情深深扎根于人类的大脑、身体以及最基本的交流方式中。

耶鲁大学的婴幼儿认知中心研究证明，婴儿在学会走路和说话前，更倾向于善行。他们似乎生而就有初步的正义感，也可以说是对错的本体意识。但他们在刚出生不久也证明了对与自己相像的人有着好感。

实际上，我们最初的道德意识似乎偏向于我们的同类。大量研究表明婴儿有着群体倾向：3个月大的婴儿喜欢自己最熟悉的种族——也就是他们自己的种族；11个月大的婴儿更喜欢在食物上有着同样品位的人，认为这些人要好于其他有着不同品位的人；12个月大的婴儿更愿意跟说自己母语的人学说话。

该研究证明了影响我们教育学生方式两大关键点：

- 他们不需要塑造或控制来成为好人；他们生而就愿意与他人沟通，一心向善。
- 他们对看起来与众不同的人感到警惕或恐惧。他们在学习过程中需要支持和引导，以学会求同存异。

特纳和同事们对这种责任进行了总结："我们必须要为影响成长的同情心腾出空间"(p. 15)。

讽刺的是，学校将时间和精力花在了阻止学生们"做坏事"上，而他们本应该致力于帮助学生培养积极而包容的态度，包括对那些一开始看起来也许与众不同的人。学校应该培养"善心"，这是学生本身所具有的，而不是去控制学校假设存在的"邪恶"。

如果对儿童成长的研究不足以成为改变应对欺凌方法的理由，那么下面这个理由有足够说服力：强加的控制措施无法控制他们想要控制的——欺凌。此外，这些控制措施可能会限制并阻碍学生表现对内心向善的倾向。

更加严密的"控制"却无法控制欺凌

对规则、顺从和后果的一味关注将欺凌集中到了顺从或反抗权威的个人身上。这将欺凌行为同其社会和道德背景相区分：也就是对其他人所负的社会责任以及"牺牲小我"的精神。当传达给学生的信息被规则和后果所主宰，学校就会拒绝告诉学生，这些规则内可能出现的一些伤害性语言或行为，也不会告诉他们一些道德行为会要求他们跳出规则。

当在校学生了解到行为主要是由外部控制时，一旦没有大人的监管，他们就会在履行职责上不知所措。这反过来给他们传达的信息是：如果他们违背规则而没有受到惩罚，那么所作所为就不能算错。只有被发现的行为才能算错。如果他们做了错事恰好被发现，那么学校对此的第一反应是进行处罚，而面对处罚，学生们会选择撒谎和抵赖。

如果欺凌本身是一种过错，那么对欺凌他人的学生施加处罚就会让这些学生更担心自己的遭遇，而不是关心他们欺凌的对象会怎样。如果一名学生想要逃避负面后果造成的某种痛苦或艰辛，那么别人很难对他们进行指责。如果学校几乎不怎么花时间讨论某种行为为何错误以及如何影响他人，也不会考虑被欺负的学生可能不怎么受欢迎，那么情况尤为如此。学校越是把欺凌视为一种罪行，学生就会想更多办法来逃避因欺凌而被定罪。这种惩罚只能加强他们的抵赖，而更加不愿意为自己的行为和话语负责。

因此，欺凌他人的学生会认为自己是体系的受害者，这种体系出台的规则和施加的惩罚都是不公平的。他们也会关注其他行为与自己一致的学生，但这些学生却没有受到惩罚。这些学生可能决定不再欺负别人，但更可能只是下决心，以后再这么做绝对不被别人发现。

在这些严酷的政策和控制措施下，被欺负的学生几乎得不到什么安慰或保护，因为这些政策和措施并不起作用，甚至只能起到相反效果。讽刺的是，这些容易遭受侵害的学生很清楚，大人们并不知道自己获得的安全和支持来自于同龄人，也就是那些不欺负别人的同学，而并非来自任何外部规则和控制。

尽管控制的失效实际上能阻止欺凌的发生，但事实上大多数学生并不会欺负别人，也不会认同欺凌行为。学生们对于对与错仍保留着道德意识，这种意识超脱于规则和惩罚措施。这些学生为何不被视为解决欺凌问题的良方呢？

答案就在于未能有效控制欺凌的规则上，这些规则对于没有违规的学生也有着同样的影响。自相矛盾的是，这些控制措施给这些学生传达了一种信息，该信息控制并限制了他们发挥积极作用的能力，要知道他们本来可以用这些能力来阻止欺凌的发生。

"控制"是怎样限制旁观者反应的

当学校应对欺凌时，通常会忽略那些没有违背规则并满足学校预期的学生。在一心想要预防学生不做出意外行为的体系下，学生遵守规定是天经地义的。在严父/工厂设定下，学生的目标就是维持预期行为，并继续做应当做的事；而学校的工作则是关注违纪的学生。这一信息表示预防负面事件是学校的重中之重，在学生和教职工眼中，其他一切似乎都并不重要了。

有效预防欺凌需要平时不欺负别人的学生负起责任。由于这些学生通常认为只要自己遵纪守规、不惹是生非，一切就相安无事了，因此这一信息会令他们感到困惑。

当欺凌发生时，学校缺乏关注的是学生为履行责任、鼓起勇气应掌握的技能、知识以及具备的态度。"好学生"定义所传达的信息妨碍并限制了这些学生的积极影响，他们本有能力阻止欺凌的发生。如果学生们得不到支持、引导以及缺乏同情他人的能力，那么期待他们能用截然不同的方式处事可谓是痴人说梦。

顺从与遵守规定同授权与自信是截然对立的。如果学校想要有效预防和减少欺凌，在某种程度上要对传达给学生的信息进行筛选。混淆的信息只能维持现状或纵容违约行为：除非学校选择授权与自信，否则顺从与遵守规定的地位将无法撼动。

如果师生间的一些互动成为了欺凌的形式并得到认可，即使老师们本身的出发点是尊重对方，如果未能影响欺负学生的同事甚至领导，那么也只能算是中立的旁观者。相应地，当这些中立的教师告诉学生面对欺凌要忍气吞声时，他们的行为只能算得上虚伪。

学校在面对欺凌问题上，无意间妨碍了学生进行有效应对。下面我列出了一些主要方式：

让学生失去信心，对道德行为设置的标准太低

如果大多数学生不欺负别人也不赞成欺凌，那么反复叮嘱他们不要欺负别人就是一种不信任的表现。制定严厉的规则、增加惩罚力度，这些画蛇添足的做法都告诉学生，学校担心他们会在以后欺负别人。这种信息不仅不认可他们负责任的表现，还强化了一种意识：所有学生都是欺凌问题的根源，而并非解决问题的钥匙。同时，这一做法也有失公平：一些教师可能会利用自己的权力欺负学生，但却免于受到规则和惩罚措施的约束，而这些规则是学生必须要遵守的。这也告诉学生，自己能做的也是最重要的就是不要违规。

培养一种"自我"文化而非"集体"文化

在学校，人们认为成功的学生拥有好的学习成绩、遵纪守则且不多管闲事。很多课堂里，学生仍需要看着讲台，关注老师。当要知道，如果学生们不经常看着彼此并协力完成一些任务时，学习的社会要素就发挥不了作用。在当前的课堂结构下，和同学谈话就会转移听讲和学习的注意力。在课堂上，学生们无法发现彼此的优点并沟通协作，只能为个人成绩和老师的赞扬而互相竞争。

营造一种"规避风险"的气氛

有时候帮助他人是要担风险的。如果学校重视效率并将问题视为"怪胎"，学生们会尽量去避免惹麻烦。如果学生敢冒险、犯错误或惹麻烦，

就会成为负面评论和讨厌的对象；因此，小心行事就成为一种学生们纷纷遵守的文化规范。

迫使学生依靠自身探索社会

学生为什么要提一些社会问题来为难老师呢？学生有时候总想帮助同学，但却不知道怎么帮。老师们似乎完全将注意力集中在了学业上，他们在提建议或引导方面的作用微乎其微，因此学生们就得不到建议或满足帮助他人的需要。这样一来，学生的反应是如果大人们不关注社会上发生的事，自己又何必去费神呢。由于欺凌在人们心目中是一种对规则的违背，那么一些模棱两可的话语或行为可以很容易避开欺凌的嫌疑。

坚定"事情不可能改变"的信念

如果学生对学校里发生的事起不到什么影响，且很多决定自己都没有发言权时，他们就会以偏概全，认为自己无力改变什么。如果欺凌问题仍然存在，且学生们对此并不认可，他们会认为自己面对欺凌问题无能为力，学校里的其他事情也是如此。

不重视学生的作用，看不到他们的积极影响

一位律师曾告诉我，在某个学校，按照规定，如果学生们目睹或知晓任何关于欺凌的事，他们有责任将事情报告给老师。按照这位律师的说法，这种规定让学校免除了很多责任，并让学生清楚了自己对于欺凌事件所负的责任。他担心的是，这种规定实际上可能非但没有减少欺凌，反而使其增加了。因为他认为，在欺凌事件恶化之前，学生有很多选择来携手同学们使情况得以缓和。学生们希望能看到自己有能力控制局面，而不是总要服从大人的管理。学生们要知道自己能够干预很多事情，如果需要的话，也可以从大人那里获得建议。如果自己的努力失败了，也可以将报告老师作为选择之一，而不是按照领导的规定，只能将其作为唯一的选择。

将欺凌纳入"大人的问题"中

欺凌是一个严肃的话题,涉及人们怎样对待彼此。它也是一个需要讨论和反思的道德问题。

如果学校只是将其纳入一种需要学生遵守的规则范围内,学生很容易就会忽略这一问题。结合一些其他针对学生的规定,学生很可能将欺凌问题只看成一条贴在墙上的标语而已。面对接踵而来的规则和喋喋不休的训诫,学生们会对其充耳不闻、视而不见。任何大人欺负学生且免于处罚的事件,都只能加剧大人与学生之间的不尊重,引起人们对预防欺凌的冷嘲热讽而已。

降低学生的主人翁意识和对学校的责任意识

学校的教职人员越是对学生行为加以严格控制,学生们在面对学校里发生的事情时,主人翁意识和责任意识就会越低。欺凌变成了大人们需要解决的问题,跟学生无关。学校对学生的唯一要求就是不要欺负别人。大人的控制权越明显,学生们就越可能认为自己只要遵守规则就好,不需要做些别的什么。

使报告欺凌事件成为一种对同学的背叛

当学生们遭到严格控制并将其视为不尊重的表现时,他们往往会将对欺凌事件的举报视为一种对同学的背叛。如果对欺凌的惩罚措施十分严厉时,学生更容易关注对欺负他人者所遭遇的惩罚,而不是去同情被欺负的学生。大人们越是在学校里营造一种"针锋相对"或"学生就是问题的根源"气氛,学生们就越可能对欺凌视而不见,而不是加入"大人阵营"。

这些当前预防欺凌的心理框架给学生传达的信息,可以比作我之前提到的棒球训练营中的栅栏:他们越想控制某种行为,越是加强了这种行为。学校希望学生们成为负责任、有同情心的旁观者,但这种想法无法盖过这些信息所造成的影响，因为学生们在学校的日常生活和交往中随时都能收到这些信息。

旁观者之错

在预防欺凌上人们有一种积极的倾向，但对于学生行为的影响却微乎其微。该研究证实了学生在预防欺凌上要比成年人的影响更加直接，因此要鼓励学生勇敢地面对欺凌。

如前文所述，学校当前预防欺凌的模式使得学生很难遵从这一指示。社会心理学研究表明了学生助人行为的复杂性，他们会用另一种角度看待问题，并在面对受到严重伤害者时袖手旁观。

即使学校能尽快改变当前预防欺凌的心理设定，并对学生采用这种设定，而不是去控制对方，但学生不会主动去肩负责任并帮助他人。为了让学生们在帮助他人时有底气，学校务必要理解困难所在，并有意教育学生学习知识、技能以及拥有必要的态度——来帮助他人，并对这个世界产生积极影响。

针对学校勇敢面对欺凌的指示，学生可以这么回应学校：

• 我们遵守了准则，并没有欺负别人，现在你们又提了更多要求。

• 你们出台的所有法律、规章、惩罚措施、项目以及程序都没有效果，所以你们想让我们解决你们的问题——是你们助长了这些问题的出现。

• 勇敢面对欺凌听起来的确很不错，但这么做并不简单。你们知道在当前社会，这么做有多难吗？

• 你们不理解我们的世界，因此你们有什么资格指挥我们做这做那呢？

• 虽然你们告诉我们要勇敢地面对欺凌，但却几乎不帮助我们弄清楚究竟要怎样做。

• 如果我们勇敢面对欺凌却遭遇了欺凌怎么办？或因违背其他规则而

受到指责怎么办？你们能保证我们不会遇到麻烦吗？

- 在你们要求我们勇敢地面对欺凌前，能否回答两个简单的问题：这么做值得吗？我能做到吗？
- 大多数时间你们都要求我们遵守规则，按照老师的指示去做，现在却又希望我们改弦更张，在面对欺凌时挺身而出，真是强人所难。

这种设定所施加的看法以及对待学生的方式本身有问题，此外还阻碍了对欺凌的有效预防：学校几乎没有花任何时间来鼓励学生负起责任，关心他人。

当学生们目睹欺凌时，并不只是客观的旁观者而已，而是可以将事情准确报告给老师或领导。尽管欺凌行为并非针对他们，但却亲身体验了同时出现的多种情绪。在他们意识到所处的环境以及内心所发生的事情前，事情就已结束了，他们要做的事却没有结束。典型的欺凌事件真相并非在媒体或反欺凌宣传活动上看到的那么惊心动魄。很大程度上这种夸张会对学生造成误导，因为在别人口中与他们实际所经历的欺凌之间，存在很大的差距。

因此，目睹欺凌事件之后，他们会感到困惑、迷惘、通常还伴有莫名其妙的不安。学校草草行事以及不留给学生时间去反思和探讨，使得很多学生在面对这种不愉快、莫名的情绪时麻木不仁。久而久之，他们会对此更加习惯——为了相安无事，不得已而为之。

鼓励学生成为有责任意识的旁观者，就等同于告诉他们要成为好的读者或司机，却不提供指导、说明以及实践的机会。这样一来，所有人，包括成人在内，都很难帮助有需要的人。人们往往用另一种角度看待问题，甚至在面对受到明显伤害者时袖手旁观。

社会心理学研究了人们为何帮助或不帮助他人的原因。由于帮助他人需要人们改变预期和常规的行为，因此拒绝帮助要比提供帮助有着更多理由。对于袖手旁观和犹豫不决，人们内心有很多理由，但却没有表达。就好像明明可以伸出援手，但人们总有内在缘由来拒绝这么做，很多情况下，他们都知道自己应该怎么做。

外在之错：审时度势

大多数学生都想帮助他人，但很多"错误"（阻碍行为的一些想法和感受）在他们目睹欺凌时会蒙蔽自己本来的想法：

不是错误。学生可能不会将一些话语和行为视为欺凌，因此，不会认为这是错误的。由于戏弄、开玩笑与整蛊容易混淆，一些欺凌行为会混在一些非欺凌行为中，因此很容易被忽视、遗漏或只是当作正常行为看待。

不造成伤害。学生会听到一些伤害性话语或目睹伤害性行为，但如果这些话语和行为的受众看似没有受到伤害或困扰，旁观者很容易认为这些话语或行为没有造成伤害。当青少年需要故作冷静时，这种反应只能让旁观者更加难以做出准确解释。

跟我不同。对旁观者来说，被欺负的学生越是与众不同，就越容易打消自己帮助对方的念头。如前面所提到的，这种拒绝提供帮助的想法反映出婴儿行为研究所得结论，即婴儿对于看似不同者会加以更多关注。当学校给一些未能遵守准则的学生强加罪名时，这种区别就会显现，人们就会对其加以负面评价。这也许是阻碍旁观者提供帮助的最大"错误"。

非我"族类"或群体。这是"跟我不同"想法的一种延伸。即使旁观者喜欢某个人，但更可能不愿帮助对方，以避免和这位学生的社会群体扯上关系。

不值得帮助。学生可能认为某些遭遇欺凌的学生是罪有应得，他们可能认为对方是自作自受。旁观者似乎总能找到理由，认为这些学生不受欢迎或没有得到他人的认可。

不关我的事。学生们可能认为欺凌应当消除，但这是别人的事，和自己无关。讽刺的是，由于人们将欺凌视为一种纪律问题，旁观者自然会认为解决这一问题是校方的责任，而自己无需操心。而校方传达给学生"管好自己的事"这一信息也强调了这一概念。大人们越是强调自己对解决问题所拥有的权力和控制力,这些行为就越向学生说明,非掌权者是无力应对任何问题的。

不违反规则。很多学生会通过表情、手势甚至微笑等微妙的方式来欺凌他人。学生不愿意将这类欺凌行为报告给老师,因为他们知道欺凌者很容易对其行为予以否认,并断言这些行为遭到了曲解,并没有违反规则。

不确定能得到支持。由于学生知道校方有责任处理欺凌问题,因此如果他们怀疑校方不会支持自己,就会不愿对欺凌问题进行报告。他们心知肚明,得不到支持意味着自己很容易遭遇欺凌或社会的批评。

不值得冒险。目睹并参与或对欺凌进行报告的学生会担心自己得不偿失。因为很多学校环境都存在风险,旁观者能快速估计个人风险的程度,并决定小心行事。按照其判断,他们介入或报告欺凌不会有什么好处,而且会因为多管闲事而给自己惹上麻烦。

内在之错:怀疑与情绪

这些"错误"在于一些怀疑和情绪,会困扰并限制学生帮助他人。

不是我说的。大人们对欺凌的定义在学生看来很荒诞。学生们需要避开介入社交界,方式包括闲逛、调侃、开玩笑、划分阵营以及成人所强加的一种"规则导向性"社会。由于大多数成人并不关注这种社交界,而这恰恰对学生很重要,因此学生们会通过回避"欺凌"这个词来与成人们拉开距离。在他们心目中,成人对于自己知之甚少的事十分看重。即使学生们关注欺凌以及对学生们造成的伤害,成人有着如此大的权力却无力阻止欺凌,让学生们很费解。大人们通过将"欺凌"这个词演绎得更加狭义,让这个词不会从学生们口中说出,而学生需要用这个词来区分自己与他人打交道的方式,并将开玩笑、愚弄和伤害相区分。

我说的不算;其他人是对的。当某学生看到其他学生没有帮助别人时，会推断这些学生所做的决定是正确的。如果没有人帮助别人，那就意味着没有人需要帮助，或需要帮助者并不值得人们去帮助他。这就是所谓的"多数无知"或倾向于将人们的神态自若误解为当前没有紧急情况发生。

对技巧和能力缺乏自信。一些学生也许确实想帮助遭遇欺凌的学生，但质疑自己的能力可能帮不上忙。

不是我们学校。是勇于冒险还是谨慎行事，这取决于旁观者与学校之间的关系。如果旁观者同学校关系很好，有很强的主人翁意识，他们很有可能认为欺凌是不应发生在自己的学校里的。如果这种关系只是一般，旁观者面对欺凌则不大可能站出来，而是选择谨慎为上。

欺凌对象不是我，也不是我的朋友。由于目前欺凌被视为是一种犯罪，一些学生认为只有真正意义上的坏人才会欺负别人。由于旁观者可能认识欺凌者并对其有好感，他们会因欺凌者是好人而大大低估这种行为的严重性。

不愿意被人指指点点。随着年龄的增长，学生们希望变得独立，能够独当一面。当一些领导者对他们指指点点时，他们会因不认同该信息而予以抵制，但这么做的真正原因是无法按照自己的判断来做出行动。

甚至没有思考，没有选择余地。有时候，如果情况存在任何风险指数并能够引起人们的恐惧时，旁观者会自行躲避，以免惹上麻烦。这种恐惧通常会造成麻木或袖手旁观。这种状态下的学生甚至会认为自己没有选择的余地，他们并没有思考，只是处于一种自我保护的本能。

不确定到底该说什么或做什么。当面对欺凌行为时，旁观者几乎没什么时间来决定怎样做。等到做出决定时，情况也许已经过去了，因此往往自己的选择就成了什么都不做。

帮不上忙——也许还会帮倒忙。旁观者往往会认为学校规章制度只能让事情变得更糟，甚至对于遭遇欺凌的学生也不例外。如果是一名受欢迎的学生欺负了一位不怎么受欢迎的学生，旁观者会认为将此事报告给老师，对于被欺凌的学生来说只能是帮倒忙。

好学生是不会这么做的。通常"好学生"这个概念总会等同于遵守规则、服从大人管教的学生，而他们很少会涉足规则和大人未明确规定应该做的事。

应对"错误"

学生要想成为负责任的市民而不是袖手旁观者，需要在学校日常生活中培养一些素质，但未能获得这些素质的原因不得而知。如果所有学生都能被视为学习社区内重要的组成部分，那么每位成员都将会意识到关心其他成员的重要性。要想应对这些阻碍学生帮助彼此的"错误"，就要：

让学生知道，自己在塑造学校文化和氛围上有着重要的影响力；帮助学生培养阻止欺凌的责任意识，以及报告欺凌问题所需的技能；培养学生果断行动的信心，敢于证实自己的领导能力。

重构预防欺凌体系意味着要重新设定人们对自身的想法，以及对自身角色和对社会所负责任的看法。重构预防欺凌体系并不只是告诉学生不应该做什么；还涉及塑造积极的环境，使学生们坚定应对欺凌的信念，从而能发现并明确共同的价值观，在现实生活中做出正确的道德决定，而不只是服从于简单的规则或大人的管教。

下一章的研究阐释了重构这种设定的过程，给组织、个人以及理解人类动机方面提供了积极影响。重构预防欺凌体系需要我们解决上述问题，也正是这些问题阻碍了学校成为更强大的社区。

总结

学生不是问题所在，而是解决问题的方式；但他们通常无法得到这一信息。

学校环境所提供的很多信息都致使学生对自身出现误解，从而怀疑自己肩负责任的能力。

现实中，害怕事情失控是很多现有控制力的驱动因素，而并不能表明学生没有能力得到信任。

研究证实了人类对于对与错有着天生的判断力。所以学校要做的不是教学生如何获得这种判断力，而是如何培养它。

研究也证实了，人们对看似不同者一开始的不信任冲淡了这种道德意识。

学校不应认为学生需要被控制，而是要花更多时间和精力来帮助学生理解并欣赏人与人之间的不同。

强化控制、出台更严厉的惩罚措施在阻止欺凌问题上收效甚微，而当权者却难以意识到并接受这一点。

强化控制只能限制大多数学生阻止和减少欺凌的潜力。

关注对学生行为的控制也致使学校无力投入更多时间和精力，来传授给学生面对欺凌勇敢站出来所需的知识、技能以及态度。

学校的重心不在于告诉学生不要欺负别人，而是面对欺凌勇敢站出来，但学校却未能给予学生这么做所需的工具。

由于帮助他人并非一种简单的行为，学生和大多数人都一样，有很多正当的理由拒绝提供帮助。

大人们需要告诉学生这么做的难处所在，从而能面对欺凌挺身而出；还要花更多时间和精力帮助学生理解面对欺凌时，有哪些内在及外在的要素起着作用。

第五章　重构的前景

"改变你看事物的方法，你所看的事物就会改变。"
——维恩·戴耶（Wayne Dyer）《神奇的念力》
（*The power of Intention*）

我的感悟

我所工作的学校里，学生们不需要为了学习而被控制，对此我感到庆幸。对于我们教育工作者来说，这也是一种遗忘学校旧有工作原理的过程，换句话说，我们需要改变原有的心理设定。作为校长，我知道我们目前所前进的方向是正确的，但一直无法弄清楚事情究竟怎么样。直到有一天，我在一年级课堂里看到的一件事终于让我有所顿悟。

这间课堂里所发生的一切对于所有人都是一种享受。老师真的很喜欢这些孩子们，也重视自己从孩子们身上所学到的东西。她经常对我说，她热爱自己的"工作"。有一次，当学生们研究昆虫时，我碰巧走进了教室。（注意，并非是"科学"或"阅读"或"写作"课——这是所有这些科目的集合；对于学生来说，这才是真正意义上的学习）。

下面是我的所见所闻：

学生在动手的过程中会观看彼此的做法并进行交谈。

有的学生在阅读、有的在写作、有的在画画、而有的在探讨和提问题。

如果学生们决定做些别的，他们会随时切换自己所做的工作。

书桌上、架子上以及篮子里有成堆关于昆虫的书籍。学生们可以按照需要进行挑选。

我听到了一些笑声、问题以及关于昆虫的故事。

每个学生都很认真,并没有因为我而分心。

他们欢迎我,并告诉了我他们所学的内容、为什么要学这些内容以及对自己在做什么的一些看法。

下面是我闻所未闻的:

我当时并没有马上看到老师。后来发现她在教室的一个角落,在书桌与书桌之间来回走动。

我没听到老师纠正学生的错误,或要求学生做这做那。

我没听到与昆虫无关的长篇大论。

我没看到任何行为准则表或贴画。

这一情境在我校的大多数课堂都十分常见。区别在于我最终能用语言来表达学校里到底在发生什么:学生们没有理由表现不端,也就不需要受到控制。相反,他们有如下要素:

一个互相关心的环境,每个学生无论做了什么,都为他人所接受和包容。

一个喜欢每位学生的老师,而学生们都知道这一点。

学生拥有选择自己想学内容的权利。

学生可以选择如何来证明自己的学习成果。

学习的目的:希望制作一本书来与家长分享课堂上伙伴们共同努力的成果。

我意识到,这些年来身为校长的我所了解到的一切都验证了一条简单的真理:如果你满足了学生的基本需求,那他们就没有了行为不端的理由。学生渴望并需要学习,因此一旦教育工作者为学生创造了学习的条件,控制也就可有可无了。

如果学生没有什么权利来选择自己学什么,不得不按照标准的方式来学习,也无法随意选择学习时间的长短,还要按照与同龄人相比较的结果来评估,那么他们就需要受到控制。因此,当学校真正理解了何谓学习,并将学习经历同学生在校外的经历相结合，学生就不再为了学习而出现行为不端或需要什么外在动力。

我本人关于学生的核心设想很明确：他们渴望学习、渴望得到陪伴和归属感，需要有意义、有吸引力和挑战性的工作。他们希望，就算犯了错误也不会被评判为失败，或被贴上失败者的标签。

这并不意味这一切完美无缺。这间课堂也存在很多问题，我们学校的所有课堂都不例外。但是问题是这些环境下的自然产物，也是学习过程中的组成部分。老师不希望一切进展顺利而没有一点问题。这对于学习来说很正常，是人与人相处和一起学习所需要的。如果学生有了充分的时间和恰当的条件，当面对其他人时，他们就能够更好地沟通，来满足自己的需求。而故事中的这位老师和学生，就是在有利于这一过程的环境下一起生活，一起学习。

课堂不需要栅栏，不需要让学生彼此隔绝、受到控制。老师不需要因恐惧而行事，出发点应该是尊敬和爱护。老师不需要控制学生，而是要帮助、教导和影响学生。老师是学习环境的设计师，需要为学生们创造必要的条件，帮助学生获得学习的主动权和责任意识。

在这种环境下，优化学习条件和预防并减少欺凌所需的条件是一致的。

这样一来也能消除促成欺凌的一些条件（改变了游戏格局）。

在这种体系下，学生并不一定要分出输赢、高下。对于虐待，没有人是罪有应得。

如果学生在课堂里能够控制自己的行为，那么就不需要来自外部的控制。

重视多样化，帮助塑造丰富多彩的教学环境。

社会交流也与学习相关。

学生应一起探讨问题和错误，吸取教训。

在沟通与交流的过程中尊重彼此，关注对方的优点，而不是寻求权力和对他人的控制。

重构：乐观的理由

学校做出改变所面对的最大困难，在于校方很难改变一直以来所信奉的理念。很多教育者很多年都在花心思控制学生或激励他们学习，因此当我向他们描述一年级课堂后，他们会认为这些课堂的学生与自己的学生并不一样。

我很同情这些教师，他们很难接受这些年来一直从事并信奉的工作竟然是"错误"的。当听到一些课堂里行之有效的新方法与自己使用的方法差别很大时，老师做出改变就意味着有很大风险。要知道人们更愿意听到别人需要改变，而不是自己。

学校若能清楚地了解重构理论，就能在教学改革上做出理智的决定。但事情却并非如此，也不可能如此。改革这一过程并非是解决某种问题的一种方式；这是一种人性化的过程，不像技术手段那样死板。这一过程涉及人们的互动、倾听、尊重以及向彼此学习。

完成本书的前四章后，我一度意识到改变——尤其是学校所做的改变——难度实在太大了，几乎不可能实现。但现在我认为情况并非如此，我们还是有理由保持乐观的。尽管改变心理设定很困难，但有很多理由让人相信，很多人还是在等待、并愿意改变。他们只需要明白并能够理解改变的结果就好，只有知道什么是改变，才能做出改变。

下面是一些很有说服力的理由，解释了我为何对学校能够做出积极改变保持乐观：

当前的学校设定有着固有的信念、价值观以及设想，这并不是教育工作者选择的——而是代代相传的

教育工作者们继承了学校的心理设定以及对于学生的所有设想，认为要想教育学生就要对其加以控制。讽刺的是，很可能就是他们工作的原理造成了最大的麻烦。我坚信几乎每位老师都希望像我提到的那位一年级教

师一样工作，而不是像第三章里提到的那位训斥小女孩儿的教师那样。如果能做出选择，几乎每位教师都愿意获得和学生一起努力、真正意义上帮助学生的机会，而不是卷入漫无休止的争权夺利中。

如果老师感觉不到自己被控制，那么也就不会去控制学生

校领导对老师的行为有着深远的影响。如果校领导能与老师携手，而不是滥用职权作为管理教职工的主要方式，那么老师们就能更自如地探索其他方法去减少对控制的依赖，并真正意义上给予学生积极影响和支持。

- 很多人都会重视和尊重个体。
- 没有人愿意被控制和摆布。人类对主动性最起码的需求可以帮我们解释，为何传统的学习观与校外的学习经历会有所不同。

重构不仅能减少欺凌，还可以增加学生的创造性和成就感

如果学校依靠规则和惩罚措施来控制学生，恐惧就成为一种潜在的情绪，无论多么微妙，都会一直存在。在这种环境下，学生会更关注自己，而非其他同学。如果学生缺少同情心，自然就会造成缺乏创造性，因而无法站在其他角度来看待问题。

重构反映出 21 世纪职场面对的挑战以及本质

如果学校能培养学生的创造性和同情心，就能让他们学到更多东西。学生会按照自身的喜好来学习，而不是只为完成学校布置的任务。学生越是在热情和好奇心的驱使下主动学习，就越能适应21世纪的职场环境。如果学校执迷于权力和控制，学生就无法满足前沿公司的职业要求，也就无法把握机遇。

改变可以鼓励学生携手实现共同目标

父母希望子女能够自主思考，自信地解决问题和应对挑战。他们希望

子女能关心他人、为他人考虑，而并非自私自利。他们希望看到子女不再受困于传统的学校理念——一味强调听话、照做。

欺凌问题使得保证学生安全成为学校改变的重要原因，而不只是为了提高考试成绩

约翰·科特（John Kotter）研究了商界变革的过程，将"急迫感"列为关键的改革动力。教师们选择教育工作背后最基本的道德目的（改善孩子们的生活）可谓是重构预防欺凌体系以及学校变革的动力。如果人们强烈意识到需要保证学生安全和学习的能力，就最终会鼓起干劲力争改变。越来越多的学校和老师们开始改变教育的固有设定，构建不同以往的校园社区，他们发现自己得到的不仅是保证学生安全，还发现学习效果（甚至是学习成绩）也有很大提高。

开始时在正确的方向前进几步，足以保持前行

由于学校目前逐渐鼓励学生积极参与来取代权力和控制，即使只是前进了几小步，也足以让每个人"感觉"更好了。进步已成为不可逆转的趋势。一旦学校社区的成员们认为能够实现这种改变，就能够获得权力做出更多选择，而不只是假设学校只有一种重构的方式。

很多学校进行了重构，结果令人满意

尽管很多法律和政策似乎加强了学校对学生加大控制力度的趋势，但很多学校都在朝着不同方向前进，已经取得了很多积极的成果。

作为减少欺凌概率和学术进步的决定因素，学校终于开始自我检讨，并意识到很多层面上固守目前的心理设定无异于故步自封

学校在控制学生方面可能效率很高，但这并不能转化为提升学习效率或阻止欺凌的良策。学生们在完成作业方面可能互相合作，但如果只是为

了取悦他人而并非愿意学习而合作，并不能增加学习的深度。欺凌也许仍旧看起来得到了控制，但学生们仍会受到伤害、遭到排斥。某些程度上，学校之所以不愿意做出改变的原因会变得越来越明晰。

研究表明，迅速做出积极的改变会对人们对自身以及对世界的看法（重构心理设定）产生持久影响

社会心理学相关研究证实了人们如何改变，以及什么会妨碍人们做出改变。在很多情况下，与另一人谈话时一个简单的词组就能对其思想、谈话以及行为产生巨大影响。在商业中，很多公司如果不做出改变，就会面临被淘汰的命运，而本研究只能初步影响教育机构，使其不再依赖于行为方式来普及某种政策和行为指南。越来越多的学校已对本研究做出分析、将其运用于实践中并产生了深刻的影响。

重构进行中：探索三大领域

我选择了研究的三大领域来探讨重构工作如何给人们和组织带来积极改变，为其提供清晰的解释和具体例证：

组织重构；

个人重构：心理设定；

理论重构：自我决定理论。

阿米·埃德蒙森（Amy Edmondson）的研究

当领导愿意放权、不再施加控制时；当他们提出正确的问题而不是提供正确答案时；当他们关注灵活性而不是遵从时，就能够拥有更高的效率。

学校采用的工厂设定也不再适合于当今社会上想要生存和繁荣的企

业。尽管现如今这类型的工作与生产线工作截然不同，但很多公司仍然难以改变对员工的看法以及管理方式。抵制变革的企业无法获得繁荣，甚至连生存都受到威胁。很多公司没有选择，只能反思自己的组织方式以及运转体系，需要创造力和创新来获得成功的公司尤为如此。尽管和企业有着很大不同，但学校还是可以借鉴一些组织进行全方位改革的例子。

埃德蒙森研究的关键点

在埃德蒙森杰出的代表作《合作：企业如何在知识经济中学习、创新以及竞争》（*Teaming: How Organizations Learn, Innovate and Compete in the Knowledge Economy*）一书中，她解释了企业为何需要改变，以及所面临的挑战。她描述了企业如何对员工使命以及工作方式的心理设定进行重构。她也给出了实证研究，证明了企业是怎样成功从传统的自上而下决策机制和控制结构转变为以合作、共享式领导层、解决问题和创新为特征的新结构。她在研究中强调了两个相互关联的关键问题：心理设定是如何影响人们思考、谈话和行为方式的，以及恐惧在环境中所起到的作用。

泰勒模型（工厂设定）存在的问题

埃德蒙森对工厂设定对企业持续影响的描述，同目前相同条件下大多数人对学校环境的看法相吻合。

尽管存在一些与此相反的言论，但很多人还是期待能一次性把事情做好。我们认为失败是不可接受的。我们对下属做出一些指示，同时又盼望着来自高层的指示。我们宁愿选择随大流，也不愿冒险选择说出真话，担心会因此失去工作。在许多方面，固有的心理设定更让人感到放心。职责明确，目的清晰，目标客观而固定。工厂体系将成人视为院墙内天真的孩童。工作上，所做的一切都要得到允许：去洗澡、上下班打卡来证明工作了几个小时、只有得到允许方可吃饭，以及听话照做而不能提出问题。

如果工厂设定将成人视为孩子来对待以保持效率和生产力，那么严父/工厂设定对很多学校的管理方面有着持久而牢固的影响也就不足为奇了，要知道学校管理的可是真正意义上的孩子。这种方式的问题并不在于没有效果，而是起到了效果，但成功的标准却是不需要学生思考或进行任何形式的创新。管理者如果只重视效率，那么这种方法所付出的代价是看不到的，也无法得到充分理解。很多时候，"没有发生的事"会被忽略或认为与手头的任务无关。比如，这种方式在应对学校的欺凌问题时，最显著的潜在代价就是只能强调旁观者行为的"错误"（上一章中提到的）。这种方法忽略、限制并束缚了对阻止校园欺凌有着最大影响的人群。

恐惧的支配地位及其负面影响

在工厂设定塑造下的所有组织内的各个控制杠杆背后，恐惧是一种隐性的重要因素。如果在学校或工作场所进行提问，大多数学生或员工第一反应是自己并不恐惧。缺少证据并不意味着恐惧真的不存在；经证实，恐惧是人们经历或心理设定下内在的组成部分，在其控制下的人们无法意识到自己心怀恐惧。

埃德蒙森最为关注的是，人们共事时的自由和畅所欲言会受到恐惧所造成的负面影响。在共事过程中，表达心声、看法、意见以及提出问题都是关键部分。这样一来整个团队才能互相学习。然而，恐惧对我们的影响甚大；是我们对世界看法的一种默认设置。位高权重者哪怕最细微的一丝反对（口头或非口头）都能够触发恐惧。恐惧会引发人们的自保反应，极大限制甚至消除了人们的发散思维以及质疑，还会阻碍人们信赖彼此、携手共事。

重构的实证研究

埃德蒙森的研究是按照现实设定完成的,因此颇具重要性。她研究了组织如何提升个人和集体的学习效率,并因此取得成功和繁荣或遭遇不良后果。在对哪些因素起作用或不起作用的分析下,她提取了一些组织需要落实的关键因素,即组织若想在某种环境下兴旺繁荣,需要灵活性、集合性知识、创新以及适应能力。她的研究表明了重构是如何在现实世界中起效的。

在一项研究中,她观察了四组心脏手术团队如何学习一种针对病人的新型微创疗法。其中两个小组成功学会了新的疗法并在实践中加以应用;另外两组则放弃了为之付出努力。成功和失败最主要的区别因素在于"项目领导对于该项目有着怎样的设定"。

成功团队的重构过程主要有三个层面:

领导人的角色:领导人故意将自己设定为独立的一名团队成员,而并非专家。领导人和团队有着相同的权力和地位,而并非试图去控制那些专业知识较少的团队成员。领导人将权力结构从高人一等转移为人人平等。

团队的角色:领导人角色的变化对团队成员的角色产生了巨大的积极影响。团队成员将自己对团队的贡献视为成功的关键。他们敢于承担起表达意见、提出问题以及提供建设性反馈的责任,而非被动地等待命令或不愿意分享看法。团队成员有权力分享领导权并承担让项目走向成功的责任。

项目目的:项目成员并非处于一种等级制权力结构下,因此而不需采取一种自保性的防御措施。他们不用担心因做错什么或说些什么而惹上麻烦、受到非议。整个项目设定就是大家都很有抱负,人人承担起责任,发挥最大效能。这种设想致力于提升对病人的服务质量。因此这一目标为整个团队带来了动力,以及面对失败、挫折、忐忑时的勇气。

埃德蒙森总结了构建项目设定时领导人的地位:

领导人必须设定好自己在项目中的地位，要让每个人充分参与其中。他们需要请求帮助、学会倾听并承认自己的局限性。

成功采用这一新程序的团队领导为优化学习创造了条件。由于该程序十分复杂，所有成员都需要学习，因此团队之间的交流需要畅通无阻、坦诚相待。面对问题或探讨某一话题时，就能达到最佳学习效果。团队成员需要随时保持交流，尽可能还原事情真相。

当领导人表示自己面对任务也有难处，有很多东西需要学习时，团队成员就不会那么在意犯错误或承认问题了。当领导人强调团队每名成员的投入和提出问题对于整个程序至关重要时，团队成员就会坚定信心，致力于实现为病人服务这一崇高目标。这种看待工作的方法同那些将取悦领导或规避批评为目标的方法有着天壤之别。因此，当所有团队成员理解更远大的目标以及自己所扮演的角色时，他们的责任心和决心就会带动自己在面对挫折、忐忑或质疑时勇于坚持，并鼓励彼此。

当团队成员不再忌惮犯错和认错、表达观点、发现问题、分享感想并在需要时敢于发言时，他们也塑造了一种合作的社会标准，这种标准可增强所有团队成员的奉献精神。埃德蒙森认为心理安全和高度责任心共同塑造了优化学习的环境。对于任何组织来说，要想完成埃德蒙森所说的"执行设定"到"学习设定"的转换，消除需要控制以及控制方式所带来的恐惧是走向成功的第一步。当今取得成功的组织都能够在持续变化的环境下坚持学习。组织或群体坚持学习的想法和决心是区分成败的关键，这四支团队就是最好的例证。学校要想营造学习的氛围，就不能忽视这些关于学习的研究，这些研究为学校完成学习这一基本使命创造了最起码的条件。

心理安全需求

在感到心理安全的情况下，人们更愿意提出意见、问题和表达关注。他们甚至愿意失败，从中吸取教训。这种对心理安全需求的前提是任何场合下没有人可以做到完美无缺，因为知识和实践情况都处于不断变化中。人们在直觉上明白自己工作的环境在心理上是否安全。

　　学生为了学习需要感到安全，几乎所有教育工作者都认同这一点，但如果我们仔细审视这个概念，就会发现这并不是一个简单明了的论断。如果对安全的定义是允许自由表达观点、无须害怕被谴责，或可以质疑权威，那么学校明显不符合这种安全的设定。当学习需要包容不确定性，倾听不同意见，勇于面对错误并将问题视为一种机遇，那么很多学校都无法营造此类型的学习氛围。讽刺的是，大多数学校都关注外在的威胁，而真正的危险却来自内部，隐藏于学校依赖的体系下。

　　尽管使用语言是心理设定的一项关键要素，但重构并不意味着换一种说话方式。重构要求位高权重者反思如何使用自己的权力和地位，并重新思考自己的角色以及下属的角色。对于领导人在创建心理安全环境中所扮演的角色，埃德蒙森发表了如下观点：

　　直接管理人、领导或老板对心理安全有着最重要的影响。这些权威人士在不同程度上塑造着一个团队互动的基调。因此，他们必须承担起主要驱动者的责任以营造一种更加开放的工作环境，必须切实让工作环境下的每一个人在心理上感到安全。心理安全是一种通过共同经历培养的一种共同感受。

　　在预防欺凌方面，安全并非来自控制学生的言行，而是源于与他们携手营造全体成员都能在心理上感到安全的环境。学校只有改变对权力的看法和使用方式，方可在真正意义上给学生带来心理上的安全感。学校为了教育学生必须要先控制学生的这一信念，同心理安全以及授权于学生的理念格格不入。

　　只是让学生遵循一些口号、准则或召开一些动员大会，是无法让学生获得心理安全感的；需要领导人在对待他人方面最初改变，埃德蒙森列出了一些营造心理安全的具体做法：

　　平易近人；

承认当前知识水平有限；

不掩饰错误；

邀请参与；

强调失败是一种学习的机会；

直言直语；

设置界限；

勇于承认错误。

很多人会认为放弃对他人的控制意味着不负责任的态度或会营造一种"顺其自然"的环境。相反，心理安全环境并不需要明确哪些是可接受行为，哪些不是。这类环境的高标准是自生的，因为努力工作、追求上佳表现已成为一种社会规范。在心理安全环境下，每个小组成员都会负其相应的责任。如果人们的工作有了强加的目的，那么任何人如果不付出努力或未承担责任就会引起他人的注意。接下来人们就会帮助他们在工作和责任上做出必要的调整。这种方法完全不同于谴责或惩罚不听话的学生。

埃德蒙森理论对于重构预防欺凌体系的启示

实证研究表明了重构的重要性以及改变所带来的积极效果，但不足以改变校领导的想法，他们对重构学校体系和强化预防欺凌效果负有直接责任。如果人们有兴趣做出改变，在预防欺凌和学校运作方面做出进步，那么重构可以为研究提供重要的参考。有关重构实际运作的实例表明，很多在组织或环境下的工作人员确实有希望做出积极改变，而这些组织和环境下的改变一度被认为是不可能的。埃德蒙森的研究也提供了很实用的理论，可以帮人们找到新的点子和概念，而在当前的心理设定下他们是无法做到的。她的研究巧妙地帮人们在正确的方向上迈出了重要的一步。

个人重构：心理设定/学习的非认知要素

当学生在课堂内感受到归属感时，会认为努力能够提升自己的能力，认为成功在自己的掌握之内，而学习也是有趣的或与自己生活息息相关，那么该学生会努力在学术上克服困难、取得突破，表现出学习和成功所需要的各种学术行为。

学术心理设定是指"对自己在学术相关活动中的心理——社会态度或信念"，这些态度和信念会推动学生主动参与学习，或拒绝学习。这些心理设定也与学生对他人、整个学校的看法和互动相关。这些心理设定也是决定学生是否欺负别人、遭到欺凌、当目睹欺凌时介入或报告给老师的关键因素。很大程度上学生对自己和同龄人的看法是由大人对他们的看法所决定的。因此，大人对学校看法的心理设定最终会塑造学生的角色和身份意识。组织中主导的心理设定引导着人们思考、言谈和做法。心理设定就像是给学生们写好的剧本，但将自己的角色同真实身份混淆的学生例外。

个人重构的困难所在

人们对于人际关系的理解扎根于他们早期与监护人的互动。如果我们能让人们朝更健康的方向重新规划这种理解，那么很多问题都可以迎刃而解。社会心理学研究证实，当人们重新设定对自身、他人以及社交角色的看法时，会产生哪些积极和持久的效果。有的结果会很令人震惊，对于在试图控制不配合学生的过程中屡屡碰壁的老师来说尤为如此。他们为控制学生可以采用的大多数策略是建立在积极和消极措施的行为方式上的。想要成功干预，教育工作者必须要随时监管学生，确保在正确的方向和正确的时间实施这些举措。如果这些干预和项目无法实现对学生行为的预期改变,就意味着教育者在项目上没有落实到位。这些项目和干预手段代表了一种控制的连锁反应:为了控制学生的行为,必须先控制老师的行为。为了改变而控制学生和老师,意味着他们被控制的身份并未改变。

该研究很大意义上能证明,帮助人们改变心理设定所带来的积极效果,对于很多老师来说却是一种威胁。

暗示他们帮助创建和维持的心理设定,阻碍了学生的学习效果;表明他们一度认为自己对学生的看法是准确无误、无法撼动的,但现在却必须要予以改变;表明他们不得不做出改变,也要对改变负起责任。

改变了他们对教育的基本理念,以及作为老师意味着什么。

表明如果他们想要改变自己的教学,在教育体系下会遇到哪些困难。

造成老师们认为抱怨要比改变安全得多。

"他们没有魔力"

大卫·雅阁(David Yeager)和格里高利·沃尔顿(Gregory Walton)出版了题为《教育中的社会心理学干预:他们没有魔力》(*Social-Psychological Intervention in Education: They're Not Magic*)的文章,为了解释社会心理学的基本原则有哪些重大而持久的积极影响,而心理设定或认知重构的研究结果令人震惊。

最近,随机试验发现教育中社会心理学干预(以学生的想法、感受和对学校的信念为目标的短暂活动)效果似乎"微不足道",但事实上可以让学生在几个月或几年之后大获成功,并在很大程度上减少成绩落差。

下面是他们参考的一些结果:

大一学生得到信息,使其将学术上遇到的困难归咎于所有学生都会遇到的典型问题,而不是因自身与众不同或犯下的某些错误。这使得同控制群体中的学生相比,他们的平均成绩连续四年都有很大进步。

教育中学生智商是可以后天培养的,这样他们就会通过两个月的指导来努力成长并克服困难；而与其他只是学习技能的学生相比，他们的大脑会有惊人的成长。

新学期一开始，要求大部分学习有困难的同学将对自身价值的看法写下来，他们的平均成绩与其他学生相比会有显著提高。

要求少部分对归属感表示担忧的学生，将自己作为大一新生所学内容写下来。这样一来，同其他只需要适应大学的学生相比，可以帮助来访学生从经历中吸取经验，极大增强自己在余下大学学年中的学习动力和成就感。

雅阁和沃顿证实这些心理干预确实能消除心理障碍，使学生的能力不再受到抑制和束缚。"即使看似微不足道的干预，都可以消除学习上的关键障碍，这在学术成果上有着相当大的影响"。学习经历中学生获得的身份（别人口中的自己是什么样的人）给自己增加了无形的压力，限制了其对自身潜力的意识，并打击了他们在遇到挑战和挫折时的自信心。

作者总结认为，当学生改变对自身的看法时，就会对教学大纲以及对自身的支持表现得更加积极。他们说这种社会心理干预"可以激发学生及其身处的教育环境之潜能"。

当掌权者的主要目标是控制下属时，矛盾就会持续出现，而一旦老师和学生从矛盾中解放出来，也会出现同学校命令与控制体系下相似的连锁反应。也就是说，当"为教育而控制"不再是学校的主要心理设定时，学校就会变得更好。

重要说明

如果这些干预手段如此简单而有效，为何不能用于学校里的学生呢？这些干预手段的主要问题在于十分依赖其呈现给学生的方式，以及学生如何理解所发生的这一切。比如说，如果学生认为老师告诉他们大脑运作的原理，只是因为自己比较失败，将这种干预视为老师提供的补救性措施，那么"他们不聪明"的心理设定就会盖过原本要传达给他们的信息。如果老师和在校职工在日常互动时不知道学生的名字，那么为增强学校归属感而设计的干预手段就会失效。如果掌握技能和概念的时间长短决定学生成功与否，比方说，10个月内完成某科目就被认为是成功，那么额外多上6周的课就算不被认为是失败，也只能算是"二流的成功"，那么帮助学生相信可以通过自身努力而达到成功的干预手段也会失效。

除了依赖干预手段来改变学生的心理设定，其他改变制度结构以及处事方式的策略也可以帮助学生从每天的学习经历中获得学校的归属感，在学术上取得成功，而学习成绩也可以随着努力而提高。比起只针对少部分示范学生的一次性干预手段来说，改善课堂环境对于学生成绩和学术落差上有着更强而更广泛的影响。

该研究并没有分析学生为何在学校会出问题（家庭问题、缺少动力等），而是关注成功学生对自身看法的思维类型上。如果学生在学校算不上成功，老师不应看不起他们，而是要帮助他们找到实际方法来改变自己针对学习方法的心理设定——改变作为学习者的身份意识。成功的学习者对于四种与心理设定相关的关键陈述有着肯定回答。这四种陈述对于有发言权的旁观者同样适用；这些有着肯定回答的学生更有可能帮助有需要的同龄人。

四大心理设定：如何应用于预防欺凌

"我属于这一学术共同体"。

做出这一陈述并对其深信不疑，表明学校这一共同体中的每名成员都相信每个人都是如此。"共同体"这一词与排斥或特权是格格不入的。如果所有学生都被视为一个共同体下的成员，没有人会成为"特殊人物"，或不适合这一群体（比如说，第三章中用脚蹬墙的乔）。共同体要求成员们了解并尊重彼此的共性和区别。一些学生可能不喜欢某位学生，但共同体要求成员们在选择帮助与支持时能跨过"喜欢"这一标准。我对学生举的例子就是棒球队的队员们：你可能不喜欢右翼的某名球员，但为了球队利益，你想让该球员发挥出色，也会为此而帮助他。共同体下的成员都属于同一支球队。最起码每位成员的团队意识会防止学生按照自己的信念选择欺凌的对象。

"我的能力会随着努力而提升"。

当所有学生都有这一心理设定时，就能改变他们对于学生之间三六九等的划分。学生们就算花更长时间来学习某些知识，他们也不会感到自己失败，因此也就不太可能厌恶或逃避学习。他们的耐心和积极的态度也可以使自己免受批评，或认为自己做错了什么。认为自己通过努力可以取得成功的学生，不需要通过施加控制或利用社会地位较低的人来满足自己的欲望。

"这件事我可以成功"。

当所有学生都有这一心理设定时，他们会对尝试新的活动充满信心，愿意承担失败的风险。这一心理设定也可以让学生们在看到其他人遭到不公平待遇时挺身而出。如果不再担心会惹上麻烦或认为自己只需要遵守规则就好，学生们就敢于帮助别人。当大多数学生都这么做，帮助他人就成为一种社会规范，成为每个人需要遵守的道德标准。

"这个任务对我来说很有意义"。

如果共同体下每个人都能十分重视与他人携手完成某一目标时，那么在这种气氛下任何任务都能完成。共同体下的学习过程让每名学生都会敢于尝试新事物，探索一些主题和活动的价值，而在其他情况下他们可能不会这么做。讽刺的是，个人动机和成就意识反而更能增加人们彼此的关联感和踏实感。很多针对幸福感的研究也表明人们从给予中能获得比获取更多的满足感，这样对于所有提供帮助的人来说都很有意义。帮助他人的动机也能让人们获得提升技能和知识的动力，以更好地帮助他人。

个人重构（心理设定）对于重构预防欺凌体系的启示

由于欺凌并非是指对规则的违反，而是学生对自身和同龄人看法所造成的结果，因此改变其心理设定是减少和阻止校园欺凌发生的重要举措。重构预防欺凌体系本质上是一种重构（改变心理设定）。研究表明，这种重构可以帮助学生获得更高程度的成就感和学习效果。当学生感知自己属于学校这一社会群体时，他们面对欺凌不再势单力薄，即使遭遇欺凌受到的伤害也会更少。如果学生在学习上认为自己有主动权和选择权，他们不大可能会通过控制别人来给他人留下深刻印象。旁观者如果对学习和学校社区有着更强的主人翁意识，会主动帮助那些可能成为欺凌对象的学生。

如果有能力、有动力的学生在等待他人告诉自己要比自己想象中更优秀时，通过改变心理设定来消除他们的心理障碍，其威力或"魔力"如此之大也就不足为奇了。随着越来越多的障碍（不经意施加给学生的虚假身份）得到消除，学生们可以认识到自身的价值以及个人努力的意义。消除这些障碍，赋予学生真正的身份意识，让他们感觉更加安全，更有一起学习的动力。在这种社会背景下的欺凌就失去了意义，本身也就成为反对和排斥的对象——这样就能慢慢淡出人们的视野了。

理论重构：自我决定论

"只有好的理论才具实践性"。
——库特·雷文（Kurt Lewin）《社会科学实战理论：获选的理论文章》（*Field Theory in Social Science: Selected Theoretical Papers*）

就当今教育者所肩负的种种要求来说，我在犹豫要不要使用"理论"

这个词。不幸的是，很多处于"变革"的巨大压力下的教育工作者只能依靠一套明晰的步骤、指南以及行动方案才能做出理想的改变，以提升学校整体情况。在当今压力重重的环境下，教育者只能传达来自上级的指示而已，这对学校的积极改变之影响是很不利的。如果学校想要发生实质性改变，必须将教育者视为有思想、有深度的专业人士，他们在教书育人的过程中也在学习。如果他们无法理解对自己下达的政策和要求，那么就不可能出现实质性的变化。相反，如果教育者理解了自己在做什么以及为何这么做，他们可以通过经历、反思和与同事有效的沟通来培养专业智慧。理解"为什么以及怎么样"已成为个人和组织成长及学习所需的常识。当教育者扫除了这些绊脚石或解决了令人困惑的问题，理论就成为了实践的关键参考。

爱德华多·德西（Edward Deci）和理查德·雷恩（Richard Ryan）提出的自我决定理论为重构看待学生动机和环境影响的方式提供了选择。通过检测基本原则和设想的实证研究，该理论对其进行分析和解释后得以进一步完善。如果学校当前的心理设定假设学生需要控制，做或不做某些行为是为了获得奖励或规避负面影响，那么重构就意味着要换一种方式来理解学生的动机。自我决定论就提供了这样的机会。该理论的关键设想是孩子们生而好学，不需要为了学习而受到控制。

该理论推荐了一套明确的行为方式，这种方式同传统的师生互动方式截然不同，这也是其意义之一。教育者不需要对自我决定论了如指掌才能改变与学生的互动方式；他们只需要充分理解如何开始改变就好。当他们按照其他方式来对待学生时，就能在真正意义上改变自己的做法，也就能更深入地理解这一理论。

自我决定论：足以理解和落实

我并不打算为了落实重构预防欺凌的步骤而对自我决定论进行深入剖

析。我回顾了一些与预防欺凌相关的概念并重点关注这些概念所推荐的教师行为，这些行为可以为预防和减少欺凌创造条件，并促使对待所有校区成员的方式更加积极、人性化。自我决定论对于埃德蒙森提出的重构方式来说是一种很重要的补充，与德威克、雅阁和沃顿提出的心理设定理论也是一致的。

《美国心理学家》（*American Psychologist journal*）杂志中对这一理论进行了完美的综述。而爱德华·德西（Edward Deci）和理查德·弗雷斯特（Richard Flaste）一起完成的著作《我们为何这么做，靠什么这么做》（*Why We Do What We Do*）中已进行了解释，但技术性略低。（在YouTube网站上有德西谈及TEDX的视频http://www.youtube.com/watch?v=VGrcetsOE61，提供了该理论在行动上含义的精确描述。）

自我决定论的起源

爱德华·德西和理查德·弗雷斯特描述了其作品的起源以及自我决定论是如何解答一些基本问题的，包括人们从事自己所做之事的原因。

对于年轻人来说，学习是主要任务；当他们并非满足自己的虚荣心或应付父母的要求而学习时，他们会自发地投入学习中。但我们在当前文化下遭遇的最棘手问题之一，是随着年龄增大孩子们会蒙受深刻的损失。比如说，在学校学生们表现出自发的好奇心太少，对于学习也没有多少激情，而在三四岁时这些孩子的表现要优秀得多。究竟发生了什么？为何学生们生来就有着学习的欲望，而现如今却缺乏学习的动力？

自我决定论基于的假设是，每个人都有着与生俱来的动力，有着真实的自我；换句话说，他们不需要为了成为什么样的人而接受正面和负面的塑造。当人们受到好奇心的吸引以及对不同经历表现出兴趣时，就会展现出真实的自我。这样一来，人们在他们感兴趣的方面有所不同，但他们有着同样基本或内在的动力——为了自身和兴趣来探索这个世界。

因此，自我决定论接受的假设是人们彼此不同，独一无二。这一理解和阐释社会的方式可免于因不同而受到责罚，而这通常是人们受到不公平待遇的理由。预防欺凌的重构必须建立在接受人与人的区别上，同时要认识到人们也有着共同的基本需求。

基本需求：自我激励的适当条件

问题并不在于"人们如何能激励他人？"，而是"人们如何能为他人激励自我创造条件？"。

自我激励理论描述了环境条件可以激发或阻碍人们的内在动机。这些条件可以激发内在动机，使得真正的自我得以展现，从而自发地满足个人三大基本需求：

自主：自主意味着可以按照内心想法行事；在自主的驱使下，人们会自由地满足需求、实现目标或从事自身感兴趣的事，也就是管理自我或掌控自身行为。

能力：是指感觉自己能够有效地同社会环境进行持续互动，并抓住机会施展并表现出自己的能力。

关联性：感到自己与他人息息相关，能够为他人所关心、接受和重视。感受到归属于某个共同体的安全感并非依赖于按照某种方式来表现，或是否符合某一任意标准。

当人们满足了基本需求，就会自发地学习和成长。但如果无法满足这些需求，人们就会表现出缺乏学习的动力。

受控动机与后果

受控动机是指某人（通常是权威人士）试图让别人做他们不愿意或无法自由选择的事。通常受控动机以奖赏或负面惩罚和威胁的形式出现。如果权威人士按照某种方式予以肯定并给予积极关注，也会出现受控动机，如果对方无法做到，这种感觉则会受到抑制。当人们经历受控动机时，会感受到焦虑、紧张并对他人就自己行为的评判感到担忧。受控动机为个人提供两种基本选择：顺从或否认。通常人们会因为持续而紧逼的外部控制而顺从，而在之后的某个时间开始反抗并否定施加控制的权威人士。

研究也表明，动机受到外部控制者通常会走捷径来完成任务。研究证明当人们有了外在动机来做什么，他们可能出现内部动机来做自己应做的事，但也会越来越不重视手头的事，未来也不大可能再这么做了，除非出现其他的外在动机。本质上说，这种行为本身就是一种达到目的的手段。这时就不再仅为满足给予奖惩之人所提的外部需求来做这件事。如果某人没有按自身意愿选择某种行为，这种行为实际所带来的乐趣也就大大削弱了。

自主动机与后果

自主动机是指某人可以按照自己的意志自由选择做某事。当事人认可并可以从这种行为中找到乐趣。这种自由选择的行为可能很困难，但由于选择者可以在战胜挑战的过程中体验到乐趣，得到满足感。人们也可以出于深刻的信念，通过自主动机来参与某种活动。成百上千的研究证明自主动机可以激发更大的创造性、提高解决问题的效率、带来积极的情绪、加深学习深度以及获得更好的身心感受。

自主支持

自我决定论的批评者通常将内在动机和结构松散以及放任学生自由行动相对等。德西与弗雷斯特认为：

尽管我对奖赏、需求、威胁、监视竞争以及批判性评价高度依赖持有模棱两可的态度，但我绝不呼吁放任自由。目标、结构和界限设定对于学校、组织和文化来说很重要，即使人们并不喜欢这些条条框框。而真正的问题在于：我们如何能够在不造成僵局的情况下避免放任自由？标准和界限设定如何共存？我们如何使用这些标准和界限，低人一等者才能在界限内生存并保持一种自主的感觉，而不丧失自主动机。

解决这种困境的方法叫作自主支持，有以下特征：

将个人目标视为出发点；

随时提供选择；

提供探索和思索情境的机会；

允许主动；

提供合理的、有价值的或强制性理由。

当人们感觉权威人士不再试图控制和命令自己，就会更自由地思考自己可以做什么。通过信任的关系来满足基本的关联需求和归属感，人们可以得到情感支持来尝试一些活动，这些活动在其他情况下很可能遭到拒绝。

德西与弗雷斯特总结了自主的优势：

通过自主的方式设定界限——换句话说，将自己和受限者关联起来，意识到对方是一个积极的主体，而不是受到控制的目标——这样可以鼓励承担责任而不破坏真实性（p.43）。

当权威人士按照自主的方式行事时，得到支持者更可能发现并享受这种活动带来的益处，也就更有可能将这种活动内化并赋予价值。得到自主支持者可以进行更深层次的学习，培养更强的能力感和信心。

教育风格

鉴于恐惧是控制学生的一种方式，而害怕失去控制则是很多教育者不言而喻的动机。如果教育者最终选择做出改变，他们需要为改变带来的空缺设定一套代替行为，或是对学生的控制方式。如果没有，教育者会继续过去的行为，即使他们在理论上相信学生需要信任且不需要一直受到控制。下面两则故事证明了由控制动机转移到自主动机不一定像很多教育者一开始想的那样：

　　我注意到有一位一年级学生，他在课堂上存在一些行为问题。他在没下课之前掏出了零食——薯片。一开始，他没有注意到老师，安然自得地吃着薯片。当老师反复要求他遵循教导时，我可以感受到老师的需求以及学生需求之间抗衡带来的紧张感。老师提高了嗓音，并快步走向学生，而后者很可能意识到自己"赢不了"，不情愿地把薯片放在了一边。

　　到了午饭时间，老师和我探讨了这位学生及他的需求。我认为他在绘画方面的兴趣和明显的优势可作为改变其行为方式的突破口。当天下午，同样的问题出现了，这位学生又在课堂上吃薯片。这时老师肯定注意到了这位学生在桌子上的信手涂鸦。这次老师并没有命令他把薯片拿到一旁，而是说道："乔，你的薯片很油腻，我不希望它们毁了你的画，你可以把薯片放到其他地方吗？"这一席话好像有魔法一般，这位学生立即站了起来，走到自己的小房间，把薯片放到了背包里，使其远离了自己的书桌，也让自己远离了薯片的诱惑。

　　尽管话语上的改变似乎效果显著，但真正变化的是老师，将控制动机转移为自主动机：学生自愿把薯片放到了一边。原因是什么呢？老师只是在强调这名学生绘画价值的同时解释了一下把薯片放到一边的好处。要知道，她的理由在这位学生看来很合理，也很有帮助。他不再认为自己受到了控制，是权力抗衡的失败一方。

　　有一天快放学时，在另一间一年级课堂里，学生们都准备回家了，而我在和任课教师谈话。老师给学生们布置了一些家务活，由于学生们都知道该怎么做，老师也就没多说什么。他注意到有一位学生忘记了把椅子翻过来放在桌子上。这只能说明这名学生粗心了，而并非是对老师命令的抵触。老师冷静地说道，"阿曼达，记住格林先生。"随后这名学生把椅子倒过来放在了桌上。我很好奇格林先生是谁，他又是怎么提醒这位学生放椅子的。

等学生离校后，老师告诉我格林先生是学校的管理员。学期一开始，她请格林先生到教室里见了见自己的学生。学生因此有机会询问他的工作以及身份。他希望学生们配合自己的工作，记得在放学前把椅子都放在桌子上。学生很愿意配合他的工作，因此就算老师没有下命令，学生也会每天临走前把椅子放在桌上，要知道这是在帮助一位绅士做好自己的工作。

老师告诉我，在这学期的前六周，她为此做了很多工作。她认为这些入门课算是一种投资，而不像其他老师那样只是将其当作打发时间的工具。

当学生理解他们应该在课堂上做些什么时，他们就会自愿去做，也没有了权力抗衡和受控感。

我是在三月份同这位教师进行的这次谈话，我很清楚，她的投资在课堂上有很多回报方式。很明显这位教师享受自己的工作，因为她并没有试着一整天都控制这24名学生，因此也并不疲惫，压力也不大。鉴于很多老师依然采用典型的控制设定来教学，我也问了她对同事的看法。她回答说，很多老师认为她很幸运，能够拥有很配合的学生。她告诉我自己的学生同学校其他学生并没多大区别。也许这位老师不知道什么是自发动机，但她证明了这很管用。

两则故事中，所涉及的学生并非自发去做老师要求他们做的事，但最终还是达到了预期目标。不幸的是，也许对于很多教师来说，学生做老师希望做的事是最重要的，但他们不关心学生从这些经历中学到了什么，对他们看待自身和行为的看法有何影响。只有学生不再只是听候掌权者的命令来行事时，他们方能将积极行为的价值内化。

"自主支持"型教学行为

行为	描述
聆听	教育者在教学期间多花时间聆听学生的想法。
探索学生想要什么或需要什么	教育者将学生的兴趣融入课堂。请他们将自己所想或所需联系起来。在可行的情况下提供选择。
提供独立的学习时间	给学生自发学习或合作的时间；为学习提供选择。
鼓励学生发言	经常给学生机会来陈述想法和对学习的看法；在学习过程中有所投入。安排学生有时间思考和反省。
调整座位	创造学生互动的机会,让他们更好地获得学习资源。
提供依据	强调学习的目的,提供时间供学生讨论。让学生结合自身经历,在生活中更多受益。
通过赞扬获得信息反馈	对学生的作业给予积极评价,可以在学习上带给学生很大帮助。
多鼓励	给学生更多支持,肯定他们所付出的努力。
注重反馈	积极询问学生有哪些问题、看法。关注学生的参与程度,适当做出调整。
发表积极言论	对学生应对挑战和期望的反应表示理解。对其努力表示感同身受,并予以认可。分享相类似的经历。

控制型教学行为

行为	描述
发出指令和命令	发出指令和命令,但不怎么解释或提供理由。缺少"请"和"谢谢"这样的话语。
说"你应该""你要""你应当"这样的话	并不提供选择或让学生投入的机会。
告诉学生"正确方式"	只是指导学生如何找到正确答案,而不是强调思考的过程和增加理解。
演示"正确方式"	明确指出完成任务只有一种方式,很少甚至不提供选择权。
看情况予以肯定	按照学生能否满足期望和是否听话,来对学生的表现予以肯定。
控制学习素材	学生在学习素材方面选择有限,没什么自由。
控制问题	设计的问题很可能让学生在其他同学面前表现尴尬。
挖苦学生	可能利用职权来"玩弄"学生的情绪和社会立场。

续表

将学生进行比较	用竞争来激励学生好好表现。
完成时间死板	时间限制上不够灵活,没有情有可原的空间。不允许学生确定时间参数。
监控	用不信任的眼光审视所有学生,怀疑他们会跨越雷池。
评估压力大	用评估来驱使学生满足老师的期望。
通过外部干涉来确定成功的标准	老师不和学生讨论成功的标准,或随意确定。学生认为"成功"就是要取悦老师或听从老师的命令。

来源:摘自里夫、雷恩、德西和姜的文章(Reeve, Ryan, Deci, & Jang)。

因此,他们很可能在所有情形下都积极表现,包括在没有规则、惩罚措施和权威人士在场的欺凌情形。

自我决定论对重构预防欺凌体系的启示

当人们为了规避惩罚而不再欺负他人时,他们会更关注自身,而不是他人。这样一来,由于实际经历失去了价值,帮助他人所带来的满足感就消失了;他们不会将行为归因于慷慨、勇气或关心,而是保证自身安全和遵守规则。

如果学生获得了自主支持,在目睹欺凌时,他们更可能将不欺负他人、帮助他人的理由和价值内化。

当学生将道德观内化时,他们就学会将其作为做决定的依据。随着道德意识的培养,在面对模棱两可的情形(包括欺凌)时,他们会更加负责任,能做出更好的决定。

得到自主支持的学生会对自身的技能有更多信心。他们可能更加积极地看待自身的需求。因此,学生会不再感到无助,或被视为欺凌的对象。如果遭到欺凌,他们不再认为这是罪有应得,而是从同龄人和值得信赖的成人那里寻求帮助。

如果课堂的氛围是支持学生互动,而不是满足老师的期望,学生会有更多机会来发现与同龄人的相同之处，并重视相互之间的区别。他们更有可能保护受到伤害的同龄人，给予他们更多的支持。

总结

认为要教育学生就要首先控制学生的想法值得质疑。深入审视学生为何会行为不端，透露出学习环境可能无法满足学生需求。

尽管大多数教育者似乎依旧习惯严父/工厂设定，但我们有理由乐观，学校可以在合作、参与的基础上开发出更加包容、灵活的设定，而不是顺从和控制。

如果不提供合理、可行和明确的选择，而让教育者改变自己所思、所说和所做是不可能的，因此改变过程中一个重要的要素就是探索不同环境下重构的理论、研究和实践。

理论、研究和实践这三大领域对于重构预防欺凌体系的暗示是（1）组织性重构（埃德蒙森的研究成果）；（2）个人重构（德威克、沃顿和雅阁的研究成果）；（3）理论重构（德西和雷恩的自我决定论）。

在这三大领域中，当个人重构对自身、他人以及自身角色和责任的看法时，我们可以得出重大的积极结论。当个人感受到尊重并得到机会来思考、互动、积极参与自身的学习和集体活动时，他们的行为进一步改变，证明自己不再需要控制。当个人有权力全心投入和承担责任时，他们通常会这么做！

重构取决于当权者是否愿意并能够用更积极的眼光看待自己。他们必须自发地同被领导者分享权力，而不是自动施加控制或命令对方。

第六章　重构预防欺凌体系

打造学校的社区精神

"我们无法按照制造问题时的想法来解决问题。"

——阿尔伯特·爱因斯坦

我迄今为止听到过关于心理重构的最具戏剧化的例子莫过于一次午餐期间发生的事。那次，我和两位老师坐在一张桌子前探讨一些学生的话题。一位老师如此评价自己的一位学生"他每周都要有一到两天不来上课，这样的学生怎么可能通过期末考试？"。另一位老师（也是这位学生的老师）回答道，"要是联想到他的家庭和生活，他一周能来学校三到四次已经很了不起了。"

这两段截然不同的陈述：

- 透露老师的信息要比学生还多；
- 不算对也不算错，但取决于哪位老师对学生的影响最大；
- 表明老师的恐惧或希望决定了学生将要面对什么；
- 表明对学生考试不及格的恐惧会对老师看待情况有何影响；
- 表明对学生所抱有的希望会让另一位老师站在学生的角度看待问题；
- 表明为何一位老师将学生视为自己通往成功的阻碍，而另一位老师却能看到什么阻止了学生取得成功；
- 表明了学生成功的脆弱性取决于老师如何看待和对待学生；表明了老师所肩负的责任是何等令人恐惧。

同样一名学生，看待的角度不同，既可能是差生，又可能是优等生。

我问自己"如果这是我自己的孩子,我想让哪位老师来教他呢?哪位老师在教育学生方面最为成功?"答案脱口而出——将其视为优等生的老师。这位学生通往成功所遵循的角色设定和剧本。

要想明白如何重构预防欺凌体系,让我们为这位经常缺课的学生设想两种解决问题的情境:

情境一:这位学生每周旷课一到两天

- 学校会认为他缺乏动力,有可能挂科。
- 学校为了让他通过考试成功毕业,必须要改变他的行为。
- 主要目标是减少他的缺勤率。
- 为了给他上课的动力,要让他明白上课有何奖励,缺课有何惩罚。
- 为了让他明白在校的好处,要让他参加专项课程。或许是课程的一部分,他可以听听那些辍学学生的看法,以及他们在就业方面遇到了哪些问题。
- 考勤主任或驻校治安官定期可以检查他是否来上课。
- 可能需要补课来帮助他补完缺席的课程。

情境二:这位学生尽管家庭环境恶劣,但一周仍能来校三到四次。

- 不会认为学生缺乏动力。教育者认为他很有能力也希望学习,但意识到是他所面对的恶劣环境使自己无法来校上课。
- 一位老师找到他,想了解他来校和缺课日期上的差异。这位老师表示她早上有时候也起不来,并提供了一些建议。
- 通过对区别的探讨,他们发现如果这位学生的母亲需要特别早就上班,他很可能睡过头。

- 老师和学生探讨了如果母亲要早早上班，如何做出调整或有哪些选择。
- 他们探讨了学校存在的问题，发现他认为有些同龄人不太能接受自己。他们一起谈论了如何与这些学生建立联系。
- 这位学生想到了一个方案来增加自己的出勤率，而老师则要核实他工作的成效，并给予鼓励和帮助。
- 其他老师知道了他在与同龄人打交道方面存在困难。他们设计了一些课堂合作活动，学生们可以通过一起完成学习项目和活动，发现彼此间有哪些共同点。
- 在这位学生按时上课几个月后，老师问他是否能帮助一位有同样困难的低年级学生。老师告诉他自己的经历和所学内容如何能帮助到这位同学。

这两种情境都是帮助学生的方式，如果目标只是让他来上学，那么二者都会起效。但第二种情境的目标并非只是增加出勤率——目标是改变学生对自身的看法，更积极地参与改变，最终愿意面对真实的自我。这种身份的转移所带来的益处不仅限于学校出勤率上；他可以学会如何掌控自己的人生。这位学生经历了改变，但重点在于他并没有感觉到这种改变是位高权重者所带来的。相反，这种改变是自身的。在这一过程中，学校环境的改变可以消除一些妨碍他正常上学的因素。

讽刺的是，两位老师的目标一致——即提高他的出勤率，而且两位老师都很努力帮他这么做。但有了正确的目标和为之努力并不足以帮学生取得成功。在该例子中，问题本身以及老师对问题的看法（心理设定）很大程度上决定了好意以及努力能否最终解决问题。

如果帮助学生的目的是控制学生，让他停止消极行为（不再频频缺课），学生和老师更有可能遇到挫折，而不是取得成功。如果目标是强化优势、赋予权力、帮他学会如何达成目标，那么学生和老师都能让成功成为现实。

情境二是关注一些改变过程中的关键因素在重构预防欺凌体系中的缩影。

- 老师对学生提出了积极设想；他想要学习，但遇到了一些阻碍。

- 愿意上学的积极目标取代了停止缺课的消极意图。
- 学校站在学生的立场上看待问题,表达了对学生的同情。
- 老师们的积极设想并非试图控制学生的行为,而是指导他,给他充分的权力来做出想要的改变。
- 老师和学生一起协作,找到共同目标,并制定实现目标的方案和策略。
- 学校希望为满足学生需求而做出改变,而并非只是让学生符合一般标准。
- 老师要求学生帮助他人,以此来找到自我认同——关爱并帮助有需要的人。
- 学校行为和学生行为在某些基本原则、尊重、关爱与合作的价值观上是一致的。

重构会造成积极改变:决定了你选择的道路,通往你想去的目的地。投入在看待问题和完成任务上的时间不仅可取,也是成功的关键。得到授权、有了计划、实施方案和项目来解决问题,可能让人感到熟悉和舒服,而且需要时间较少、能获得很多人的肯定,但无法真正付诸行动,或带来积极结果。如果解决问题的方式"卡"在心理设定上,那么要想取得真正的进展只能是痴人说梦。

欺凌很大程度上是学生身份认同感以及学校经历作用下的结果:老师和教育者如何看待和对待他们。因此,重构预防欺凌体系取决于教育者如何看待和对待学生,尤其是老师就他们身份所传达的信息。这些信息决定了学生们如何看待自己,反过来这种身份意识又决定了他们的言行。

意识到学校和教育体系是可以重构的十分重要,因为这给予了教育者之前没有意识到的选择权。他们可以选择教育变成什么样(学生的在校经历):

- 教育是一种过程,可以在衡量学生是否适合当前学校体系的基础上,告诉他们自己是什么样的。
- 教育是一种过程,帮助学生意识到自己是谁,可以成为什么样的人。

这则事例中用来描述学生的措辞(优等生或差生)给事例设定了背

景，一开始就决定了故事的结果；同样，选择描述欺凌预防的目标和结果的措辞是做出必要改变的第一步，也是关键的一步。在思考和谈论学校究竟需要学生做什么时，重构可以从改变"措辞"开始。

重构需要重新措辞

从字面上理解，预防欺凌首先就是阻止消极行为的发生。这一词汇意义深重，任何人口中说出都有很多内涵，因此听到这一词汇的人心目中就会有很多想法和感受，这些感受常常是矛盾的。

- 对于不欺负别人的学生来说，这是大人们不信任自己的另一种声明。
- 对于欺负别人的学生来说，这是大人们无法保护自己的另一种象征。
- 对于目睹欺凌的学生来说，这告诉他们已经尽到了责任（遵守规则），但基本没有权力来为同龄人挺身而出。
- 对于父母来说，这增加了自己的愤怒和苦恼，即使自己是"有理"的一方，学校依然在保护自己的子女上没能尽职尽责。

预防欺凌这个词不能全盘否定。学校社区的所有成员都需要对这一问题有准确和完整的理解，但除非领导者将其置于不同的背景下，并与一些积极的要素相关联，否则预防欺凌只能逐渐成为学生和教职工的"扫帚星"。尽管他们没有用语言表述，但很多学生在听到预防欺凌这个词时，会这么想："好吧，他们不认为我们会欺负别人，我们应该容忍，那又怎样，现在怎么办！"就像上面提到的两个情境，在老师提出解决问题的方案前，不得不提出一个非常另类的问题。

我们想阻止一种负面行为——欺凌吗？我们想提高并加强正面行为吗？要知道这最终使得欺凌与学校文化和社会规范水火不容。

重构预防欺凌体系会为学校社区全体成员爱护和尊重彼此创造恰当的条件。这是一条简单而积极的目标，但需要学校教育学生方面做出重大改变，而这与学校只是要阻止欺凌的目标相差甚远。

重构建立在积极的认同、情绪和行为之上

用积极的方式来解决问题不仅仅是一种让人感觉良好的感念而已。芭芭拉·弗雷德里克森（Barbara Frederickson）研究认为，积极的情绪也可能促使人们做出积极的行为：

与限制人们对行为可能性探索的消极情绪不同，积极情绪可以拓宽人们对行为的探索渠道、提高意识的广度并做出超乎寻常的行为……积极性带给我们动力。积极情绪的首要作用是打开我们的心扉，让我们变得更包容、更具有创造性。

弗雷德里克森指出，之前的思想认为只有负面情绪才能引发行动；比如说，生存本能要求人们逃跑或攻击。人们认为与积极情绪相关联的是骄傲自满和缺乏行动。她的研究表明尽管负面情绪在提供短暂性安全上效果不错，但积极情绪也可以促使人们做出行动，只是时间要长一些。

积极情绪可以拓宽人们的心理设定。她认为，"延展性意识目的是保护人类祖先的资源、促进森林的开发、帮助祖先应对生存所面临的威胁"。与卡曼提出的"快速思考和慢速思考"概念相似，积极情绪似乎能帮人们慢下来，思考更多的信息，获得对世界更加全面、深刻而准确的理解。这种思维、审视和反应类型可以让人们在面对欺凌时更具创意、更容易适应，而且能让人们互动的方式更加丰富。恐惧或消极情绪通常会让人们依赖于自我保护和对问题的狭隘反应。

弗雷德里克森的如下陈述不仅推荐了一种应对像欺凌这样问题的积极方式，也描述了学校应该怎么做："积极情绪打开了我们的心扉，使我们能发现并培养新的技能、建立新的联系、获得新知识和新的生存方式。积极性拓宽了我们的选择，培养了我们的能力。使人们做出改变，帮他们充分发挥潜能。"

对于预防和减少校园欺凌有着最大影响的学生们需要培养积极的技

能、知识以及态度来获得帮助他人所需的勇气、能力和资源。在帮助他人的过程中，学生们充分发挥了潜能。学生不会碰巧获得某种能力。他们需要精心设计的学校环境来帮助他们获取知识、技能和态度，教会他们如何在日常交往中使用这些基本元素。当学生们在生活中获得了大人们的尊重和关心时，他们也有了理由去尊重和关心他人。

通常反欺凌行动并没有采用这一方式：他们依赖于负面情绪，证明遭遇欺凌的学生是多么可悲。一些描述也表明欺负他人的学生是可鄙、讨厌的。该方法背后蕴含的信息是，如果学生们知道欺负别人是多么让人讨厌、恐惧，他们就不会这么做，甚至能培养出勇气来干预并进行举报。

（这是很多人所持有的看法，但正如我们所讨论的，常识通常是心理设定的产物，与现实没有任何联系）。

这种"恐吓从善"的"负面"方式有很多问题：

- 大多数欺凌情形都是模棱两可的，很多欺负别人的学生并不是"坏"人，实际上他们通常比受欺凌的学生更为他人喜爱。
- 大多数人不认为自己有能力做坏事；为某种行为辩解总是有理由的。（想想公开让学生陷入尴尬的那位老师吧。在她的心中，自己这么做都是为了学生好）。
- 研究表明这种负面方式并不起效。

学生认为这些负面信息是针对某些人的，或只是当权者控制学生的另一种尝试，可以忽略。由于同学生在现实生活中的经历不匹配，这些信息可信度并不高。此外，人们对阻止欺凌的渴望在大多数学生身上没有体现，因为他们认为这是大人们要关心的事。重构预防欺凌体系需要站在学生的立场上看待问题，并理解学生的社交圈中真实的欺凌情况。

西斯兄弟在《转换》（Switch）一书中总结了积极方式和消极方式之间的区别：

如果你需要快速采取某种行动，那么消极情绪也许会帮得上忙。但大多数需要改变的情况下，并非一蹴而就。减少温室气体就并非能够一蹴而就的，需要创意、灵活性和巧妙。为了解决一些更严重、更模糊的问题，我们需要鼓励开拓思维、鼓励创意和希望(pp. 121–123)。

给学生编辑并传达积极信息十分关键，以为学生们积极主动地帮助和关心同龄人创造条件。学生希望并需要用积极的视角看待自己，相信自己有能力帮助他人；因此，经常提醒他们不要做负面的事就是多此一举，因为他们自身已经拥有了正面形象。西斯兄弟（Heath & Heath）描述了这种现象的工作原理："由于身份意识是人们做决定所依赖的关键，任何违背某人身份意识的改变都注定要失败。"这种"不要欺负别人"的信息尽管出于好意，但由于大多数学生在不欺负他人的情况下，如果没人告诉自己不要欺负别人，就会坚信自己在大人眼中会欺负别人，因此而起到负面效果；这种隐含的设想表明自己是因为欺凌违反规则而不欺负别人，而且他们害怕违背规则所受到的惩罚。

学生需要大人们做相反的事，而大人们需要克制自己对学生不负责任的恐惧。教育者需要给学生传达对自身看法的不同信息：学生们不只是不会欺负别人；他们还能帮助别人、负起责任。即使学生们不会明显表现出关爱和责任心，但他们需要大人们告诉自己愿意关心他人、负起责任。学生们需要大人们肯定自己的正面形象，以此来真正培养出这种形象《西斯和西斯》是这么描述的：

这表明人们接受培养新形象，而这种形象是一点一滴培养起来的。一旦你认为自己愿意"关注他人"，那就会朝这个方向去做。这对于率先做出改变的学生来说是天大的好消息（p.161）。

但学校领导们不能通过宣称"当谈及欺凌预防时，让我们变得积极点吧"来处理这种"负面"方式，并就此而希望其他人能这么做。积极的话语必须与行为的改变相配合，尤其是当权者最需要做出改变。这种向积极的转变不意味着要改变学校的文化规范。尽管文化转向似乎很抽象、停留在理论层面，但规范确实可以按照形成的方式来改变——让足够多的人启用新的言行方式。掌权者必须相信不需要控制自己领导的对象来让他们做好事，并相信他们能够肩负起责任，分享领导权，让学校成为更好的学习场所。

说得实在点，就是学校领导和教育者们需要邀请、欢迎他们领导的对象，并与其携手，而不是命令或告诉他们该怎样说话、做事。他们需要倾听、反思、改变同下属的说话方式，并与其一同讨论，而不只是制定规则来让他们遵守。教育者需要相信，在某种程度上学生们只是在等待来自老师们的邀请，来让学校变得更好，共同参与到这一光荣使命中来。

卓有成效的领导者们首先会与下属们学会新的措辞方式，重新定义目标和前进方向。他们要分享权力，而不只是利用权力，要携手创造一种新环境，用积极情绪取代被恐惧所驱使的负面情绪。

重构重新定义了初始设定/目标

对学校全体成员来说，预防欺凌如何从阻止负面行为转移到积极目标和方向上？只有人们改变了学校日常运作的基础设定——严父/工厂设定，方可将重点从阻止负面行为转移到促进和支持一系列积极行为上。学校需要有着坚实基础的心理设定来重构预防欺凌体系，但并不需要创造一种新的设定。只需要重新定义之前的工厂/严父设定，该设定与美国的民主传统之源相维系，也是学校最初宗旨之一。

这一学校的原始设定和宗旨由托马斯·杰斐逊（Thomas Jefferson）提出，目前需要重新定义。他认为学校是教育公民变得更加明智的场所，使其能单独和共同制定合理的决定，来巩固独立宣言和宪法中规定的民主制。琳达·麦克尼尔（Linda McNeill）如是说："我们教育宗旨背后的杰斐逊式理想肯定了每位公民的知情权，可以获取知识来帮助掌控自己的命运，防止压迫式政府的出现 (p. 4)。"

约翰·德威（John Dewey）重述了教育因何成为贯穿于美国民主社会的组成部分：

我们认为民主是理所应当的；我们的所想和所为反映出祖先的努力是

一劳永逸的。我们忘记了每一代人都需要使其更新换代，每一天每一年都能焕发新的生命，这种更新在所有的社会形式和制度下人与人的关系中存在。忘记了这一点，我们就疏忽了学校乃是孕育民主的摇篮。

学校应让每位学生有权力成为公民，而不是控制他们成为高效的工人。

重构意味着学校要有新版本

如果学校不是工厂，那是什么样的地方呢？（不幸的是，教育者极少被问及这一问题。）

托马斯·萨乔万尼（Thomas Sergiovanni）如此描述学校：

学校应该是一种特殊的场所，在这里孩子们完成走向成熟的过渡。他们介于家庭所提供的安全、主管的环境与社会提供的客观、开放的环境之间。教育者与学生之间是一种监护人与被监护人的关系。在这种角色定义下，老师和管理人员需要携手来代表一种共有的管理权。学校有责任培养学生的基本能力，并传达社会文化的精髓，也要负责培养学生的思维和感知习惯。课堂里发生的一切都有着道德基调，几乎是社会上任何其他机构所无法比拟的。

这种描述与杰斐逊最初的宗旨和德威的复述是一致的。这远不同于工厂设定，将学生们视为员工来对待，而是帮他们培养良好的思维习惯，成为负责任的好公民。

这种对学校的描述与拉科夫描述的严父设定截然相反，后者与长久以来统治学校的工厂设定紧密相关。正如萨乔万尼提及的，学校在培育学生成为公民的过程中起到养育作用，拉科夫也提供了截然不同的一种（养育）养育设定，与民主/共同体设定更加一致：

- 两种设定下家长都对养育子女负有同样责任。
- 假设儿童生来善良，可以通过学习变得更加善良。
- 这个世界可以有足够的资源来帮助每一个人。

- 父母的职责是抚育、支持和培养子女全面发展，勇于承担责任，关爱他人。
- 这么做无所谓正确途径，但养育子女确实需要父母同情他人，肩负责任。
- 养育子女对于孩子和父母来说都是一种学习过程。

这种对学校的描述反映出民主/慈母设定或许是大多数教师选择职业时的愿景；他们希望在这样的场合下教书育人。

如果可以做出选择，老师们很可能不会选择工厂设定。很多教育者离开教育事业，是因为他们认为在工厂设定下工作与自己真正希望从事的事业有着天壤之别。

重构学校和预防欺凌体系应在大多数教育者中引起共鸣，帮他们找回选择事业时的初衷。就像学生们在等待有人邀请来获得更为积极的身份意识，而教育者也在等待一种新的学校"版本"，可以让他们实现成为教育者的初衷。如果有所选择，大多数教育者会选择萨乔万尼所描述的学校。重构预防欺凌体系的核心在于保护和关心儿童，其潜力并不只是改变预防欺凌体系，更能改变教育者工作的方式。

重构预防欺凌体系意味着教育者们可以审视当前学生需要被控制的假设，而这种假设并非等同于现实。权力和控制的问题对于学校重构来说至关重要，学校要强调分享以及与他人共同遵守民主原则的重要性。

当有人遭遇欺凌或压迫时，涉及的每个人都不好受。民主需要所有（大部分）公民都能自由参与行使权力和承担责任，以确保所有公民能为公众利益表达心声。如果学校接受并采纳这种民主设定，个体成就将不会分崩离析。如果每个人都贡献一点自身的力量，那么个人在集体中的作用就能充分发挥。

在这种背景下，重构预防欺凌体系不再局限于阻止负面行为、违反规则或犯罪，更在于所有学生都有机会掌控自己的命运，同时延续实现共同进步的民主传统。因此，重构预防欺凌体系不再只是学校工作清单上的一个条目，更是学校教育学生所面对的关键要素。

重构涉及道德价值观和标准

谈到教育，很多教育者会回避萨乔万尼提出的道德基调。他们认为父母有责任帮助子女培养道德行为，问题在于他们在试图教育很多不配合的学生时，父母并没有尽到应尽的责任。由此观点来看，教学内容所遇到的最大问题在于，学校不得不肩负起给学生灌输道德行为的责任。这一问题成为妨碍老师们按照自己的意愿教学的最大绊脚石；该问题也会引发愤怒、挫败感和阻力，对预防欺凌项目来说尤为如此。就塑造大多数学校文化的工厂/严父设定来说，不愿承担额外的责任是完全可以理解的。（记住，在工厂/严父设定下，道德相当简单——学生只需要做老师告诉他们的事就好。）

因此，任何给老师强加某种大纲或课程的企图都注定失败。尽管抵触不是太明显，但老师们会在实施新政策或行为方针上打马虎眼，尤其是当他们不认为自己有责任这么做时。

任何重构预防欺凌体系的尝试首先都要意识到，老师们为何抵触大纲、命令或给他们施加的额外责任。这也解释了预防欺凌为何也要牵扯到重构教育者们对学校、学生、自身角色以及责任的看法。在学校充分将重构的过程内化之前，如果老师刻意回避任何校园道德基调的暗示，那么有几点要格外注意（感同身受）。

- 承认工作要比过去更难做、情形更严峻。
- 提醒他们由于一些父母工作不到位，学校要肩负起更多责任，因为学校是最佳的教学场所。这并不公平，但目前情况就是如此。
- 强调学生已经通过老师们树立的榜样学会了积极行为。他们已经以身作则，对很多学生来说，都是最佳的学习楷模。
- 记住，随着学生年龄的增长，他们需要学会独立，不只是按照父母的指令做事。这是每个人成长的一部分。

- 知道学生们总会做一些背离原则的事,即便是最负责任的家长所教的也不例外。同龄人的世界对于学习行为处事是另一种天地,在学校,他们需要将在家里学到或没有学到的事付诸实践。
- 承认他们过去常用和流传的教育方法,并不能够帮他们将学习中社会成分和学术成分结合。
- 尝试一些新的手段,可能不同于帮助自己有效整合社会和学术成分的传统手段。

教育者应意识到,透过工厂设定所看待教育时会面对很多挑战,要学会使用工具来给被动、顺从的学生传授知识,至少可以减弱学生对承担道德责任的抵触和反感。理解他们的视角,不要强迫他们做出改变,(很可能是唯一方式)以此来让教育者们意识到可以尝试很多新的教学方法。

如果老师能将社会和学术成分相结合,将学生纳入学习过程中,他们就能看清楚,重构对于其看待学生、自身工作和预防欺凌来说,对于每个人都有裨益。行为可以超越信念,当老师给学生创造出不同条件、培养出新的行为时,尤为如此。当教育者赋予学生更多自主权和参与权,教学本身就会越来越不依赖控制和管理,而是更多依赖于对学习效果的提升。

重构预防欺凌体系意味着,要站在更高的道德层面来理解欺凌问题,而不只是将其视为对规则的违反。这意味着老师不只是要告诉学生不要欺负别人,还需要教给学生,用一种负责任、关爱的方式对待他人意味着什么。这意味着学生要面对困难的道德抉择——如何与他人相处、如何对待他人。随着他们更加清楚道德选择赋予了什么以及应对抉择的技巧,他们就会在一些规则没有明确规定、没有成人在场的场合下更加负责。

重构预防欺凌体系不意味着学校要帮助学生知道这些道德观如何指导其他同学,以此来承担学生道德教育的责任(这本是父母的责任)。而是意味着,要将学生视为培养道德意识过程中的对象,不应按照成人的标准来加以评判。一味地谴责和惩罚只能疏远学生们,将他们的思维束缚在成人的支持和指导下，因而阻碍了道德培养。

重构道德标准有益于所有标准

　　20世纪60年代，肯尼迪总统为美国人树立了一种标准：他重新定义了何谓美国公民。他认为获得公民身份的过程是一种高贵的、有价值的旅程，符合美国乃至全世界的公共利益。当他制定登月目标时，某种程度上整个国家也为之所牵动。这一共同目标自动将人民联系到了一起。当他成立了体育健身总统委员会时，他传达了一种信号：将体型纳入健壮、有活力的市民标准的一部分。他成立了美国和平部队，表明美国公民权已跨出疆界，走向世界。他所传达的信息以及启示显露出人民群众最好的一面，有效地将群众团结在了一起。他为所有人设定了一种积极的身份意识，可以培养、熏陶并找到真正的自我。

　　学生希望得到动力，为校园社区做一些高尚而有意义的事。他们并不希望老师们只是告诉自己不要做负面的事。对有责任心、有奉献精神的号召提高了道德标准。鼓励学生达到高道德标准的要求，可以赋予学生在追求学术标准过程中所欠缺的动力。

　　在大家都强调学术标准时，讨论的过程中不知不觉间忽略了学生的感受。如果学生们问及学术标准提高的原因，最佳答案通常是：可以帮美国在全球市场竞争中取胜。这很重要，但学生并不认同这一理由，他们需要更有意义、更符合教育宗旨的理由，这样个体成就就可以同培养知识、技能和态度来帮助他人相关联，打造更强大的社区，为公众利益服务。帮助学生达到这些道德标准和学术标准对教育者来说有着更深远的意义。通过帮助学生成为负责任的公民，在社区里能够关心他人，提高考试成绩不再是教育的中心所在，而是重新定义教育者的作用，并将这种作用充分发挥。

　　重构预防欺凌体系要改变对学生和教育者的期望；需要邀请、鼓励他们成就伟大的事业。首先学生和老师们要携手让学校成为更好的学习场所，全体学生都可以茁壮成长。这让我们在学校里做什么都有了动力和精神。

肯尼迪在1960年接受总统提名时，他对新型公民身份是这么评论的：

我认为这个时代需要发明、创新、想象和决心。

我希望你们每个人都能成为新边疆的开拓者。我的号召是，无论什么时候都要保持年轻的心态——就像顽强的精神无关于政党——来响应圣经的号召："坚强和勇气；不要惧怕，不要胆怯。"

这是我能想到对重构预防欺凌体系和学生教育的最好描述了。这一使命下任何人都要承担起责任。重构预防欺凌体系是对所有领导者和优等生的号召。

新的使命：打造学校的团队精神

重构预防欺凌体系传达一种积极的、充满正能量的信息，换句话说就是打造团队精神。这句话里的每个词都很重要，共同表达了学校所要做出的改变。

打造

学校都是建立在一定基础上的。如前文所述，学校运作上存在着结构性问题，不经意间引起了欺凌问题。但这不足以否认，学校里还是有很多人非常关心他人，有能力为学生做很多了不起的事。学校需要这种改变来重构预防欺凌体系，而依赖的基础就是积极的努力以及已经开展的活动。致力于重构的学校领导们必须首先意识到学生在学校里的积极经历。他们必须总结出成功的事例：善良、负责的老师们支持弱势学生群体或激励学生面对欺凌要有责任感。

学校充斥着矛盾的话语和行为。尽管大多数教职员工都十分善良、对学生尊重有加，并不计前嫌地接受学生们，但很多老师们还是可能不经意间欺负了学生。重构过程中，老师要树立积极的榜样，使自己成为学生参照的楷模。待人苛刻、找茬或吹毛求疵只能消磨人们的积极性，不愿接受新的观点和行为方式。每所学校已建立的基准反映出重构学校和预防欺凌体系所需的价值观。

因此，每所学校都有重构预防欺凌体系和教育学生方式的基础以及潜在能力。

社区

这是重构学校和预防欺凌体系的核心概念。学校都是一些团结的社区，欺凌与人们对待彼此的方式并不相容。这不意味着团结的社区下就不会出现欺凌，但的确意味着欺负别人明显与人们通常对待彼此的方式相悖。

我当校长的那所学校就是一个很团结的社区。在我的记忆中，有一位新来的代课老师偶尔会斥责行为不端的学生。通常会有一位助教、老师甚至学生会郑重其事地告诉我这件事，但都很冷静。我确定，如果我校有老师或教职人员经常斥责行为不端的学生，我并不会收到这样的报告。这也是为何团结社区也会出现欺凌现象，但该现象并不会持久。欺凌在团结的社区下是无法蔓延的——这与人们的处事方式并不兼容，不会引起人们的关注，而社区的成员也会明确表态，不愿意出现这种现象。团结的社区拥有着主人翁意识，会自发保持社区的团结。

有两个电视节目用更简单的术语对社区进行了描述。我曾为高中教职工召开了一次研讨会，要求他们填写如下句子：

Anytown高中是一个___样的地方（填空）。我希望他们能给出很多短语或描述，但一小部分人很快完成了这一作业，一起得出这样的答案："Anytown高中是一个每个人都知道你的名字的地方"并用到了节目《干杯Cheers》中的主题曲名。我认为这可能是一种描述社区的好方法：一个你所属的地方，你可以做真正的自我，也可以知道每个人的名字。一个人们希望去的地方。

另一个反映社区（解释了为何这一节目能延续至今）的节目是以Mayberry镇为原型的节目《安迪·格里菲斯秀（The Andy Griffith Show）》。Mayberry镇里住着很多古怪的人物，他们会惹上各种各样的麻烦，但每个人都有一席之地，都能贡献一己之力。副书记巴尼·蜚蜚（Barney Fife）做了傻事，有着强烈的自我意识，但自己的身份还是得到了他人的认可；一旦犯了错，人们都会给他吸取教训的机会，而且也不会让他丢面子。权威人士安迪(Andy) 没有枪，但足智多谋、善良、聪颖，因此人们愿意听他的话，遵从他的意见，偶尔他也会主动提供建议。

我对社区的定义很简单，与群体有着明显区分：社区是指一群人，每个人都关心他人遇到的事。这不意味着每个人都受欢迎，但每个人都会受到尊重。这意味着每个人都有自身的价值，能够贡献一己之力；当有人成功时，每个人都能受益。建设社区要求每个成员要思考并有机会讨论自己心目中群体和社区的区别。

萨乔万尼对社区的定义如下：

社区是指一群个体的集合，他们按照自然意志聚到一起，共同分享一些想法和理想。这种纽带足可以"我"的集合转换为集体的"我们"。作为一个集体，成员都是一张紧密编织的关系网中的一部分。"我们"通常分享一个公共地点，随着时间推移，培养一种共有的情绪和持久的传统(p. 48)。

在对社区概念和学校中培养集体意识的重要性进行反思后，我意识到欺凌并不会伤害到学生（迪伦，2013d）。欺凌只是对学生之前的伤口撒盐，从而加深旧伤口的伤害。之前的伤口来自于认为脱离于现有群体的想法，更糟的话，就是自卑感或群体排斥感。在孤独和排斥的作用下，伤口就暴露出来，很容易受到学生的言语和行为伤害。如果有人用言语和行为来加深他人对自己的印象,这种创伤会开始恶化。当遭遇不公平对待时,如果你感到没人帮助自己或保护自己,这种创伤会加深。当你遭遇不公平对待后,发现自己投诉无门,在反复遭到伤害时也无力反击,这种创伤所造成的痛苦会进一步加剧。

欺凌是一群人相处一段时间后的副产品,因为这些人没有形成一个社区。学校要成为社区——首先确保没人受到伤害——这是解决欺凌问题的最佳途径。

当人们感到与他人紧密相关时,会感到其他人会关心自己,而伤害性话语和行为就像以卵击石,所造成的伤害无关痛痒。在一个团结的社区内,伤害性话语听起来并不可靠,也就不会穿透听者的内心,从而造成伤害。人们会将这些无关痛痒的话视为对说话者心理的一种反映,而并非是对事实的陈述。一个社区内出现的伤害性言行,在众多积极和帮助性言行面前不堪一击。实际上,社区的成员会对试图欺负他人者说:"你欺负我们的成员,就是欺负我们所有人,所以不要庸人自扰了,没有用的。"伤害性话语只能伤害到一个群体中的个体"我",但不能伤害到一个社区里团结的"我们"。

任何学校都有一个中心宗旨——要成为团结的社区,这是减少并预防欺凌最简单而有效的方式。当人们为积极目标而努力时,大家会集中精力,这时欺凌的负面效果就无从发挥,从而失去了意义。这就是重构预防欺凌体系的要义所在。

精神

重构预防欺凌体系需要成为熟悉的惊喜:重构的道路足够新颖,可以引起人们的关注,但又那么的熟悉,大多数人都知道并理解其想法或概念。学校精神(校风)是一个人们耳熟能详的词,当面对特殊事件或新的项目时,每个学校都会或多或少予以重视。一些学校的校风要胜过其他学校，而每个学校都希望自己的校风更佳。精神是人们看不到、摸不着的，但你可以感受或注意到它的存在。如果学校想要一套新的措辞来重构预防欺凌体系，那么借助校风和社区精神就成为开始探讨关键话题（欺凌）的不二之选。

精神这个词也体现了正能量意识，这是变革的关键。重构预防欺凌体系意味着学校要改变理解针对师生的政策、程式、项目或大纲的方式，而要鼓励成员做出积极行为，为使学校变得更加美好而努力。重构预防欺凌体系要改变人们的思想和观念，以跳出之前的设定，而不是一味地自我保护和抑制帮助与支持他人的意愿。

学校要注重精神世界，因为学习是一种自我实现的经历，当与人分享时效果更佳。这不是一种牵强的概念或常人无法接触的一种经历。通常，当人们在生活中描述积极的学习经历时，他们会讲述有人支持自己、获取行为意识和感受到进步时的情形。积极的学习本质上依赖于人生阅历丰富和对他人影响较大的人。人们在帮助彼此的动态过程中学习和成长，可以调动起每个人的积极性。

弗雷德里克森认为，一旦少部分人跳出负面设定并开始帮助他人时：

这不再只关乎你和帮助对象之间积极性的问题，当他们目睹你的善行时，会深受启发，从而振作起来。这种积极性的暗示驱使人们想要做善事。他们并非被动的旁观者。他们的心理受到了触动。当这些旁观者遵从内心的感觉时，他们会对社会做出更多贡献。在这种循环下，你和其他人都会受到激励来将善行发扬光大，最终将善行带来的好心情转化为更多的善行。这样一来，积极性就可以改变整个社区。让我们在最需要的地方感受到更多同情与和谐(p. 70)。

重构预防欺凌体系可以将消除旁观者的错误，转化为构建社区的精神动力，驱使学生和老师改变学校社区，使欺凌、虐待或不尊重行为，与学校的价值观和社会规范格格不入。

重构预防欺凌体系——培养社区精神的六条宗旨

学校要想重构预防欺凌体系，有六大宗旨需要遵循。这是师生面对复杂而挑战性的任务时所能用到的指导、路标、参照，以打造更团结的社区，使得欺凌在社会规范下无可遁形。这些宗旨（如下）也是学校持续反省自我，确保各项工作保持团结的方式。

S—以学生为中心
P—以原则为基础
I—综合实践
R—核心关系
I—影响导向
I—强化联系

以学生为中心

以学生为中心意味着将学生视为解决问题的答案，而不是问题的根源。这意味着学生不再因为要阻止欺凌而受到改变或控制。相反，要意识到学生对其他人的积极行为有着关键的影响，从而减少和预防欺凌。首先，成人必须要承担责任来反省自己的言行，评估自己如何对待他人，如果必要的话，要改变言行来达到尊重和关爱的最高标准。

以学生为中心意味着教育者不再直接控制学生，而是授予他们知识、技能和态度来积极地影响彼此。

以学生为中心的方式包括：

对学生抱有积极的设想。

要设想学生希望在学校里好好表现、好好学习。他们希望能与他人和睦相处、互相帮助。所有学生都有能力成为领袖。大人们要意识到学生根据权威人士看待和对待自己的方式来确定自己的身份。这些身份很大程度上决定了他们在学校的言行。

站在学生的立场看待学校环境和问题。

教育者应尝试站在学生的角度看待和理解世界。他们要找到学生行为的理由，这与他们在学校环境下需求能否得到满足相关。

有意赋予学生知识、技能和态度来积极地影响他人。

教育者必须意识到欺凌并非只是对规则的违背，而是在学生探索社会、学习技能以成为一个负责任、讲道德的好公民时出现的一种不良行为。在决定成员们应如何对待彼此时，欺凌是所有社区都要面对的部分问题。成人在确定社会规范过程中起着关键作用：要意识到成长问题在学生的言行中起到哪些作用。教育者需要帮助学生理解内心世界以及整个社会，要花时间帮助学生探讨和反思自己的经历。随着学生更加了解自己、知道为何要关注同龄人对自己的看法，他们能在社会上做出更好的选择。

在制定规划和设定目标过程中尽可能让学生多参与。

当学生们有机会通过提出想法、观点和意见来帮助学校做出改变时，他们可以更了解自己、他人和学校。这也可以让他们将自身视为问题的解决者，而非引发者。

以原则为基础

如下内容摘自《新牛津美语词典》（*the New Oxford American Dictionary*）：

价值观：一个人如何判断生命中什么重要。

原则：基本真理或命题，是一套行为准则或一系列推导过程的基础。

尽管规则在预防欺凌方面有着一席之地，但它们来自学校的核心使命、价值观和人们对待彼此的指导原则，并与之息息相关。如果一个体系强调规则和惩罚措施，那就默认不相信人们能积极行事，因此需要受到规则和惩罚措施制定者的控制。

规则告诉学生不能做什么，但重构欺凌不只是要明确有哪些限制，而是要探索共有的价值观，明确一些原则来支持每个人（不只是学生）获取知识、技能和态度，来打造一个团结的社区。当没有规则或权威人士的外部控制约束时，人们需要价值观和规则来引导道德行为。

因此，道德权威不只在于领导者身上，而是来自于社区成员所达成的一致，按照价值观和原则来行事。萨乔万尼将校领导在社区中的作用描述为"校长和其他管理者依旧很重要，但意义不同。他们有着特殊的责任，来引导社区的思想、价值观和共同的承诺"（p. 58）。

如果学校愿意投入时间来培养成套的价值观和原则，那么每个人都可以知道，负责任、有礼貌的行为为何对每个人至关重要、大有裨益了。这种对理解积极、负责任行为的投入增加了学校每位成员的主人翁意识和自尊心。当学校社区的所有成员（管理者、老师、教职工、家长和学生）都携起手来按照共有的价值观和原则努力，学校本身就成为一个"整体"，而不是四分五裂，有着不同的权力和地位的划分和竞争。将"规则导向性"方法转换为"原则导向性"方法可以教育和团结学校社区的所有成员。

我建议每所学校都能制订一种流程，每个人的想法都能得到考虑，提出有意义的价值观、信念和原则，以塑造和引导学校的文化和氛围。在《欺凌无处容身》一书中，我提出了引导学校预防欺凌措施的六大原则：

1. 反思自己在与人打交道时如何使用权力。
2. 按照你希望学生对待彼此的方式来对待学生。
3. 帮助所有学生在同龄人眼中得到重视。
4. 当有学生注意到或报告欺凌事件时，采取行动。

5. 接受这个人,但不接受其虐待他人的行为。
6. 不尊重他人没有借口或理由。

来源:迪伦,2012,摘自莫里森和马拉奇(Morrison and Marachi)的作品。

当学校社区的全体成员都能探讨如何将每个要素转换为实际的言行时(学校环境下每天都能观察到这些言行),这些原则方能发挥最大优势。

我不推荐学校只是将这六大原则印在海报上张贴出来。发展的过程远比成品重要得多,即使学校接受了这些原则。而且一次性采纳一套价值观或原则不足以真正将校园文化重心由"规则导向性"转移为"原则导向性"。学校必须致力于定期修订自己的价值观和原则。他们必须将其视为解决问题和做出决定的实践指南。当学校依靠原则和价值观而不是规则和惩罚措施来解决问题时,问题本身就成了深层次探索问题的机会。由于解决问题的方式以原则为基础,通常能提供更具创意的答案,给学校带来意想不到的好处。

综合实践

在教育中说教固然重要,但否定其意义的实践则能将其完全颠覆。比如说,老师可能说他们最重视倾听学生对其问题的回答。当他们用——"谁能告诉我",然后等待学生举手,随后选出能够说出正确答案的学生——的方式提问时,他们的实际做法则传达出一种与之相反的信息。这种学校中日复一日出现的问答形式传达的信息是:"我是老师,我知道答案,如果你们想得到我的肯定和赞扬,我想看看谁能最快给出答案。"因此,学生知道思考更快、能把手举得最醒目、并渴望展示自己知识的学生会得到奖励。

试着用一种简单的方式比较传统做法:"请不要举手。用几秒钟思考如下问题,(插入问题,然后等5到10秒)。和同桌分享你的想法。准备和全班分享你的想法。"这种做法的目的是让学生思考并与彼此交谈。这样传达的信息是老师重视学生的想法、分享，而学习是一种社会性过程，每个人的想法对全班都很重要。这种做法可以提升学生们的主动性。允许学生发现其他人身上宝贵的东西，为全班同学的学习做出贡献。尽管这并不算是预防欺凌的策略，但教育者用这种做法可以提升学生的价值观和技巧，在面对欺凌时敢于挺身而出、关心同龄人。

重构预防欺凌体系意味着学校必须专门选择并鼓励与之前积极设想相一致的教学法，将学生视为学习者和社区成员。教育实践必须向学生表明，作为一个整体来学习对每名学生乃至整个学校都有益处。

预防欺凌或社会情绪学习项目内容上也许很出色，但如果通过传统的严父/工厂设定（以教师为中心的教学方式）来表达，那么就无法满足学生的需求，这些积极信息的传达也就没有意义，甚至被视为矫揉造作。

核心关系

包括学生在内的人们通常反对被其他人所强迫改变。很遗憾，这种对受控感的反感使得学生不愿意接受改变，而这种改变本来可以使其受益。学生在成长过程中需要大人们的指导和支持，得以成为负责任的好公民。如果教育者因师生关系的性质而疏远学生，那么就失去了一个宝贵机会，并使学生无法吸取大人们授予他们的智慧。

因此，重构预防欺凌体系取决于改变学校社区成员关系的性质；权力是用来分享的，而不是用来改变或控制下属。分享权力不意味着大人们放弃自己固有的领导地位。恰恰相反，他们要用权力来促进、加固责任，并在认为学生准备好结果责任时，逐渐将其转移。教育者需要设想学生们想要好好表现，关心他人。他们可能不得不改变环境、创造更好的条件，并澄清可能出现的限制，但这么做是要让学生清楚他们在帮助学生，而不是在控制学生。（教育者务必要清楚以下事实：学生们知道谁真正支持自己,谁假装这么做。他们可以看穿作为最终目的是哪些人将令自己服从并满足学校的期望。)

当关系建立在尊重、透明和信任的基础上,人们就会发现自身以及社区利益需要的改变。信任关系是健康成长、学习的基石。迈克尔·弗兰(Michael Fullan)总结道:"成功改变唯一的共性就是关系的改善。如果关系改善了,一切就好办了。"

关系创造了身份意识;如果关系的性质发生改变,那么身份意识也会改变。我在学校工作时,曾遇到非常努力、兢兢业业的教师萎靡不振,因为他们认为,如果有学生不遵从自己的指导或教导时,他们做什么都是徒劳。当他们遇到这些学习困难生并尝试了各种方法,就会开始从校外寻找答案,会把问题归咎于学生的家庭环境,要知道家庭环境几乎是不可能改变的。当他们在工作中遇到棘手的问题并无法做出有效的改变时,就会萎靡不振(谁都不能避免)。当老师们认为学生们无法改变,那么这些学生就会遵照这种信念来行事,认为事情已经无药可救!

讽刺的是,这些老师没有意识到自己已经对这些"无法改变"的学生产生了巨大影响,这些学生实际上希望能够改变,并在学校里好好表现。大多数问题学生对教育者来说都是绝好的机遇。如果老师们接受并尊重这些学生而不计前嫌,那么所有学生都能学到非常重要的一课,也是重构预防欺凌体系的关键:用苛刻或诋毁的方式来对待他人永远都是不对的。当师生关系"满足"这一黄金定律——以你自己乐于接受的方式对待别人——学生就会知道任何人都值得尊重。这是重构预防欺凌体系的基本要素,而且要从最高层做起:改变掌权者和无权者的关系。

严父/工厂设定决定教育者如何开展工作,使他们难以放下控制学生所带来的压力,比如说提高学习成绩的压力。因此,学生对于大人对自己的看法异常敏感,甚至老师最细微的反对都表明自己是"问题"。随着学生年龄的增长,他们会越来越难以接受这种身份,因为他们可能在成人的权利范围之外培养出新的人格;他们会成为同龄人严重的另类。

对学生来说，建立一种有别于成人世界的自我定义成为欺负别人的强大动力。

遗憾的是，如果大人们不改变与学生的关系，欺凌就会成为学生脱离大人世界的一种途径，因为学生们认为大人们试图控制自己的言行和身份。同样，不欺负别人的学生目睹欺凌后，会对自身的社交关系保持更高的热爱程度。他们不愿将欺凌报告给老师，因为他们认为对方不尊重自己，不信任自己能够肩负起责任。

相反，如果与大人们的关系使学生有机会在学校环境下探索并体验不同的身份，学生们欺凌别人的可能性就大大降低了。如果所有学生都被视为潜在的领袖并予以尊重，目睹欺凌的学生更有可能接受自己的身份，并自信地帮助同龄人，而不太会考虑自己对他们的感想。

学生渴望并需要这种关系：特征是答疑解惑和悉心指导取代一味地命令、纠正错误和控制。学生希望也需要老师不再将自己视为"有待解决的问题"，而是视为有能力、有优势的人，可以对世界做出贡献。

学生更愿意接受合理的限制以及来自成人的解释，帮助他们探索社会，而不是苛待某些人。当成人愿意倾听学生的想法、肯定并信任学生，方能做到可靠。成人与学生之间公开的沟通渠道可以为学生提供指导，以及他们最终成为负责任的成功人士所需的智慧。（不管怎样，陷入控制或操纵学生泥潭的成人并不是学生希望模仿的对象。）

按照重构预防欺凌体系的要求，教育者要从与学生的关系性质以及属性来获得真正的权威。他们有权力，但不将其用于控制，而是分享权力来帮助他人，会给学生产生极大的影响；他们的领导权提升了其他人的领导能力。教育者要通过正直建立的关系来领导学生；倾听但不加以评判；尊重每名学生；承认错误；展示自己的人性。当教育者正直不阿时，他们就为学生树立了正确的楷模。这种关系造就了互帮互助、兼容并包的学习环境，从而构建出团结的社区。

影响导向

要求任何人，尤其是教育者，放弃"控制"权是不合理的，除非他们有其他选择来代替这一概念。大多数教育者过于敬业，乃至无暇关注课堂或学校所谓的"混乱"，或让学生处于自己的掌控下，因此他们坚信要想让学生好好学习，就必须要控制他们。这种对失去控制的恐惧使教育者更执着于学校传统的控制和命令体系。

抱怨学生不愿意、没有动力来改变的教育者，也会抱怨校长或行政人员施行一些新规定或政策，然后用惩罚措施来威胁学生顺从自己。

即使对最为质疑的教育者来说，影响这一概念都能有效代替控制。"影响"让教育者更有机会获得一种深层次的普遍价值观：学生会因为事情是对的而去做，并非为了得到奖励或规避惩罚。大多数教育者希望学生更加无私，而不是以自我为中心。

如果成功的标准是顺从、有序和高效，那么用奖惩来控制学生也会产生积极影响。与混乱（有大批学生行为失控）相比较，任何形式的稳定都受到欢迎，而大多数教育者并不关心如何实现稳定。为获得控制权而不择手段，对教育者的诱惑很大，因为他们知道要关注负面因素（不起作用的部分），强烈希望能够让一切回归正常。只有当教育者们通过讨论来克服稳定所带来的诱惑，并将注意力放在更远大的目标上，方能探索出更好的解决方式。

我尚未见到哪位教育者不喜欢能做出良好判断、行为谨慎、学会关注他人的学生，而且就算"没有人看"也会自觉去这么做。我们要做的不是去劝说教育者控制越少越好，而是探讨他们真正希望学生怎么做。一旦有了共同的立场，那么通过讨论就能找到最佳方式来实现目标。

用影响取代控制需要更多时间和责任，教育者需要同给自己造成麻烦的学生（他们甚至不喜欢这些学生）建立积极和信赖的关系。讽刺的是，在20到25人的班级中，很多惹麻烦的学生会积极响应邀请其吃饭和有一对一经历的老师。这样就让学生和老师都能站在不同角度审视对方，学会尊重一些不会在公众场合下表露的个性。但很多教育者并不赞同这一方法，因为他们害怕这种对学生行为的奖励，会引起其余学生为得到同等待遇而故意捣乱。在工厂/严父设定下，公平意味着要对每个人一视同仁，不会因个体差异或需求而开小灶。人际关系没有所谓的万全之策。每个人都有不同的强项和需求，人与人之间有意义的关系都有所不同。真正持久的影响只能来自忠诚与信任的人际关系。

教育者并不需要为了影响学生而与其成为朋友，但必须接受学生的优缺点，学会理解学生，即使自己可能并不认同对方的行为。学生们务必要知道老师不会因行为而评判一个人。当学生了解到老师真的是为自己好，而没有将自己视为扰乱班级秩序的问题学生，他们会将来自老师的价值观和理由内化，这种价值观是对自己的肯定和支持。

这种对理由和价值观的内化形成了做决定的基础，这样他们就能在没有外部控制或不在学校的情况下自主做出选择。要想建立信赖的关系需要时间和努力，但这种投资绝对值得，因为这是将预期改变纳入习惯和文化的唯一途径。

有一次，一位老师告诉我，"我问自己，吉姆会怎样处理这件事？"身为领导，这是我迄今收到过与影响相关的最佳反馈。

强化联系

老师都经受过专业训练，可以同时教导多名学生。他们懂得收集和分析数据来管理学生的学习，并提高学习成绩。这似乎表明学校的宗旨是培训学生们在单独的隔间里学习，完成各自任务。但在职场上没有人可以独立于他人来完成工作。

走出学校，学生们会寻找工作、稳定工作，然后通过与他人的互动来让自己的事业蒸蒸日上。与他人沟通顺畅者能够学得更多，因为他们能得到来自不同角度的信息。很多公司、企业和团队都知道总体的价值大于个体相加：在"我们"的文化下，人们能要比"我"的文化下学得更多、更有效率。

重构预防欺凌体系需要教育者花时间强化个体之间的联系。大多数老师都不是一开始就具备构建社区所需的知识和技巧，因此学校必须意识到要想真正预防和减少欺凌，就必须在专业发展方面下功夫。正如之前所探讨的，让学生携手解决问题的效果远胜于阻止某个人的负面行为；这样能让学生和老师都有更好的表现和满意程度。

苏珊·万尚克在2013年出版的《如何让人们大显身手》（*How to Get People to Do Stuff*）中罗列了7种动机，第一条就是：

让人们感受到与他人紧密相连，这样将更努力工作。当人们感受到自己与他人携手为某一目标努力时，他们就比单打独斗更有实现这一目标的动力，甚至没有任何额外报酬也无所谓。他们会为这一任务更加努力、坚持更久，更加投入也会表现得更加优异(p. 10)。

对老师貌似没有兴趣的学生们虽然常常会失去动力，但如果感受到归属感和与同龄人的关联感时，会变得生龙活虎。

重构预防欺凌体系以打造社区精神的六条宗旨在动态上息息相关。将其视为变革的基础并非解决欺凌问题的权宜之计。教育者要通过携手努力来改善人际关系和教育实践，而不是简单把改善手段拼接起来，以实现将学生塑造为学习者和好公民的核心使命。

当前预防欺凌设定与"打造学校的社区精神"的对比

预防欺凌的当前设定（以严父/工厂设定为基础）等级制权力结构。	重构为"打造学校的社区精神"（以社区/慈母设定为基础）协作式权力结构。
以行为理论和实践为基础：主要依赖正面和负面强化的外部动机。	以社会心理学理论和实践为基础：心理设定、内在动机和自主支持设定下的自我决定论。

欺凌是对规则的违反，一些情况下甚至构成犯罪。主要关注阻止负面行为发生。	欺凌是一种社会行为，主要受到来自环境和社会因素的影响，这些影响决定了个体如何看待自己和他人。主要关注致力于打造团结社区的积极行为。
学生是问题的起因；他们需要停止欺凌行为。	学生是解决问题的途径。大人们需要在尊重学生上起到表率作用。
为使学生遵守规则，需要用奖惩措施来加以控制。	学生渴望学习和帮助他人，但需要恰当的条件来了解自己作为公民和社区成员负有哪些责任。
规章制度是确保欺凌不会发生的主要方式。	共有价值观和指导原则可促成积极言行，形成所有成员对待彼此所遵从的社会规范。
教育者需要强化这些规则，对违规学生施加惩罚措施。	教育者的主要任务是帮助学生获取知识、技能和态度，以成为敢于挺身而出的旁观者。
学校需要专门的项目、课程和活动来阻止欺凌的发生。	学校需要确保教育实践将学生视为自身学习的积极参与者，同时也是负责任的好公民。
学生是需要遵守规则以预防欺凌的主要对象。大人们要求学生遵守规章制度是理所应当的。	学生要参与学习过程，了解社区的需求以及身为社区成员要肩负哪些责任。
鉴于规则明确、后果不言而喻，因此学生没有理由欺负他人，问题也就不应出现。	学生都是"半成品"，在学习负责行为的过程中犯错误是在所难免的。问题是老师们教育学生更好满足需求的机遇。

定位：相辅相成、缺一不可

将预防欺凌的心理设定重构为校园社区精神并不意味着学校要放弃预防欺凌的政策、项目和规程。这些预防欺凌的传统要素都可保留，在打造团结的校园社区方面仍可起到积极作用。这些要素可以设定限制、提供重要信息并支持重构过程中强调的教育实践。

下面的类比可以阐明，预防欺凌中这些熟悉的要素如何与重构的六大宗旨相协调：

大多数人认为高速公路的安全度取决于人们是否遵守交通法规、拒绝超速行驶。这都是尽可能保持道路安全的必要但不充分条件。当绝大多数司机能做到安全意识高、负责任、认真驾驶时，人们是最安全的。但如果大多数人在遵守交通规则时只关心自身需求、如何到达目的地，那么尽管他们会遵守交通规则，但仍然会造成很多不必要的交通事故。

重构预防欺凌体系意味着在校园社区内培养更多负责任、关心他人的成员。如果人们养成了团结社区成员必须具备的心理习惯，他们就知道不该做什么，自觉抵制负面行为。重构预防欺凌体系并不是一个二选一的抉择，而可以提供诸多选择和方式，帮助学校拥有更好的学习环境。学校可以同时应用预防欺凌措施和积极的促进手段来建设社区。

总结

- 教育者对学生的看法表明，心理设定决定了自己的工作方式：如何对待学生、学生对此如何响应。
- 教育者可以选择站在自身角度或学生的角度来看待学生的问题。角度的不同决定了与学生相关的所有后续行为的走向。
- 学生可以被视为要解决的问题，抑或解决问题的途径。重构看待学生的方式反映了重构预防欺凌体系的方式。
- 预防欺凌这个词本身可能起到反作用力，因为这只关乎阻止负面行为发生。有效地预防欺凌需要将一系列积极做法纳入校园文化。
- 重构预防欺凌体系需要涉及积极的情绪和身份意识，以提出新颖、可行的策略来改变学校风气。
- 重构预防欺凌体系需要有别于严父/工厂设定的心理设定。这种设定不一定要有多高效。学校只需将初衷变为形成一个社区，在这里学生学习如何肩负责任、维护民主政体。
- 预防欺凌体系需要接受学校乃是道德社区，可帮助学生养成良好的思维习惯，设立关爱、尊重的社会规范。

- 将预防欺凌的心理设定重构为打造校园社区精神意味着人们要有正能量,使得在学校里,所有社区成员都能尊重和重视彼此。
- 重构预防欺凌体系的六大宗旨如下:

以学生为中心:认为学生是解决欺凌问题的途径,而非问题的起因。教育者必须站在学生的角度看待问题。

以原则为基础:学校社区成员以价值观和原则为导向,而非规章制度。

综合实践:预防欺凌不是一种为学生制定的教学大纲或课程。教育实践必须反映出以学生为中心的价值观和原则。

核心关系:与学生建立互信、尊重的关系是所有预防欺凌手段的基础,也是学习的更高境界。

影响导向:教育者拒绝将学生视为控制的对象,而是通过积极的关系和共有的价值观、指导原则来影响学生。

强化联系:教育者要投入时间和精力来维系、强化校园社区全体成员之间的联系。

- 重构预防欺凌体系不意味着要放弃相关的政策、项目和章程。重构预防欺凌体系需要这些因素,要强化其在校园环境中的意义和效果。对学校来说,预防和鼓励可以双管齐下。

如何将预防欺凌重构为打造校园社区精神

前景

很多教职工可能赞同学校需要"改变",但不知道这种"改变"有何要求。即使他们清楚了"改变"的含义,他们可能不知道如何实现,在为之努力上也可能信心不足。

大多数教育者在工厂/严父设定下已经将"身份"发挥得很出色,因此要让他们按照自身经历来重新设想学校是什么样,难度可想而知。

开始为重构而改变的最佳途径是接近人们自身的经历,允许他们反思自身的学习情况。如果自身经历与变革的相关理论和研究相一致，他们将更愿意考虑在工作方式上做出改变。

将理论和研究与实践相结合是变革教育实践的第一步。结合过程中的几个阶段反映出参与者将重构由理论变为现实的过程，同时，这也是老师在课堂上如何指导学生的范例。

结果

将积极学习的个人经历同理论与实践相结合。

对比不同学校之间的"构思"。

将心理设定研究与自我决定论同积极学习的个人经历相结合。

提出有助于成长心理设定、学生的自主意识以及团结社区的具体教学方法。

阶段一："检索你自己的数据库"（10分钟）

准备工作：将所有人分为几个小组，每个小组不超过五个人。每个小组围着一张单独的桌子而坐。

材料：记录纸、便利贴和书签。

基本原理：鉴于重点在于数据信息，这一部分将一组数据重构为个人数据，每个人将自身经历对号入座。参与者检索自己的数据库（即个人经历），倾听其他人的经历，然后分析数据以得出积极的学习经历需要哪些必要条件（确保与活动参与者分享这一原理）。

个人任务：向参与者做出如下陈述"想想你人生中一段非常积极的学习经历。这可能发生在校内，也可以是校外。既可以是最近的也可以是过去的，可以是正式的或非正式的，可以是集体经历或个人经历"。

给每个参与者分发一本反思指南或反思表，至少为参与者提供十分钟来独立、安静地工作。

个体反思的导向性问题：

什么是积极的学习经历？

这次经历都有谁参与？

这次经历发生在哪里？

发生在什么时间？（你的年龄、人生阶段、持续了多久）

你为何要这么做？

你是怎么学习的？

在学习之前你作何感想？

学习时你作何感想？

学习完成时你作何感想？

回想这次经历，内心有何想法？

在这次学习经历中，其他参与者（可能不止一人）是怎么对待你的？

描述这次经历的真实过程。

你是如何一步步提升能力的？

你在这次经历中对自己获得了那些了解？

这次经历对你的人生有何影响？

列出这次经历中难忘的话语或事件。

小组分享并做笔记：（5到10分钟）

每位参与者参考该指南，花两到三分钟分享自己的经历。

倾听者需要记录下自己对这段经历相关的想法。

参与者可以在听完每段经历后提出简洁扼要的问题。

生成个体要素：（5到10分钟）

当每位参与者都讲述完自身经历后，要求该小组填写放在桌上的记录纸。

要求每位参与者写下一种要素，也就是每段经历中积极学习背后的原因。比如说：在便利贴上写下"选择学到了什么"。

确保每张便利贴上只列出一种要素

当参与者在每张便利贴上写下一种要素后，随即将便利贴贴在记录纸上，不论参与者在便利贴上写了什么。

每位参与者在记录纸的栏目内填写的元素数量不限。

当每位参与者将能想到的元素都写下之后，可以停下来看看小组成员们都写了什么。

团队展示：（10 到 15 分钟）

活动组织者按照小组情况，可以指定角色（组长、记录员、汇报人和计时员）或让小组内部讨论各自的分工。

表明小组需要分析并证明所有积极学习的要素，并将其表现出来。他们可以用这些便利贴本身，也可以将其取下并转换成图片、图案、概念或思维图，但一定要代表小组对积极学习经历构成要素的讨论结果。

每位参与者简要总结在栏内填写的关键要素。小组可以答疑解惑，确保每位成员都理解每张便利贴上的陈述。

小组需要将便利贴划分为不同类别，而且要将这些类别记录在记录纸上。

成员们将代表小组对积极学习经历的一致意见制成记录表后，可以将其贴在墙上，这样所有的参与者都能一目了然。

小组间进行探讨：根据整个分组的规模，每个小组的团队展示有如下方式：

所有小组围着教室来回走动，看看每个小组的展示情况。每个人根据提示记录下自己注意到的内容。

每个小组派一位代表，简单地向整个班级描述其团队展示。

每个组派一位代表来回答其他小组提出的问题，这些小组可以一边走，一边看墙上贴的内容。

活动组织者可以要求全体成员对积极学习的要素或该活动本身发表评论并提出问题。

重构环境

基本原理：该活动通过展示一个工厂或现代职场，可鲜明对比两种学习环境。二者不仅差距很大，参与者也要指出其区别在哪，然后将其与自身的学习经历相关联。

过程

展示一条工厂的视频片段：一个来自《摩登时代》的场景，该电影由查尔斯·卓别林（Charlie Chaplin）自导自演，场景是一条传送带；或来自《我爱露西》（*I Love Lucy*）的场景，该电视节目由威廉·阿舍（William Asher）导演，由露希尔·鲍尔（Lucille Ball）主演，该场景中，她正在传送带上包装巧克力。

要求参与者将对工厂的工作环境的想法记录下来。

给予小组成员时间与搭档分享自己的想法。

接下来，组长要求每个小组分享对工作环境的看法，将其写在记录纸对应的栏目内。

在另一种工作环境下重复该程序——比如皮克斯电脑动画工作室。

播放http://www.youtube.com/watch?v=CXtsEhUw Tmc中的视频片段，这是对皮克斯工作室一段6分钟的介绍。

要求参与者写下对皮克斯工作室环境的想法。

给予小组成员时间与搭档分享自己的想法。

组长要求每对搭档分析对该工作环境的看法，将其写在记录纸对应的栏目内。

将两栏记录纸并排放置。给每位成员三十秒来研究。请所有小组展开讨论，对两种环境的差别进行评论。

请小组完成对积极学习环境的视觉展示，表明在工厂到皮克斯工作室的工作环境下，其视觉展示最适合哪一种。

理论与经历相结合

基本原理:好的理论可以帮助我们更好地理解世界。心理设定理论可以帮助参与者更深层次地理解其学习经历为何积极。

步骤

播放爱德华多·布利策诺关于心理设定的视频,该视频可在http://www.youtube.com/watch?v=pN34FNbOKXc上找到。

要求参与者对观看(约14分钟)感受做笔记。要求他们准备分享两到三个要点。

要求他们与同伴分享自己的要点。

组长可以要求每对参与者分享一个要点,依次类推,直到所有参与者都分享了要点。这些内容记录在记录纸的单独表单上。

拼图后续内容

基本原理:该视频是对心理设定理论的绝佳介绍。参与者可以通过对相同观点和概念予以响应,以获得更深刻的理解。

步骤

借助以下参考资料:

卡米尔·法灵顿、梅丽莎·罗德里克、伊莱恩·艾伦斯沃兹、珍妮·长冈、塔莎·塞内加·凯斯、大卫·约翰逊和妮可·毕楚姆的《教导青少年成为学习者:非认知要素在学校表现方面的作用:关键的文献综述》(*Teaching Adolescents to Become Learners: The Role of Noncognitive Factors in Shaping School Performance: A Critical Literature Review*)

参与者依然保持小组的形式。

要求每个人阅读《当学生表现出韧性和优异的学术行为时获得高学分Students Earn High Grades When They Show Perseverance and Strong Academic Behaviors》28页和73页的介绍部分。

甲读"我属于该学术社区"部分

乙读"我的能力随着努力而增长"部分

丙读"我可以成功"部分

丁读"这项工作对我来说很有意义"部分

每个人回到小组进行报告后，该组可以开始探讨对读物的感想。

进行讨论后，要求每个小组审视积极学习的展示结果。作为一个小组，组员们需要在积极学习的要素对应部分填入恰当的数字，比如说，如果积极学习的某一要素为"我能够感受到课堂上其他同学的支持"，那么填入数字1（我属于这一学术社区）。他们需要将每个要素同四大心理设定数字相对应。

自我决定论

参考心理设定理论和借助YouTube上由RSA动画制作的丹尼尔·平克（Daniel Pink）的视频（http://www.youtube.com/watch?v=u6XAPnuFjJc）进行的研究，按照相似程序进行。

借助后续拼读活动来探讨摘自本书文章中的自我决定论。

让小组识别出积极学习视觉呈现表中的要素，A代表自主，M代表掌控权，R代表相关性，P代表目的或意义。

埃德蒙森的研究活动

艾米·埃德蒙森的研究发现了积极成长和学习所需的两大必要条件：心理安全和责任意识。

心理安全是指人们在犯错误和冒险的情况下还能够感到安全。

责任意识是指人们要致力于不断成长和学习。

她给出了一个矩阵图，展示了这两大要素共同衍生出不同类型的环境：

高 心 理 安 全 程 度 低	舒适区 社交能力强 没有人挑战自己的权威 职业道德低下 哥们关系	学习区 合作精神 敢于冒险 乐于接受新观念 创意 从错误中吸取教训 工作很有趣，富有成效 兢兢业业
	冷漠区 由上至下管理 不愿改变 "事不关己"态度 "只是一项工作罢了"态度 一切按部就班	焦虑区 反对冒险 只关注自我 害怕受到惩罚 点到为止 重视规则 缺乏自信 顺从
	低　　　　　责任意识	高

来源：摘自埃德蒙森的作品，2012。

参与者以小组为单位，将心理安全和责任意识"应用于操作"。他们可以创建单独的话语和/或行为列表来提升环境的心理安全程度，以及高水平的责任意识。

绘制出列表之后，他们需要回到最初的视觉呈现部分，将要素标记为HPS（心理安全度高）以及HA（责任意识高）。

选择具体的教学语言行为

让每个小组制作一张T表，指出教育者可以用来构建积极学习环境所用的具体话语和行为：这一环境下，学生们拥有更多自主权、更好的沟通意识和团结意识，也有更多机会来提升能力和掌控权。

在对积极的学习环境、心理设定理论进行分析和研究、自我决定论的分析和研究基础上，每个团队要至少选择三种对学生的说话方式，三种对学生的行为方式，以改善课堂的学习条件。

要求参与者审视受控动机表以及自主支持表，将形成的表单和这些图表上列出的教学行为相对比。

对预防欺凌的影响

要求小组提出三种改善学习环境的方式，为学生塑造积极的心理设定，可以对预防欺凌产生积极影响。

结论

给教职工时间来反思活动本身。

要求每人写一件愿意尝试改变的事，并/或对当前话语和行为的"资源库"进行补充。

后续工作

团队可以确定哪种方法在改变自己对待学生的言行方面效果最好。他们也可以确定如何衡量学生对自身变化的响应。

在随后的会议上，务必要观察教职工的行为，并分享学生对教职工话语和行为改变所做出的反应。

第二部分
重构预防欺凌体系的过程

对教育者来说，当前的预防欺凌体系是代代相传的，而并非自身的选择，因此帮助他们找到其他方式来看待欺凌问题，可谓重构过程的关键步骤。第七章描述了重构整个过程中奠定基调的三大方针。接下来，第八章至第十章为重构预防欺凌体系提供了八大策略，目的是引导教育者反思并重新设计学校和课堂环境。这些策略搭配有一系列资源、活动和建议。总体而言，这些策略提供了一整套概念和说辞，帮助学校社区的成员就他们对学校的期望和需求开展卓有成效的讨论。

这些策略的目标在于让人们用一些不常用的方式来思考和探讨问题。为了使这些探讨转化为具体行为，这些策略都按照动词的形式出现：描述了社区需要"做"什么或如何实现目标。

有效的变革策略不仅仅在于尝试劝说他人做出改变，而是要为人们看待世界注入新的成分，循序渐进地打破传统的世界观。这些策略一点点打消人们的戒备、激起好奇心、促使人们做出反思，将通常没有什么关联的事物联系起来。这些策略在建立于人们职业中人为要素的基础上，这些要素在人们日常交往和所从事的活动中常常会被遗忘。

这些策略的一个基本假设是人们需要自身的改变。决定改变一个人的想法、感受、言行并非偶然现象，也不是经历一次巨变后的一念之间出现的。改变是人们随着时间推移不断影响彼此的一个动态过程。

另一种指导策略的基本假设是，这种积极改变需要人们更深层次的交流。当人们在互信基础上展开真诚沟通时，可以探索并发现更深处的价值观和信念。当这些信念揭开面纱时，人们可以将其放在桌面上公开探讨，并开始达成一致的价值观和信念，这有别于很多学校所隐藏的设定。这种深层次的探讨奠定了将共有价值观与言行结合的基础。

这些策略设计方向各不相同，但没有完整的实施计划。每个社区必须要设定自身的实施计划，已达成对目标和暂行方案的一致决定。社区也务必要信任自身的能力，对调整和回归正轨展开交流。

我尽了最大努力来实现这些策略的精确定义。如果人们记不住，那么再有效的策略也无从发挥。我尝试尽可能地让其做到押韵，以帮助人们记住这些定义。

这些策略分为三大类：

"心理"策略（第八章）：这些策略关乎教育的德育目标和人文要素。设计的目的是强调一项基本观念：教育关乎人们的互动以及对他人的影响。这些策略应帮助人们探讨一些基本问题，比如我们为何要在这里？我们究竟在做什么？我们彼此的关系如何？

"身份"策略（第九章）：这些策略关乎人们在学校中设想的角色和身份，以及如何影响自身的言行。这些活动的设计目的在于证明人们的言行是如何塑造他人身份的。改变我们对待他人的方式对一个人的言行以及随后的感受、想法和说法有着深刻影响。

"行为"策略（第十章）：这些策略关乎与组织中显著变化相关的具体的、有意图的行为。这些策略为领导层调整人们看待彼此和他人的方向提供了"菜单"。

每种策略的组织形式

每种策略的组织形式包括：

引证

记叙

定义

工作原理

来源

活动

建议

第七章　重构预防欺凌体系指南

"如果你想真正理解什么,那么就尝试改变它。"

——库特·勒温

"那又怎样?现在怎么办?"在阅读本书第一部分后,读者提出的这些问题相当现实。虽然教育者深信预防欺凌体系需要重构,但对如何着手和确定重构方向感到茫然。对此,我的反应与重构的关键概念相一致:如果我为重构过程提供"方法",那么就意味着我否认了对变革的所有了解。

我对此有四种反应:

• 现在,学校已了解如何重构预防欺凌体系并打造更团结的学校社区,也有了相应的能力。

• 与变革能力直接相关的是,相信改变是可能的。学生、老师和家长可以营造团结社区所需的环境,反映出实现目标的宗旨。

• 重构过程需要一种新的方式来思考学校变革,进而得出同校园社区内其他成员互动的新方式。

• 重构是一种过程,而不是结果。需要人们倾听彼此,接受新的观念,付诸努力并敢于面对出现的问题。

该部分剩余内容为重构过程的起步和定位提供了一些指导。也提供了关于预防欺凌书籍中一些不常见的信息和来源。校园社区成员可以参加一些活动,向他们展示一些重构的关键思想和概念,而并非说教。学校可以考虑一些针对重构的特殊建议,不仅针对预防欺凌,而且对学校环境的重构来说也很重要。

我站在社会心理学的角度，透过学校长期参与者的视角提供了一些有用的建议，这些参与者有时间了解并对该研究进行反思。尽管我并非是传播这些概念的最佳人选，但我在学校已工作35年了，我在一些教育者中还是有一些威望的，这些教育者通常因工作而无暇进行反思。他们令我同情也令我仰慕，因此我的工作目的就是为他们提供支持。

重构预防欺凌体系的三大指导原则

这三大原则是成功做出改变的关键，大多数学校在进行改革尝试时都不会考虑这三大原则。（这不是一种批评，而是从多年学校工作中得出的经验）。这些指导原则主要目的在于确保出于善意的教育者在尝试积极改变时，不会反其道而行之，使得问题更加复杂化或传达了与主要信息相反的内容。我希望教育者们能够将这些原则运用在思考、策略和计划方面，用其取代传统的做法，要知道传统做法在预防欺凌上收效甚微。

指导原则1：疑点利益　对基本归因谬误的认知

"请不要过快理解我。"

——安德烈·纪德（Andre Gide）

全面披露：我最初将这一原则命名为"回避基本归因谬误"。我是在教育者研讨会上提出了这一原则，我也就这一错误劝诫了他们。回顾起来，我意识到我自己才是犯错的那个人。回避基本归因谬误是不可能的；这是人类的本性之一。我错误地认为身为专业人士，我们需要有能力避免基本归因谬误；这就好比是缘木求鱼。我告诉他们要远离先入为主的概念；我告诉他们不要试图按照日常生活中的做法得出某些结论或理解这个世界。我没有意识到我自己是多么的无知，直到我回顾了第一次遇到这一概念时的情景——我是在马尔科姆·格拉德威尔(Malcolm Gladwell)的《引爆流行》（*The Tipping Point*）中看到这一概念的，后来我重新阅读了这一段：

我们将个人品质视为一种统一的、包罗万象的事物，这种错误与我们处理信息中的盲区是相似的。心理学家将这种驱使称为基本归因谬误，这是一种解释人类行为的奇特说法，要知道人类总会高估基本性格特征的重要性，并低估情况和背景的重要性。这是一种浓缩。如果我们总有资格评估他人，那么我们会如何理解这个世界？在确定我们是否喜欢、信赖某人或希望提供建议时，我们要面对上千种选择是何等的难？

对基本归因谬误的认知要比期待人们避免它更有意义。很多人通常会将基本归因谬误理解为："给予人们疑点利益"或"减少人们的一些疲弱"。本能上，我们知道对基本归因谬误认知的重要性，因为没有人希望别人在我们状态最差的时候（比如，当我们生病了、疲劳或没有喝第一杯咖啡前）来评判自己。由于我们不希望受到这样的评判，我们通常会暂不评判别人，而是等待更好的境遇出现或某一天能够发现对方状态奇差。犯基本归因谬误也许是我们应用快速思考最常见的例子。

基本归因谬误的认知和应用更多出现在商界，而非学校。由于公司对于顾客确实没有控制权，他们意识到不能只要求人们购买自己的商品或服务。相反，他们相信就算不强迫改变，也可以影响他人。很少有企业会袖手旁观，寄希望于人们能够自行改变来青睐自己；他们知道必须要做些什么来生存和繁荣。明智的公司会分析所有的情况和背景，这些因素影响着人们的思维和行动，然后按照实证研究来应用这些知识设计出一些策略，以影响人们的行为。[这些策略对企业的效果相当好，以致主要研究员罗伯特·西德尼Robert Cialdini在作品《影响》（*Influence*）中提醒公众，要注意这些影响可能被用于操控顾客行为]。

学校没准备好接受基本归因谬误的原因在于他们有权让学生做一些自己不愿做的事。学生不得不上学，教育者在等级制中有着明确的职责和地位，可以命令学生们做这做那。为何有权力的人就可以干涉弱势群体内心的想法呢？当学校已经可以告诉学生们做什么时，研究这些情景或背景为何重要呢？当学生未能遵守命令并有悖于学校期望时，通常会被视为学生和/或其家庭犯错误的标志。很少有人认为这意味着学校没有想到最好的方式来与这些学生建立联系。在《影响者》（*Influencer*）一书中，作者指出，如果无法认识到基本归因谬误，就错失了改变的机遇，"我们认为，人们没有改变只是因为他们不想改变。在做出这一最简单的假设时，我们丧失了做出改变的重要工具"。

尽管在某种程度上可用来改变的工具很多，但这也是一种威胁，认为自己有责任改变学生的老师们尤为如此。因为他们还不知道有很多改变的工具，也不知道这些工具是什么。即使他们知道这些改变工具是什么，事实是，大多数教育者都缺乏有效的技能或经验。因此，教育者并不会探索影响人们行为的环境或因素，而是"痴迷于"利用权力来控制那些心目中需要"改变"的人。在这些情况下，责备那些拒绝改变或不配合的人就安全得多了，可以将拒绝合作归咎于学生性格上的缺陷或公认的无能。

就在适应学校或配合教育者上存在问题的学生而言，凭借我多年的在校经验，我们需要意识到自己会自然而然地犯基本归因谬误，

- 承认我们的感受；
- 控制这种感受；
- 将解决问题的过程慢下来；
- 探索学生周围情境的不同的选择和变化，以及在学校环境下所遇到的问题。

如果我们无法中止自己的评判并意识到犯基本归因谬误的倾向，我们是失败的。在这些情况下，我们很难找到站在学生角度来改变环境和条件的方法；相反，同学生乃至他们父母的争权夺利会愈演愈烈。

学校为何通常无法认知欺凌的基本归因谬误

有时候欺凌行为如此令人厌恶、造成巨大破坏、并显得如此难以解决，以至于教育者在探讨学生为何违背基本的礼貌时，很容易犯下基本归因谬误。教育者也承受很多来自法律法规和大众的压力来阻止欺凌，因此他们认为自己需要加快这一过程，并更加准确地理解驱使所有校园欺凌行为的社会动因。如我之前所述，保证学生安全的核心情绪应驱使所有教育者做出行动，但当这些需要解决问题的情绪同时运作时，问题通常无法解决。

比如说，第一章中校车事件的欺凌模式如下：

这一行为令人感到恐惧；学生犯下了"恶行"；他们的父母有罪；唯一阻止他们再这么做的方式就是施加严厉的惩罚。这种模式一次次在学校出现，而欺凌发生率也持续居高不下。

如果人们无法认识到基本归因谬误在诠释和理解欺凌方面起到的关键作用，欺凌问题将依旧令人恐慌而束手无策。这种问题就需要"慢速思考"或受控反应，使人们对社会、心理和发展性因素对学生与他人互动的影响做出更加透彻的分析。这种解决问题的方式最初可能会造成一些不确定性，但要比一些让人感到舒适、熟悉，但效果不尽如人意的方式强很多。

欺凌：一种环境和背景的产物

欺凌这一问题，在理想状态下可以用基本归因谬误概念来审视。欺凌这种行为高度依赖于涉及的每个人以及外部和内部的环境。大多数情况下，欺凌都并非故意要伤害某位独立于社会背景的个人。欺凌通常是做给旁观者看的，或只是一种意图改变某人社会地位的方式。研究一致证明，最有效减少个人欺凌行为的手段在于寻求改变境遇的社会动力，尤其是改变旁观者对欺凌的反应。这恰恰是基本归因谬误背后的社会心理概念所呼吁的：不再将原因归咎于性格问题，而是转而关注事件所在社会背景的内部和外部环境。大多数政策和手段因依赖对欺凌者的干预以及试图通过外部控制（比如奖惩措施）来改变其行为，因而犯下基本归因谬误。

学校和预防欺凌的当前设定深刻影响着学校对问题解决途径的看法。基本归因谬误需要掌权者探讨影响人们做出某种行为的环境和因素（看见的和看不见的）。当前的工厂/严父设定——学校的命令和控制架构很容易打消对环境的探讨，将其视为人们对行为不负责任的借口。这种设定的底线或命脉在于人们做什么或不做什么，而不是可能影响其行为的因素。

如果人们服从，系统（当前设定下的学校）就会正常运作，而反之则无法运作。人们需要配合这一系统；他们是需要改变的人。大掌权者使用权力来让一切回归正轨。一切都不需要另行探讨，不应该将视线从系统运作上移开。在这种体系下，问题首先就在于偏离正轨，一旦偏离，掌权者就会感情用事（通常是愤怒），很有可能将问题归咎于不愿配合者。违背规则或法律者之所以这么做，就在于其性格缺陷或教育问题。由于一个人的性格和成长经历基本无法改变，掌权者会对弱势群体感情用事，将存在问题的学生视为一块"顽石"。因此，唯一办法就是利用权力来改变需要改变以及难以改变的学生。

一个未能意识到学校基本归因谬误的例子

下面是一则校园故事，证明了未能意识到基本归因谬误是怎样在充满善意、兢兢业业的老师以及少年儿童之间造成争权夺利的，这些孩子基本上没有意识到自己会轻易受到来自内部和外部的影响。

我曾注意到一名一年级学生存在行为问题。这名学生的身份很明确，连同龄人也了如指掌——老师的眼中钉。他很容易受到别人的欺负，随后又会通过欺负别人来进行报复。就他为什么这么做以及做了什么，老师表示很无奈，也很迷惘。他在老师的教学中极不配合，因此老师几乎无法透过这位学生的视角来看待这个问题。她只能将其视为影响全班其他同学的大麻烦。她认为原因在于该学生不尊重自己，而这种不尊重又是由于缺乏教养造成的。他成了一块无法改变的"顽石"。

我在某节课上碰巧看到了他，当时他在就一次学校大会进行绘画和写作，这对他来说很有意思。他在这节课上表现很好，和其他学生一样努力完成任务。下课后，他和其他学生打算去吃午饭，但我把他叫到身边，问他对自己在这节课上的表现有何感想，而他的老师就坐在我旁边。他低下头，说自己表现不好，因为自己犯了一个错误（他不得不擦掉一些字，并重写）。老师听到他负面看待自己积极的学习经历很是惊讶，明确表示自己没有要求他不犯任何错误，只要尽力就好了。她对自己的话深信不疑，但很明显这位学生并不这么想。他认为成功意味着不犯错误；这是他在课堂环境下日常交往中学到的。

这一现实生活中的例子指出了一些重构预防欺凌和课堂互动的重要问题：

- 学生按照快速思考认为老师希望自己能不犯错，以此得到老师的赞许。他默认接受了这种期许，并按照这一标准对自己的表现进行评估。
- 如果在他眼中，就算尽力也认为不满意，那么他没能按照期许来表现时，又会怎么想呢？
- 他的行为透露自己十分渴望好好表现，他并不是下意识决定自己不配合或不尊重老师，而是出于对表现不好的忧虑和恐惧。
- 他不配合的行为很大程度上受到了对老师和自身想法的影响。
- 如果他对自己表现的看法是负面的，只是强调他在这堂课上的积极表现并没有什么帮助；反而会给他造成更多困惑和焦虑。
- 讽刺的是，这种行为问题的影响主要来自自身想要好好表现、取悦老师以及获得其他同学的接纳，而不是要反对或不尊重老师。这种想要好好表现的愿望，加上自己缺乏对好好表现、不犯错误的自信，使得自己愈发焦虑、不安，从而造成反抗、冲动和意外行为。

- 我们通过审视他身处的环境可以找到问题的"答案"。当他面对自己的强项和兴趣所在的任务时，行为就会得到改善。而如果这一任务不造成威胁，效果也是如此：对失败和惹恼老师的恐惧得到缓解。
- 无法意识到犯下基本归因谬误的倾向为日后的欺凌创造了条件。存在问题的学生会蒙受耻辱，被视为虐待的潜在目标，这在学生们心目中是理所应当的，因为他不听话，给老师和整个班级造成了麻烦。

信任是意识到行为中基本归因谬误的积极产物。如果我们换一种视角来看待他人，用有悖于第一印象的方式来交谈，就会改变自己对对方的初步判断和草率的结论。比如说，这则事例中的老师如果意识到学生们希望自己好好表现，并花更多时间来发现他对学校和自身的看法时，就不会简单地认为他的行为缺乏对自己的尊重，也就不会责怪他的父母。当我们意识到我们在对别人草草得出结论前，需要对他们的言行更加包容时，我们就能避免将其所作所为归咎在性格上。相反，一旦我们对某人的性格加以正面或负面评价，就会忽略有悖于我们自身看法的其他言行。如果我们在关键问题上犯下基本归因谬误，"我已经心知肚明了，不要再拿事实来迷惑我。"

社会心理学研究途径与行为方式

传统意义上，学校会在恰当的时间按正确顺序安排一套先行行为和后继行为，以此来减少某些行为并鼓励其他行为。因此，在很多方面，行为方式和社会心理学方式都很相似，因为二者都考虑了环境和背景问题。主要差别在于这种心理学方式拓展了人们心目中出现的环境变量——这是无法看到或直接观察到的。人们对自身的想法是影响行为的因素之一，而这些因素我们无法看到，只能推测。社会心理学方式在某种程度上可以帮助分析环境因素，以看清在面对问题时人们内心的想法。在社会心理学视角下，介入面对问题学生的个人或团队会站在该学生的角度来看待世界，也会考虑在当前环境下需要做些什么。

社会心理学研究途径将个人行为归因于此人对他人、世界以及自身的想法和感受，而不只是将行为视为对外部环境正面和负面强化的反应。正确推断一个人内心的想法并不容易，但这么做绝对值得。比如说，某位学生可能认为自己是局外人，与班级的其他学生没有关系。这种归属感缺失会引起当事人很大的焦虑，通过各种各样不合时宜的行为展现出来。如果教育者改变这种情况并帮学生找到归属感，该学生就会改变自己不好的行为。认知基本归因谬误意味着教育者要坚持尝试找到学生需要什么，并避免将问题归因于这名学生或一些可察觉到的环境因素上。

回顾校车助理和中学男生事件，媒体没有人意识到基本归因谬误，因此明确将该问题归因于学生，认为他们在道德上存在缺陷，父母疏于管教。由于他们已经这么"坏"了，他们吸取教训或改正的唯一办法就是承受严厉的惩罚，并接受谴责。他们因自身原因而受到了惩罚，人们并没有帮助他们理解自己的所作所为或为什么这么做。

因此，学生是非常弱势的群体，如果成人无法意识到自己容易犯基本归因谬误，也意识不到自己会草草得出对学生的负面结论，这些学生会相信这些结论以及对自身性格的评价。很遗憾，成人所犯的基本归因谬误融入了学生的身份意识，也决定了他们在这种身份下的所作所为。

为防止在学生的性格上犯基本归因谬误，成人要努力用积极的心态看待性格，拒绝将问题归咎于学生的性格上。

行为方式关注人们的可见行为以及周围的环境因素，而社会心理学研究关注的是人们对自身以及世界的想法、情绪和看法，并将其言行解释为这种想法、情绪和看法的表现形式。

基本归因谬误的实验证据

最能证明问题原因在于情境因素而非固有特征的例子莫过于对成见威

胁的研究。该研究有力证明了在评估某个问题时充分考虑隐藏要素（而不是认为问题在于某个人本身）的好处。

该研究证明，在一项智力测验中，仅仅替换一个词就可以造成显著差异。在该研究中，少数学生参与了一项直观的智力测验。一组学生被告知这是一项没有明确目的的智力游戏，而另一组学生被告知这是一次智力测验。参与"测验"的学生成绩明显低于参与"游戏"的学生（测试内容是一模一样的）。成绩差异代表了少数群体学生和其他学生之间持续存在的成绩差距。在这种情况下，少数群体学生在测试中成绩不佳并非因为能力存在缺陷。原因在于一种隐含的内在环境，与他们身为少数群体的身份意识相关，而这就为他们参与测试施加了压力。"测验"让他们心生恐惧。他们无法正常发挥自己的水平，只能接受附加的压力来证明或反驳文化中存在的成见。"游戏"代表不需要恐惧，学生们能够将自身表现同少数群体的身份划分开，这样就放下了心理压力，表现也就和其他学生一样优秀了。另外，其他学生的表现无关于叫作"测验"还是"游戏"。证明很多情况下这种成见威胁对人们表现有着深远影响的研究数不胜数。

旁观者行为与基本归因谬误研究

我的一位高中同事告诉我，有一次一名高中生从他的班级中走出来昏倒在地上。他身后的学生陆续离开教室，有的从他身上跨过，有的则绕道离开。最后，这位老师来到他身边，查看后发现没有大碍。这一幕被一台监控摄像机录了下来。教职工们看到此视频时大感震惊，对如此多的学生视而不见感到失望。

起初，他们疑惑这些学生为何如此麻木、冷漠，对于明显需要帮助的同学漠不关心。

我的同事并没有对这些学生做出评判，而是与他们单独了解情况。他们表达了自己对该学生的关心，以及对没有提供帮助感到懊悔。他们都表示回想起来自己是愿意帮助的，对于没有按照意愿提供帮助感到懊悔。他们没有提供帮助的原因包括：

- 认为他只是在开玩笑；
- 不确定怎么做；
- 不知道能否帮得上忙；
- 认为老师会替他们帮忙，也知道怎么做；
- 事情发生太突然而不知所措，只得顺其自然。

这些回答反映出第四章中旁观者所犯的错误。这是一些限制性隐藏心理要素，阻碍了学生伸出援手，而在某种程度上他们是希望帮忙的。这种想法和感受与事件背景有着紧密联系。

- 如果学生摔倒在操场上而没有大人在场，他们可能会有不同表现。
- 如果他们受过急救或危机处理培训，他们可能会有不同表现。
- 如果对自身的角色和责任有着不同的意识，他们可能会有不同表现。

探讨人们通常没有帮忙原因的研究数不胜数，对没有在现场的人来说，提供帮助看似是如此简单而明确。在审视旁观者面对欺凌的行为时，有一些细微的情境因素可能限制或促进人们的行为，这些人通常心怀好意，也有着良好的品质。对所有校园社区成员来说，理解基本归因谬误是解决旁观者行为错误之关键。

另一项研究表明，只改变学生对其他学生怎么想（一种不可观测变量）的看法减少了学校的欺凌概率。在帕金斯、卡拉格和帕金斯（Perkins, Craig, and Perkins），在2011年对中学生进行的一项研究中，研究员假设如果媒体大量报道欺凌事件，公众意识明显增强，那么学生所认为的欺凌概率以及赞同欺凌学生人数要比真实情况高出许多。

他们询问了学生们如何估计欺凌在学校中的实际发生率，以及他们对于欺凌的看法。研究员们正确假设了学生估计及对欺凌的赞同与对欺凌的实际态度之间存在天壤之别。干涉手段包括将实际调查数据张贴在学校周边的海报上。比如，他们公布了如下数据：

- 大多数中学生（90%）认为学生应尝试对与众不同的学生保持友好。
- 95%的中学生表示学生们不应戏弄他人、辱骂他人或散播关于其他学生的坏话。
- 94%的中学生认为学生们不应推搡、脚踢、殴打、绊倒其他学生或揪对方的头发。
- 90%的中学生认为学生们不应威胁要殴打他人，即使他们实际上没有殴打对方。
- 大多数中学生（四分之三）不会排斥某位成员，使其感到难过。

作者总结了其研究结果：

前期/后期干预结果对比表明，同龄人欺凌事件和对欺凌持赞许态度的比例大大下降，而个人欺凌和伤害行为明显减少；学生们越来越支持将校园和家庭欺凌事件报告给大人。学校中欺凌现象的减少程度同海报信息收视率紧密相关，这些海报给出了初试调查数据中得出的实际对等标准。经过一年半的干预后，学校信息收视率最高的学校，欺凌情况的变化比率最高（约为17%~35%）。结果表明，社会标准干预在帮助减少高中欺凌现象方面很有前景。

该研究中，欺凌和欺凌报告的改善程度最为突出，只需要纠正学生对其他学生怎么想的看法。（并没有实施预防欺凌项目或召开动员大会来劝告学生不要欺负别人。）学生并没有因没有欺负别人和/或举报欺凌而受到奖励；他们只是明白了现实情况。一旦他们意识到大多数学生并不赞成欺凌，就会获得足够的社会安全感，以按照真实的想法行事。当学生不再受到误导，对受到排斥的恐惧就会消除，因而展现出正面个性，成为敢于挺身而出的旁观者。

既然研究表明了这种省事而省时的干预手段可以产生显著的积极效果，学校何不采取这一方式呢？该研究证明了如何纠正旁观者行为中最严重的错误。如果学校依然沉溺于旧有设定，不承认社会心理学的概念对学生起到的约束作用,他们怎可能接受并使用一种建立在这些概念基础上的干预手段——即使其行之有效呢?

对认知基本归因谬误的建议

尽管依赖明显言行的行为取向是当前心理设定的默认方式,但对社会心理学解释和干预手段效果的实证研究不容忽视。近期大多数数据表明,对于其他行为可能有效的行为方式并不足以解决欺凌问题,这一事实更加证明了这一点。

为了解基本归因谬误在预防欺凌中所起的作用,学校可以:

1. 确保所有教职工了解基本归因谬误研究,尤其与欺凌和旁观者相关的内容。

2. 允许成员就欺凌或任何问题以感受的形式表达最初想法,但要确保不把这些反应当真或视为最后的结论。

3. 承认人们需要短暂的时间来表达沮丧、愤怒或找人发泄情绪。

4. 允许发泄,但要确保人们能够理解,而且不能在决策过程中进行发泄。

5. 不要让情绪(即使没有意识到)引发一系列听起来不错的行为,但都是急于求得答案和解释驱使下的草率判断。

6. 意识到负面行为更容易引起注意和强烈的情绪,这种情绪扭曲了学生行为并导致对该学生的误解,使人们谴责其欺负他人。

7. 鉴于初始感觉可能造成对学生的负面评判,我们希望赋予学生疑点利益(在没有相反证据之前给予肯定判断)。使基本归因谬误能够反映学生的正面品格。

8. 寻求解释并探索学生出现某些行为的原因。确保在过程中能意识到对这些变量的探索更能带来改变,而并非要改变他人的性格。

9. 意识到我们都倾向于犯基本归因谬误,这样可以缓解教职工对学生行为的恐惧，取而代之的是对学校社区成员的希望和信赖。

10. 强调通过探索环境以及行为背景可以提供更多选择，而不要直接改变学生的行为。

11. 模拟造成基本归因谬误倾向的过程，并构建模式来避免因基本归因谬误造成的误导决策出现。

"疑点利益：认知基本归因谬误"指导方针总结

基本归因谬误这一概念对于提出有意义、行之有效的应对欺凌策略（也应用于基本校纪）来说至关重要，学校社区的每名成员都要熟知这一概念，并理解其对于解决校园欺凌的意义。对基本归因谬误的了解以及实证研究是重构的关键所在。理解这一概念也可以为很多教职工反思自身角色"打开希望之门"，这些角色是在严父/工厂设定下无意识形成的；这种设定普遍作用于各个学校。

指导原则二：改变实践事半功倍

理解改变是变革的关键

了解改变的过程可以帮助人们做出改变（事半功倍）。由于指导方针中所探讨的基本归因谬误是改变的关键，那么了解并理解可以帮助人们将改变付诸实践。当学校社区的全体成员都了解并有意将改变付诸实践，那么很多重要概念和技巧可以帮他们做出积极改变。如果学校社区的全体成员都了解了更多关于改变的知识，学校本质上就会开始改变。

了解变革过程并将其转化为实践可以在解决真实而复杂的学校问题上取得显著成果。当我读完詹姆斯·索罗维基（James Surowiecki）的作品《群众的智慧》（*The wisdom of crowds*）后，我所在学校（我是校长）的教职工对一个关键问题——年度秋季开放日——达成了共识。

我们尝试将传统的夜间开放日改为白天进行。两年里，我们尝试让学生和家长共同参与开放日，而父母可以在正常的上课时间来校参观。大部分家长都赞成这种方式，尽管他们不得不请假，这也是不便之处。尽管一些教职工一开始对此感到犹豫，但两年之后，几乎所有成员都很喜欢这种方式。然而，依然有相当一部分的家长认为让他们请假来学校参观是一种负担。

就白天和传统的夜间公开日之利弊进行探讨后，我们的教职工明显划分为白天和夜间两大派别。随着我们讨论的深入，两大派别的对立越来越突出。大家在两种选择上争执不下，每个人对于这一棘手问题感到愈发焦虑，生怕自己的一方最终输给对方。

当我感受到大家的目光转向我来做出最终决定，宣布胜方和败方时，我决定重读《群众的智慧》第九章。两派所面对的关键困境在于如何解决分化问题，使两派能充分发挥自身做出明智决断的潜力。个体成员的意见和想法分歧越大，最终决定的质量就越高。即使不同小组得出了"群体思维"（每个人最终选择了少数人的想法并做出决定），但结果是错误的，不足以解决问题。

由于众人无法利用诸多看法的多样性及信息（可能有助于做出更明智的决定），因此决定往往不令人满意。

索罗维基强调了可以影响决策质量的关键变量：

• 情感最诚挚、背景信息最多、兴趣最浓厚的个人对于其他成员有着深远影响；

• 在会议上，人们的发言顺序也会影响其他人的思考；

• 发言最多的人们对于发言较少者所做决定有着较大影响。

群体决策的过程对于任何有意义的变革举措都是至关重要的，因此卡曼（Kahneman）得出了如下结论：

为了从诸多来源中提取最有用的信息，你应该试着让这些来源独立于彼此。这一过程充分利用了知识多样性和群体意见的优势。公开讨论的标准做法更加突出较早、自信发言者的意见，造成其他人一味跟风。

关于了解管理决策变革过程的重要性，卡曼在其著作的最后一页评论道：

组织至少也要提供一组独特的词汇，来鼓励一种文化——人们将彼此视为进入"雷区"的指南针。提升决策效率还有很多办法，最突出的当属对主持高级会议的关键技巧进行系统性培训。

改变：从理论到实践

在《群众的智慧》一书基础上，我决定按照心中的要点构建这次教职工大会。我也意识到一些人如果觉得在大家面前会质疑自己而害怕在会议上发言。我为会议提出了一些基本规则和章程，询问大家这些规章是否公平，并得到了肯定答案。

下面是我所做的努力：

• 我明确指出这次会议的目的不是做出决策，而是收集信息并确保每个人都能表达心声。

• 我要求参与者各自进行反思，于开始讨论前将想法写在纸上。

• 我将全体成员分为几个小组，并指定记录员，工作是聆听每个人对问题的想法并记录在纸上。

• 我设定了一套基本原则，人们提出的想法不会受到质疑。在每个人分享想法而不受到质疑的情况下，大家可以对话题畅所欲言。

• 我指出，决策小组要研究群策群力以及对整个群体的思考，之后得出建议反馈给全体成员。

一旦安全与合理的程序投入运行，会议会进入有序状态，紧张感也随之消除。我们收集了很多之前没有发表的优秀意见。一些之前较为沉默的人也会发言，他们的想法很有见地。大家发现父母夜晚来校很方便，而学生则可以在白天参与，并没有像最初看起来那样互相排斥。

小组决策团队应用了来自集体起草的方案，将传统的夜间开放参观时间从晚上七点调整至晚上六点。方案要求学生晚上陪父母一起来，学生单独活动，而父母有时间与老师在一起，但也安排时间让学生、家长和老师一起在教室里活动。我们发现这样一来结合了白天和夜间开放参观的优势。所有成员同意新方案，而且也收到了来自父母的正面反馈。

需要克服的两大障碍

上面这则例子证明了如何将一个小小的理论应用于群体决策的改变过程，表明变革需要克服两大障碍：

- 当学校进行改革时，喜欢用"什么"代替"怎样"。校领导倾向于告诉教职工"我们需要进行改变"，然后就撒手不管了。有效的变革需要投入时间来涉及变革的过程，确保变革影响下的每个人都能理解，对变革过程有所贡献。

  就预防欺凌而言，很多项目或培训重在教导师生有关事实、概念和程式。只是了解欺凌不足以让变革生效，从而影响人们对待彼此的方式。学校总是设想任何主题的知识都能改变一个人的习惯和交往模式。一种并行假设是，让某人了解一项运动的历史和规则，然后期望他能在赛场上大获成功。

- 教育者一般都会避免就某争议话题直接交锋。教育者大多数工作时间都是单独与学生相处，他们拥有着绝对的控制权。当他们需要一同工作时，会害怕注定要出现的冲突。他们缺少建设性探讨差异的技巧，因此一旦有了负面的冲突经历，就会共同回避可能出现的冲突。很多教职工在应对问题和冲突上遇到的困难都是大家携手并进的主要障碍。他们在教室里可以关起门来掌控自己的学生，这样很让人满足。他们可能遵守有关欺凌的项目，但很少甚至从不努力理解问题，并承担起改变学校文化规范的责任。

预防欺凌的启示

预防欺凌可以很容易从一个十分复杂的问题简化为学校不愿意做出积

极改变。学校也许很乐意（通常是不经意间）出台某个项目或课程，以此来逃避面对和探讨当前文化及氛围下更深层次的问题。

在出台乃至建议变革措施前，了解并探讨变革过程的简单决定对于学校解决问题来说有着显著影响。学校愿意坚持努力或学会吸取失败教训与否决定了学校能否做出改变。

变革指南

关于个人和群体变革有很多宝贵的、优秀的参考资料。本书每一章都引述了一些小小的示例。三种组织变革的方式强调了正确的变革可以带来最好的结果。这并没有特定内容。它们不会促进任何类型的教育规划或教学方式，而是为个人交流提供条件，从而带来持续发展与提升。

由于社会心理学研究已经证实，即使最细微的情绪都能激励和扭曲思维，因而收集更多信息并确保尽可能包含所有观点，对于有意义的变革或重构来说是不可或缺的。（想想对于任何人或组织来说，相信自己是完全正确或完全错误有多容易吧。）任何学校领导或领导班子如果想要建立规划和决策的流程，就要探索以下或其他现有的成功案例，以促成积极的变革。

1. 欣赏式探寻

欣赏式探寻也被称作AI，是通过关注组织中正确的或有效的做法来实现变革的一种过程和体系。AI可有意避免典型的讨论方式——分析问题并提出解决方案。主要用于商业，但也可用于校园。科佩利得和惠特尼（Cooperrider and Whitney）给出了实践性定义：

欣赏式探寻是一种合作式、协同进化的探索过程，探寻人类、组织以及世界的精华。涉及系统性探索组织的生命力，在经济、生态和人类语言上最为有效。AI涉及艺术和无条件询问积极问题，以加强一个体系理解、预估以及挖掘积极潜力的能力。AI假设每个组织和社区的积极性都未受损，有着积极的一面。AI将核心知识和能力同组织或社区的变革日程直接相关联，而一些看似不可能的改变也在潜移默化中实现。

欣赏式探寻的过程涉及变革组织的全体成员。这一过程使人们可以更好地理解彼此、信赖彼此，并重视每个人对于组织进步的贡献，而不会花费过多时间或经历来关注错误或需要纠正什么。在这一过程中，所有个体都得到肯定、鼓励和动员，携手并进，共同努力。

2. 适应性校园

罗伯特·噶姆斯顿和布鲁斯·威尔曼（Robert Garmston and Bruce Wellman）提出了"适应性校园"的概念来帮助学校提出有效、实际的想法和概念，用于交流、协作和决策。这为所有校园社区成员提供了培训项目以及后续辅导，为合作、章程和礼仪制定有效的规范，提升了会议和解决问题的效率。这一概念也为有效倾听、强调释义和有效对话与协商提供了技巧培训，提供了多种会议结构，允许差异存在，按照积极的、建设性方式来加以讨论。网站www.thinkingcollaborative.com/seminars/adaptive-schools-seminars/总结了工作成果：

让参与者不只停留在专业的学习社区这一想法上，而是重在实践，为教职工群策群力提供了具体方式，帮助提升成员技能，领会原则来参与团队和个人进步的良性循环。适应性校园是专业学习社区的"方式"：如何以群体的方式行事、如何领导他人、如何帮助他人提升领导力、教育能力和学习能力。

如果学校想要像一个社区一样成长，需要意识到不能将有效交流想当然，或只是把人们聚集起来就期望他们能有效制定规划并做出决策。适应性校园提供了一套工具和程序，所有个体都可以使用并受益，以携手解决问题并制订出改善学习环境的方案。

3. 培训

重构预防欺凌体系关乎将学校权力结构由权力集中转移为权力共享：培训是将这种转移付诸实践的关键。

在《培训的艺术：学校转型的有效策略》（*The Art of Coaching: Effective Strategies for School Trans-formation*）一书中，埃琳娜·阿基拉

（Elena Aguilar）为培训提供了一条简洁明了的定义：

培训是一种专业培养的形式，可以最大程度地发掘人们的潜力、激发能力和技巧、打造强大的团队、培养同情心并打造情绪控制能力强的教师队伍。培训本质上是人类最擅长的一种方式。

培训为传统的管理方式和对个人表现的评估（改变他人的主要方式）提供了新的选择。培训意识到所有人都热爱学习，都有提升的空间。培训的基础在于积极的设想：人们希望学习、希望做最好的自己。培训在本质上，与人们为了学习而需要被控制或激励的概念相矛盾。有效的培训为人们构建一种积极、互信的关系，作为持续学习的基础。随着教师培训的经验增长，他们的教学更能反映出培训的原则和思想。

培训类型多种多样（认知型、领导型、指导型、内容型、生活型等等），但都建立在阿基拉定义的设想上。每种培训方式都很有效，可满足不同需求；但我认为吉姆·奈特（Jim Knight）的作品对于阐明培训对于积极改变的作用非常有帮助。他为阐明这一理论提供了明确而有效的原理，研究了人们如何将在教育实践中进行变革。他提出了五种帮助原理，作为一种变革的变量或条件，可以使人们不再将问题归因于个体的性格，换句话说，是识别并避免基本归因谬误的有效手段。

奈特的五种帮助原理包括：

1. 人们常常并不知道自己需要帮助；

2. 如果人们感到"处于下风"（即感觉自己是弱势者），他们会拒绝帮助别人；

3. 认为批评是针对自己；

4. 如果有人为自己考虑得很周全，他们会拒绝；

5. 人们不会受到他人目标的激励。

有效的培训可以理解这些原理，因此，人们经过培训后可以发现、接受并致力于自己想要做出的改变。培训是一种重构"变革"的过程，由"你现在做得不够好"变为"你现在做的事是今后好日子的基础"。培训帮助人们在不"丢面子"的情况下做出改变，也可以帮助人们在没有感受到变化或受控的情况下做出改变。

重构预防欺凌体系关乎帮助校园社区全体成员理解一大目标——改善人们对待他人的方式是每个人要面对的积极挑战，而不是对未能尽善尽美的一种指责。

指导原则三："挽回面子" 实践中的自我肯定理论

> "当你来到一个岔路口，走就是了"
> ——尤吉·贝拉

教育者对于所有提供专业培训的人来说，都是要求很严格的"观众"。我最早发现，给一群教育者做演讲极具挑战性，因为他们也会为其他人提供专业辅导。当站在这些人面前，我很尊敬地表示"我不是专家"，他们才是专家。我的任务是帮助他们反思自己的知识，帮助他们将理论转化为实践。演讲结束后，很多人的反馈相对直言不讳：既然你没什么新鲜的知识提供给我们，为什么要浪费大家的时间呢？

铭记这些反馈，第二次站在同样一群人面前时，我的发言会更加自信。我再次得到了直言不讳的反馈：你以为自己是谁，告诉我们你知道得比我们多。等下次我再站在他们面前发言，我似乎都不知道该说什么了，直到我意识到自己选择说什么和怎么说并非要表现自己有多专业或多不专业，而是要理解他们传达给我的信息。经过深思之后，我将传达给我的信息总结为两种态度：

- 帮我在工作上做得更好。
- 不意味着我需要在工作上做得更好。

参照尤吉·贝拉对岔路的建议，我真实的选择不是哪种陈述，而是我能否同时接受这些说法。接受这些说法是对评论的一种过滤，可以按照他们能够接受的方式塑造我的信息：我需要可靠、坦率、诚恳，而且不能自吹自擂或夸耀自己有多专业；这就是"来到一个岔路口"的寓意。实际上，我发现（所有校领导最终都希望与下属们建立联系）这种"岔路"指的是社会心理学中所谓的自我肯定理论。

自我肯定理论是一种心理学理论，最早由克劳德·斯蒂尔（Claude Steele）提出，前提是人们有动力维系自身的完整性。自我的终极目标是保护自我完整、讲道德和得体的形象。

整体看来，完整性定义为对自我感觉良好，而"适当"这个词是指符合特定文化规范以及当前文化下对人们凸显的要求。

这种理论只是描述奈特提出的五种帮助原理的另一种方式。人们希望改变，希望别人知晓自己愿意改变和成长，但不希望别人决定自己需要怎样的改变以及怎样进行改变。

自我肯定理论也提醒教育体系下的所有人，"自我"不能被搁在一边，否则事实（"诚恳的反馈"）就会忽略人们的感受，直接影响到人们的理性。我听到过很多校领导满怀期待地表示，收到反馈的人不应认为这是针对自己。这种想法就是愿望式思考的缩影，因为学习是一种人文阅历、自我本能、个性和感受的要求，在与人打交道时，客观上决不能忽略。当提议改变的人比接受提议的人权力更大时，情绪起着主导作用。如果收到的信息否定对自身的积极看法，也就触及了底线，人们会抵制、引开或将这种信息转嫁给别人。

自我决定理论也解释了为何预防欺凌要强调负面信息，认为欺凌者有着坏心眼，从而在实现预防欺凌的道路上南辕北辙。即使对恶性欺凌事件最有责任的人面对他人的控诉、评判和谴责，也只会辩解或否认自己的行为。让这些人为自己的行为哪怕承担一丁点责任的唯一方式是给他们"留面子"，即将他们的行为解释为一种失误，而不是性格或人品的体现。

自我肯定理论也解释了面对校领导关于阻止学生欺负他人的讲话和劝勉，很多教育者做出的反应。他们通常认为这种谈话暗示自己目前在防止校园欺凌方面做得不够好。这种暗示让他们难以接受。他们选择的职业很高尚，宗旨就是帮助孩子们，怎么会没能保护好他们呢？这种暗示无论多么细微，不仅会被当作一种批评，也是对自己缺乏最基本责任意识的控诉。当某位在校生用自尽的方式结束自己的生命时，大众会将矛头指向教育者，认为他们在保护学生生命方面失职、无能。如果质疑教师的师德和他们做人的标准，这是最让他们无法接受的。这也是面对强制实施的政策、项目和上层施加的严格控制，教育者为何会回避（明显或暗地）的愿意。

"留面子"的建议：实践中的自我肯定理论

我将"帮我变得更好，但不意味着我需要变得更好"转化为对教育者的如下说法：

- 教育者的工作不容易，表现都不错。肯定并赞扬他们的能力，使他们更有可能在实践中做出积极改变。
- 教育者希望做得更好，并没有领会到否定自己的暗示。
- 教育者不希望被纠正，也不认为自己需要纠正。
- 教育者更愿意在成功的基础上努力，而不是从零开始。
- 教育者很关注自己做什么，为了好好表现而承受着巨大压力，不愿意把时间浪费在自己认为帮不上忙的事情上。必须肯定他们关心他人的意愿。
- 教育者需要信赖提议改变的人，相信他们是为了帮助自己而非控制自己。
- 教育者希望多一些选择，能够自主决定需要怎样的改变。
- 教育者对于批评很敏感，如果暗示他们是学校惹上麻烦的根源，会加剧这种敏感。
- 如果改变的想法很有意义，教育者认为对自己有帮助，那么就会很热情地接受这种想法。只需要按照正确的方式呈现。

选择"岔路"意味着传递的信息是接受并强调这种心理设定（帮我变得更好，但不意味着我需要变得更好）。也就是将内容（新的想法或改变）放在一个可以接受的方案中，然后去除所有批评，取而代之的是认可他们已经取得的成果。

如果他们犹豫是否做出改变，校长和行政人员就很容易忘记为改变提出正确的方案。很多行政人员感受到教育者的不配合可能造成信息无法传递，而并非是墨守成规或不愿接受新思想。提出正确的方案，方案内容就更可能被接受。

为改变提出正确方案有很多方式。

• 为教职工就需要改变做出合理解释，打消认为问题不该出现的想法。很多教职工没有意识到欺凌是在成人监管下出现的（我指的是学校盲区下出现的欺凌）。无法阻止欺凌并非因为缺乏关爱或能力不足，而在于欺凌本身就是一个复杂而难以捉摸的问题。之前没有好好理解这个问题不是任何人的过错，而且教职工也没有经受培训或获得资源来有效解决这一问题。

• 明确解决欺凌问题有很多有效的方式，不同于学校用来解决其他问题的传统方式。再次声明，欺凌不是某个人的过错，切换方式也需要一定时间。不应期望教职工能够依靠自身找到解决方式。既然了解了更好的方式，教职工可以携手决定如何应用新方法效果最好。

• 确保教职工、校长、行政人员和全体人员共同面对这一问题。很多时候，校长也会扮演中层管理者，执行由区域办公室、学校董事会或国家政策决定的变革方案。给一个已经盛满的盘子继续增添食物，就好比教职工目前遇到的障碍。这种障碍既会让一个团队分崩离析，也可能让其更加团结。表达需要帮助不意味着软弱；这象征着诚恳、坦率和尊重。

• 不要装作很简单或"没什么大不了的"。有时候为了让变革更容易被接受，校长需要让其影响显得低调。尽管你想要避免"我真倒霉"的心理，但承认困难以及变革的影响可以体现你的同情心，并强化"我们共同面对"的心理设定。

- 尽管教师们不得不接受变革，但也要想方设法为他们提供选择。决策过程更多考虑教职工的感受，增强他们的主人翁意识，并对变革的运作原理提供更多的反馈。
- 利用团队来改变团队。不要担心想法能否广为接受。校长没有职责照顾到每个人。如果教职工参与到决策过程中，对于决策实施有所想法，那么就会更有动力去考虑他人。
- 进展缓慢没关系。要明确变革不是一蹴而就的。教职工要参与到决策中来，将变革分为多个阶段。要向教职工明确，目标是进步而不是完美。
- 确保教职工知道变革尚为"半成品"。让他们知道需要反馈来修改、调整和矫正变革过程，使其不断完善。明确变革是一种过程，重点在于学习而不是表现。
- 安排具体的时间一同核实变革的进展。有位校长曾多次表明员工需要机会来提出反馈，但却未能提供时间。有了具体的日期和时间，员工可以提前知晓自己的投入是值得的。
- 应用"麦当劳午餐"策略。我的儿子告诉我曾读过一篇有关"麦当劳午餐"的文章：一群人商量去哪里吃午餐，有人提出要去麦当劳。由于几乎所有人都不愿意去，大家纷纷提出建议，最终选择了一个更好的地方。有时为了抛砖引玉，确实需要先提出一个方案；一位校长可以这么做，但要明确这个方案应用了"麦当劳午餐"策略。这向教职工表明，提出反对是很安全的，可以引出其他更好的意见。
- 让变革成为教职工一种"熟悉"的惊喜。找一个新颖或独特的方式来揭开变革的序幕。这样可以避免教职工出现"我们重新来过"的反应。应用视频片段、照片或故事来引入变革，而不是向他们"推销"，只是换一种角度来思考。然而，一旦这么做，就要确保教职工理解其与惯例的关系。
- 表达自信心和对积极改变的信念：只要全体社区成员携起手来，就一定能实现。

面对岔路做出选择并提出正确的变革方案，你就向教职工传达了这样的信息："你们很有能力，你们想要变得更好。我对你们继续取得优异表现有着充足的信心，但你们要思考并了解——这是你们的选择。我们可以做到需要做的事，让学校变得更加美好。"

总结

- 重构预防欺凌体系是一种过程而不是结果。这关乎改变学校社区成员们对待彼此的方式。这一过程需要人们携起手来，学习彼此，共同改善学校的氛围和文化。
- 学校社区有能力做出改变，变得更强大、更包容、更贴心。
- 重构过程需要学校社区成员重新思考对教育和学生行为的看法。他们需要探索可能不太熟悉的内容和观点。社会心理学研究是理解人类行为的一项重要依据，也有助于提出解决问题的干预手段。
- 尽管重构预防欺凌体系并没有现成的公式，学校不得不用不同的方式来应对挑战；但如果学校步入正轨并朝正确的方向努力，可以确定某些指导方针。
- 重构的三大基本指导原则为：

1. "疑点利益" 对基本归因谬误的认知；
2. "事半功倍" 改变实践事半功倍；
3. "挽回面子" 实践中的自我肯定理论。

- 基本归因谬误是指将问题归因于当事人而不是事发环境或问题出现的背景。
- 犯基本归因谬误是十分正常的，因为这可以帮助人们理解这个世界，只是他们通常会草率地得出答案来理解一些事情为何会发生。欺凌会引发更强烈的情感；尤其适用于基本归因谬误，因为人们需要弄清楚人们为何要欺负别人。

• 不再将问题归因于人们，而是审视问题出现的背景，可以为有效解决问题提供更多选择。

• 不要靠假装来回避，教育者最好能意识到自己容易犯基本归因谬误，以此来正视自己的感受，不要让情绪主导解决问题的方式。

• 由于基本归因谬误的概念同欺凌行为本身息息相关，所有教育者都要意识到这一点，要将努力集中在探索、分析环境以及欺凌的背景上。

• 了解人类变革的本质以及变化过程是驱使个人和组织做出积极改变的关键。

• 鉴于社会心理学研究已证实了人们多么容易自欺欺人，教育者需要关注人们交流以及决策的过程。

• 做出积极改变的惯例包括欣赏式探寻、适应性学校以及培训。

• 这些为积极改变所做的尝试需要考虑个人为维护正面形象的需要，这在社会心理学中被称作自我肯定理论。

• 重构预防欺凌体系需要向师生传达这样的信息：欺凌其实是为了让他们肯定自我，朝着更为积极的目标和行为努力。

第七章的活动：重构预防欺凌体系的指导方针

活动目的：

重构预防欺凌体系的三大指导原则可帮助教育者突破阐释和解决欺凌的传统方式。设计目的是减缓对欺凌的第一反应，取而代之的是更加深思熟虑、讲究策略的反应，与问题的复杂性相对应。尽管这些指导方针不提供"答案"，但确实能帮助人们采取更为有效的方式。这些指导方针也能帮助确保学校社区的成员们努力改善每个人所受到的待遇。

该活动的设计目的是让参与者独自反思自身的改变经历，并与周围人分享这些经历。每个人都有对变革的个人理论，而该活动就是给大家机会来明确自己的理论。一旦参与者想到了自身推动变革的经历，就会更欢迎其他替代方法。

结果

- 回忆并分析与成功变革相关的经历。
- 将情绪反应和理智反应同欺凌的情境相整合。
- 在变革的理论、研究和经历之间建立联系。

活动

感受对变革的个人理论

发给每位参与者一张空白的工作表，来填写对如下问题的反应："你是如何让某个人或一群人做出改变的？"

要求参与者同搭档分享观点。

询问是否有机会交换对变革的个人理论和策略，然后要求每对搭档提供一条观点来与集体分享。将相互应答的情况写在一张记录表上。

面对变革情况的反应

以下短视频片段证明了重构欺凌设定的三种指导方针，以及改变人们针对欺凌问题心态的十种策略。

要告知参与者这些片段的内容，以及他们对这些片段的反应，反映出重构预防欺凌体系的三种指导原则和十种策略。他们也将这些片段的内容同自身对变革的理论进行了对比。

要求参与者独自观看视频，看完后第一时间在记录本上写下对此的感想。将想法记录下来后，他们就可以同搭档分享自己的感想了。

片段1：操场上的男孩

观看电视节目20/20中约翰·斯托塞尔（John Stossel）的一小段纪录片。你可以购买DVD或在YouTube网站上收看。

片段中，有一位小男孩拿着一个小玩具走在操场上。另一个男孩走过来抢走了玩具并扔到了一边。小男孩过去拿玩具时，另一名学生打了他。没有人过来帮助这位男孩。.

观看感受	观看想法

另一个人负责记录感受和想法，然后同搭档分享自己的想法。

片段2：国歌

播放一段NBA季后赛开场时演奏国歌的片段（夏皮罗Shapiro，2003）

视频中，一位小女孩于一场篮球赛开赛前演唱国歌。她开始演唱，然而唱到第三行就忘词了，无法继续唱下去。这时人群传出紧张的笑声，然后一支球队的主教练莫里斯·奇克斯（Maurice Cheeks）走到她身边，把手放在小女孩的肩上，跟她悄悄说了些什么。几秒钟内，观众开始与她一齐演唱。她的神情轻松了许多，然后非常自信地唱到了最后，而莫里斯·奇克斯一直站在她身边。

观看感受	观看想法

和第一段视频一样：参与者观看完毕时，记录下自己的想法和感受，然后与搭档一同分享。

片段3：两个可以改变你一生的问题

播放一段两分钟的视频《两个可以改变你一生的问题》（平克，Pink）。你可以在danpink.com, vimeo.com网站或YouTube上看到。

这段视频讲述了C.B.鲁斯（Clare Booth Luce）在美国总统办公室访问肯尼迪总统的故事。她认为肯尼迪总是一次性做太多事情，所以她提醒他，用一句话就可以总结自己和事业上的成绩，并示意肯尼迪想想该怎么说这句话。该视频示意观众问自己："我该怎么说这句话？"，并补充了一句，"我明天怎样做才能超越今天呢？"

观看感受	观看想法

和第一段视频一样：参与者观看完后，记录自己的想法和感受，然后与搭档一同分享。

提取改变的关键要素

参与者需要再次参照记录来回顾三段视频，这些记录中包含所有成功的变革举措的关键要素。

要求参与者按照两人一组或四人一组来列出他们心目中的关键要素。

要求每个小组派一位代表分享这些要素，并阐明在视频中是如何体现的。

每个小组可以通过对三段视频的观察和感想给出一段视觉呈现。每个小组可以同大家分享各自的视觉呈现。

视频要点

我发现这些视频可用做对参与者的罗尔沙赫氏试验（根据墨渍图案反应来分析其性格的实验），他们在回应中会反映出自身的倾向以及对世界的看法。每次我完成该活动时，都会有参与者提出一种我之前闻所未闻的观点和解释。但为了给讨论提供方向，我列举了一些视频要点：

片段1：操场

大多数参与者对于孩子的玩具被抢走这一幕有着强烈的情感反应，这一点应该指出。

很多参与者对欺负这位男孩的学生感到愤怒，也很鄙视他们。这表明人们很容易犯基本归因谬误。

由于该视频触动了人们的情感，也会激起相应的行为。这种行为呈现了欺凌对一个人的影响，比起阅览关于欺凌数据的柱状图，这更能带给人们动力。

该视频也表明旁观者是如何将这一切置若罔闻的。这证明了欺凌很容易发生，而又常常融入学生各自忙碌的校园生活中。

片段2：国歌

这一片段很好地证明了莫里斯·奇克斯作为教练，是怎样将其身份应用到非篮球场合中的。他认为需要帮助、支持和辅导的人也能为他人提供帮助。他给了这位小女孩一些正确的指引，帮助她重获自信。

这一片段表明当有人站出来帮忙时，观众也会改变自身的行为。这证明了领导力所缺失的关键要素在于观众是热心还是冷漠。

这证明了文化可以在几秒钟内改变，意味着改变不仅随时可以发生，而且只需要一点点提示就可以激活。参与者可以讨论改变为何来得如此之快，如此之剧烈，并对比一些似乎不可能出现改变的场合。

莫里斯·奇克斯是如何帮助这位小女孩以及观众"挽回面子"的？莫里斯·奇克斯可谓是一位敢于挺身而出的旁观者，有自告奋勇的自信来帮助有需要的人。他不是一位歌手，但敢于挺身而出的原因在于他的无私，以及对需要帮助者的关怀。

参与者也可以站在这位歌手、教练以及观众的视角，指出他们在整个事件中的想法。这些视角是如何影响每个要素的？

我常常在播放视频前告诉大家，这其中包含了对欺凌问题的根本解决方式。活动参与者可以探讨这一说法是真是假。

可以要求参与者完成如下陈述，"这个视频是一个很好的类比"，然后让他们解释自己的答案，并将该片段同第一段视频相对比。

片段3：两个可以改变你一生的问题

该片段证明了改变过程中积极而有所追求的目标是多么重要。

建议参与者探讨人们需要改变的动机。

当观看者回顾自己的职业生涯时，通常会反思他们会怎么说这句话。这让人们有机会分享自己工作热情的来源。

要求参与者猜想莫里斯·奇克斯会怎么说这句话。

要求参与者解释两个问题如何能共同带来改变。如果有人只问其中一个问题，那么会怎样？

总结

两段视频表明，欺凌可以由阻止负面行为重构为提升社区的正能量。第三段视频表明了人们需要重构的动机：正能量和动力来自于帮助他人的崇高理想，外加促成改变的具体言行。

这三段视频也包含改变的要素，将在接下来三章中提出的八大策略中呈现。

第八章　重构预防欺凌体系的心理策略

1. 找到"为什么"。
2. 表达希望。
3. 将多个"我"联系起来。

策略一："找到为什么"

> "生活中最永恒也是最紧迫的问题是：你在为别人做着什么？"
> ——马丁·路德·金（Martin Luther King）

记得有一回，我在二年级的一个班里上课时，有三名学生决定自己找点乐趣。他们都曾经在课堂上捣过乱，对于老师乃至整个学校都是一种麻烦。我得到了班主任的支持（她平常不会这么做），所以当她试图约束这几名学生的行为时，我可以继续上课。在她需要帮助时，并没有别的老师来帮助她，因此这些学生沉迷于自己的"乐趣"中，希望在"调皮捣蛋"上超过别的学生。

他们好像要让自己的在校经历变得有趣且刺激——甚至是为所欲为。尽管一定程度上他们肯定知道这种行为是不得体的，可能在某个时刻要画上句号，但他们还是决定享受当下，对于接下来会怎么样并不在意。他们肆意将墙上的海报扯下、把架子上的东西扔到地上，尽情地围着教室奔跑。幸好我能稳定住课堂上的其他学生，让他们专注于课堂任务。下课时，我决定安慰一下老师，因此提出带这些学生到一间小型会议室里谈话，这是我经常用到的地方。

得到她的同意后,我决定即兴发挥,因为我知道他们可能不愿意跟我走。我轻松地和他们聊天,……装作完全不把他们的所作所为放在心上的样子。我告诉他们,"孩子们,我有几部电影,你们愿不愿意看?"(我恰好为公开课演讲准备了一些视频,我的IPAD里也有一些短视频,我觉得他们也许会感兴趣,哪怕只有一小会儿。)

令我感到惊讶的是,他们当场就接受了我的邀请。我给他们看了一些小视频,我认为比较幽默,他们也耐心地看完了。突然,我决定给他们看《阿甘正传》里的一个片段——阿甘走进校车,惊奇地发现大多数学生明显不愿意让他坐在自己身边。最后,一位小女孩珍妮邀请阿甘坐在自己身边,就此和他成为朋友。这就是片段的全部内容,不到两分钟。播放完毕,看到他们都全神贯注,我问道,"你们对此有何看法",这些学生几乎异口同声答道,"我也想成为他的朋友"。这样一来,我就可以给他们布置一些任务了,"我赞同。我也认为你们会成为很不错的朋友,你们可以告诉其他小伙伴,如何在校车上和别人成为好朋友"。他们都露出了微笑。

鉴于他们喜欢朋友的正面形象,我说到做到,询问他们是否愿意帮助学校张贴海报,告诉孩子们如何与他人成为好朋友。他们很快答应了。幸运的是,我正好办公室里有记录纸和记号笔,所以我为他们提供了机会,帮助其他人了解如何在校车上和别人成为好朋友。三人很专注地完成了这一任务:他们坐在椅子上,从容地同我交谈,画出了很生动、很漂亮的校车,外加如何成为好朋友的建议。我向他们表示了感谢,尽管他们并没有完成全部任务,并提醒他们需要回到教室上课了。他们听从了我的指示回到教室,更加平静地配合老师的工作。(当我一周后回到学校,他们提醒我这些海报的事,希望继续把它们完成)。

尽管有很多方式可以用来分析这些学生经历了什么,但这一情形提醒我,为他人找到做事目的有多重要。我不认为这些学生知道自己为什么要来学校;对他们来说,学校只是他们不得不来的地方。他们的大多数任务都是做一些大人们希望他们做的事。或许在他们心目中,大多数学校作业都没有意义,除非这些作业的目的只是为了证明他们很可能在完成作业上不是很擅长。

偶然的机会,我向他们展示了非常戏剧性的一幕,吸引了他们的注意并引起了情感上的反应。或许他们在某种程度上与阿甘很像,这也是他们为何像珍妮一样,不喜欢拒绝阿甘的人。不经意间,我触碰到了他们的心灵,弥补了他们平常在学校里遗失的东西:上学的目的。这些学校里遗失的部分将他们的心归位到书桌前,能够将注意力集中在学业上,他们知道这很重要。我为他们找到了"为什么"要上学的原因。

找到"为什么"意味着什么?

找到"为什么"意味着明确学习和社交的目的是所有积极改变的必要条件。当学习建立在学校社交的基础上,学生和老师们就会明白,在帮助其他社区成员学习的过程中,自己本身的学习也取得了进步。找到"为什么"意味着要学会重视学校作为一个整体共同学习的过程;接受每个人所共有的责任,为学校的集体利益做贡献。花时间寻找理由或人们行为背后的目的是值得的,这正是改变人们言行所需要的。

大多数学校里,几乎所有的学生都在忙于完成老师布置的任务。因为大多数学生很配合,愿意听话,却很容易忽略为学校和学习提供理由的需求。这一事实并非暗示目的和意义对于学习并不重要。当教育者在教学过程中,愿意花更多时间和精力来寻找并明确学习的目的和意义,学生的学习就会迈上更高的层次,在学习上变得更加主动。

找到"为什么"如何起到效果?

重构预防欺凌体系的本质在于将欺凌问题由一种对规则的违反或罪行,转化为人们如何对待彼此上,这是一个很重要、很深刻的问题。当学校社区的所有成员都能意识到齐心协力的重要性,更多人就会自觉去尊重其他人,在学校的社交生活中同样如此。这为那些不太容易交到朋友的学生提供了保护，他们将告别被他人利用（来提升自身的社会地位）的日子。

如果学生明白，通过欺负别人来提升自己的社会地位只能招致同龄人的反感，他们就不会选择这种行为。当大人们为学生提供指导和帮助，来了解共同学习的意义和目的，学生们会感受到他人的尊重——认为自己懂得关心别人、肩负责任。某种意义上，大人们只是在帮助他们做自己想要做的事罢了。

关心和帮助他人是所有学生都能做到的，也是应该做的。当学生总能找到机会来这么做，而大人们意识到这些行为是成为一名学生的要义所在，那么人们将不会再过分强调学习成绩。当学生感到自己没有被固定在学校架构设定的某个社交圈内，他们就不需要与其他人保持距离或疏远那些与众不同的人。

如果大人们能指引学生们找到关心和尊重他人的重要性，避免强迫他们按照大人自己的意愿来行事，学生们在遇到困难时，会更愿意寻求他们的指引、建议和帮助。

找到"为什么"不仅是负责任行为的基础，也是英勇行为的源泉。帮助师生们探索领导、牺牲和奉献这些词的概念，引导学校社区全体成员主动帮助他人，尤其是帮助那些不太受欢迎的学生，大家就有机会成为"最好的自己"。他们也能够了解到追求集体利益所带来的乐趣和回报。

当老师们愿意花时间来明确规则和个人行为限制背后的原理，学生们就能了解到这些限制对每个人都有好处。在解释和探讨上下功夫可以帮助学生培养道德推理能力，在面对一些没有明确规定的情形是可以引导他们的行为，而这也是欺凌最常见的情形。做事情是因为"我告诉你这么做"还是"对你和你的朋友有好处"之间存在天壤之别。

找到"为什么"可以将普罗大众的概念同教育的宗旨和实践相关联。

研究探讨——找到"为什么"策略——的参考资料

了解这一策略、为何它如此重要以及它对积极改变的意义有很多书籍、章节、文章和研究可供参考。我选择了一些来供教育者参考，以节省他们的时间；但我建议所有感兴趣的教育者不要局限于这些资源，而是以此为开端，来探索这些有趣而颇具前景的想法和概念。

丹尼尔·平克的《动力：关于动机的惊人真相》*Drive: The Surprising Truth About What Motivates Us*

第六章："目标"

在本章中，平克探讨了寻找目标目前已取代盈利动机，成为商业的驱动力和力量之源。

我们生而活跃、主动，我们知道生活中最宝贵的经历不在于得到他人的肯定，而是聆听我们自己的心声——做我们在乎的事、好好表现、为比我们自身更重要的目标而努力。

凯里·帕特森、约瑟夫·格里尼、大卫·马克西菲尔德、隆·麦克米兰和艾尔·斯维则勒尔（Kerry Patterson, Joseph Grenny, David Maxfield, Ron McMillan, and Al Switzler）的《影响者：改变的力量》（*Influencer: The Power to Change*）

第四章："变废为宝"

在本章中，作者探讨了将"废"重构为道德选择，是影响人们行为的一项有效策略。他们给出了非常好的例子——这一策略可用于帮助有过多次犯罪行为的人改过自新。

如果我们没有将潜在的行为与道德问题联系起来，我们会继续任由情绪需求来推动我们的行为，而这么做意味着我们的目光是多么短浅。

编辑：丹尼尔·克耐（DachnerKeltner）、杰森·玛什（Jason Marsh）和J.A.史密斯（Jeremy Adam Smith）《与生俱来的同情心：人性本善的科学道理》（*The Compassionate Instinct: The Science of Human Goodness*）

第一部分：约翰森·哈迪（Jonathan Haidt）"天生有所想法"

约翰森·哈迪探讨了他称为"升华"的感受。他认为，这是一种令人温暖、振奋的感受，当人们目睹善良、勇气或同情行为时出现。他研究了人们对于这些行为的反应，并发现就算是旁观者，也能得到激励来帮助他人、让自己变得更好。

大多数人都会在某个时刻有强奸、偷盗或杀人的想法。他们真正需要的是生活在一个讲道德的社区里，人们彼此融洽相处，可以满足自身对爱、生产劳动和归属感的需求，这能让他们感到荣幸(p. 87)。

巴里·施瓦茨（Barry Schwartz）和肯尼斯·夏普（Kenneth Sharpe）《实践中的智慧：做正确之事的正确方式》（*Practical Wisdom: The Right Way to Do the Right Thing*）

本书探讨了对于规则、奖惩的过度依赖以及对被冤枉、批评甚至起诉的恐惧，都会让人失去培养"实践中的智慧"的机会。这一词是指：

成为挚友、好的父母、同事或社区成员；成为好的老师、医生或律师——我们为了其他人所做的事，也是为了我们自己。没有实践中的智慧，就无法做到且做好这些事。智慧不是圣者赋予的神秘礼物，而是我们所有人都拥有并且需要的能力。

第五章："用情感来思考：同情的价值"

对父母来说，培养富有同情心、讲道德的孩子最好的方式是为孩子提供机会，让他们自己做决定。同情可以在学校里培养，但说教式教育可不行。强调团结和关爱他人的课堂才能增强儿童的同情心。

西蒙·西内克（Simon Sinek）《从为什么开始：伟大的领导人如何激励每个人做出行动》（*Start with Why: How Great LeadersInspire Everyone to Take Action*）

第三章："黄金圈"

西蒙·西内克提出，真正强大的组织之所以能成功，是因为所有员工都对日常行为的目的有着明确的意识。这种"为什么"的意识帮助组织做出更明智的决策，并营造出一种文化，人们的凝聚力来自共同的价值观和信念，而并非利益。

很少有人或公司明确定义为何要这么做。我所说的为何，不是指赚钱——这是结果。而是指你的目的、理由或信念。你的公司为何而存在？你早上为何起床？人们为何要关心别人？

大卫·雅阁（David Yeager）、马龙·亨德森（Marlone Henderson）、西德尼·德梅洛（Sidney D' Mello）、大卫·葆内司库（David Paunesku）、格雷格·沃顿（Gregory Walton）、布莱恩·斯贝茨（Brian Spitzer）、安哥拉·达克沃兹（Angela Duckworth）的研究文章《无聊但很重要：学习培养学术自律的自我超越》（"Boring but Important: A Self-Transcendent Purpose for Learning Fosters Academic Self-Regulation"）

这篇最近发表的文章通过实证研究表明，指出帮助他人的目的具有强有力的影响，可以驱使他人主动学习，并在一开始看起来很枯燥乏味的任务上坚持不懈。

该研究对象为城市高中的高年级学生。他们面对着一些看起来很枯燥乏味的问题（也就是说，他们几乎没有动力完成这些题目）。研究人员告诉第一组学生们如何研习这些材料，可以帮助其他学生攻克此任务，并避免分心，而第二组学生了解到学习问题的原因在于这些问题只对他们有益。

该研究有一定意义，因为其否定了潜在的思维定势，这些定势会激励低收入家庭的学生到城市里上公立学校。很多学生表示他们希望为其他人做出贡献，不仅是为了赚钱。当他们这么做了，就会很可能证明自己有着很好的自控能力，以完成更远大的目标。这表明，告诉学生如果他们不去上学可以赚更多钱，可能使他们没有动力来完成学业。相反，或许培养动机的意义不限于此，还能赋予他们个人意义，来保持自我调节能力——需要继续努力，即使完成目标的理由不是很明确，或周围存在其他诱惑因素。

活动

视频讨论

播放一段YouTube上博阿兹·亚金 (Boaz Yakin) 导演、丹泽尔·华盛顿 Denzel Washington主演的《光辉岁月》（*Remember the Titans*）的片段。用该影片来探讨道德目的（为什么）的重要性和价值，以激励人们克服障碍并化解冲突。

在该片段中，教练的难题在于如何让自己的足球队（包括黑人和白人学生）认真专注踢球。这是学校头一次集体活动，学生乃至教练组成员之间都存在着种族矛盾。这一幕中，教练带领球队在午夜跑步，最后来到了葛底斯堡古战场。教练有意带他们来这里，提醒他们是牺牲让所有人民获得了解放。他希望将踢足球和作为团队一起比赛整合为一个更高尚的道德目的。

文本讨论

J. M. 华盛顿（James M. Washington）著《马丁·路德·金：我有一个梦想：改变世界的作品和演讲》（*Martin Luther King Jr. I Have a Dream: Writings and Speeches That Changed the World*）

尽管金的《伯明翰狱中来信》目前普遍用于深度社会研究讨论，而他的另一段演讲，"指挥本能（The Drum Major Instinct）"对年轻学生更有号召力。该演讲与重构预防欺凌体系尤为相关，因为它承认所有人都希望得到他人的关注和满足私利，而难点在于能否将这种动力和想法用于帮助他人。

活动：倘若完美

目标：帮助教师探索学校里的"为什么"

这一活动目的是帮助教师探讨学校的深层设想。假设学校要按照当前设定来工作，教育者可以明白怎样才能得到自己真正想要的。对于他们和/或学生来说，这种理想状态就足够了吗？

就如下引导问题展开小组讨论：

如果有一天，老师走进教室，发现所有学生都在聆听自己所说的每个字、遵从每一个指令、上交每一份作业并通过每一次测试，会怎样？

- 这就是教育所追求的最终境界？
- 这是学校改革的最终目的吗？
- 这是教育者应努力实现的理想状态吗？
- 这真的是教育者所希望的吗？
- 更重要的是，这对我们的学生来说是最理想的情况吗？
- 他们能学到什么？
- 他们离开学校以后，会迎来怎样的人生？

这听起来就很牵强，别说设想了，但如果这就是教育所追求的境界，那么所有教育者都要想想这能否实现，以及这最终意味着什么。

即使一些老师抱有这样的观点，但其他人也要相信学习并非只关乎得到好的成绩，负责并非只关乎遵守规则，而且学生要关心自己的同龄人。至少，这次讨论能使隐藏的设定浮出水面。

找到"为什么"的建议

- 要求老师在学期一开始，花更多时间来探讨学生上学以及/或学习某个专业领域的原因和目的，也要提供时间来探讨所学的知识和技能如何惠及他人。

- 给学生机会来接触非任课教职人员，比如宿管、餐厅师傅、大厅保安以及校车司机。当学生将这些人视为应当尊敬的人而不只是劳动者，反过来就会意识到自己不仅要遵守规则，而且也要帮助工作上遇到困难的人们。
- 介绍服务项目并不只是学校生活的一个常规部分，更是学生认识彼此的机会。
- 要求学生经常观看现实生活中人们帮助他人的视频并进行讨论。
- 经常要求学生分享自己得到帮助或帮助他人的经历，并将这些经历记录下来，甚至可以经常在网站或出版物上发表这些经历。
- 设置一个公告板，专门展示人们帮助他人的故事、照片和新闻。
- 要求学生尽可能地帮助学校。不要只是把领导机会给"尖子生"，而是要让所有学生都有机会来帮助学校。
- 在谈及学生时，要经常用到"市民"这个词。将市民的观点与为集体利益服务相关联。

策略二：表达希望

"世界上所有的事都是因为希望而完成。"

——马丁·路德（Martin Luther）

作为教师辅导员，我知道在提供辅导之前，我首先要让他们知道，学生们可能按照他们预期相反的方向做出反应。我需要"要么行动，要么闭嘴"。为他人提供建议或指导很容易，但如果我从未受到过学生的质疑——尽管他们可能从没有和我说起——这些教师认为"他有什么资格告诉我做什么"就很好理解了。我要想取得这些教师的信任，就需要让他们知道我的想法，这些想法对于学生工作确实行之有效。如果教师们每天都会遇到困难、尽力去工作却感觉找不到方向，那么认为问题出在其他方面并与自己的言行无关，就是人类的本能反应了。

由于我不是奇迹缔造者，期望改变学生多年来养成的行为习惯也不太现实，因此我需要找到课堂上的某个具体问题，然后证明应对的不同方式，并对得到不同的结果充满希望。有位教师就遇到了很大麻烦，到了学期中段仍无法让学生有序地排队去上体育课。下课后我询问了她，下次我是否可以尝试不同的方式。老师欣然同意了，所以我得到了机会让想法变为现实。

　　我向他们表示，我需要他们帮忙。我解释到，我去过其他学校，尝试让老师们帮助自己的学生。我认为他们可以告诉我，学生怎样才能有序地排队离开教室。我要求他们想一想，与搭档分享自己的想法。这样一来他们就有机会来思考这一问题，我让他们提出建议并将答案写在纸上。我要求他们仔细查看这些答案并反思自己的做法，故意迟疑一番后，我说道，"我不知道你们能否按照这些建议来有序排队，我也不知道你们多久能做到。你们认为自己能尝试一下吗？"他们都热情地表示自己愿意。

　　我装作对此表示质疑，但这促使他们迫不及待地想向我证明自己愿意。我最后"屈服"并让他们证明给我看，我掏出手机为他们计时，"好了，给我看看你们如何排队，我说开始，你们就开始"。他们用了不到十五秒就排好了队，没有推搡、拥挤和吵嚷。他们迫不及待地等着我告诉他们用了多长时间。当我告诉他们只用了15秒时，他们喜笑颜开。我向他们表示感谢并告诉他们，我希望告诉别的学校的同学们——有一个班的同学只用了15秒就做到了有序排队。

　　老师对我表示了感谢，并对她学生的表现感到震惊。我只是强调我不过是将排队置于了一个不同的背景下，让他们自己决定，而不是作为老师向他们发号施令。我对排队进行了"重构"，使其不再是一种来自老师的命令，而是一种为帮助其他同学所应对的挑战。我知道我的辅导会收到意想不到的效果，因为我证明了另一种结果也有可能出现：我表达了希望。

表达希望意味着什么？

尽管理论听起来很好或很有意义，尽管数据可以透露实际情况，人们在尝试新事物前，仍然要"眼见为实"。尽管人们都知道个人观点有很大的局限性，但仍认为自己的视角决定了事实。如果人们不相信提议的改变可以实现或有什么好处，试着去假装、劝说某人尝试新事物或冒险去尝试都是徒劳无功的。

这也是教育者在学校里很难去改变什么的原因：大多数情况下，他们所体验的改变会失败，因此也就没有必要去改变。表达希望策略意味着要找到一些情境来有力证明，改变可以发生，也很值得。对于需要"看到"自己帮助他人的尝试都很有效的旁观者来说，情况尤为如此。

表达希望如何起到效果？

学校具有很强的可预见性，是一个很稳定、很有规矩的地方。这就为学习提供了基础，但就是这种稳定和一成不变，让人们认为学校不可能有什么真正的改变。当师生们看到有人推动着某种形式的改变，变革之门（之前是没有人想到的）就打开了一条缝：人们需要意识到，改变是完全有可能的。

师生们在面对需要做出改变的场合时，可以问自己两个问题：这么做值得吗？我能做到吗？当他们能够确切地回答这两个问题时，改变就简单多了。

"表达希望"策略同"找到为什么"策略很相近，首先都要触动人们的心灵以改变想法。这些方法的目的在于提供一些体验，为人们司空见惯的事、学校"走个过场"的本质注入一些情绪、兴趣和激情。同学校例行公事有着巨大差异的任何经历，都有潜力让人们考虑一些"不同寻常的事"。

表达希望首先需要克制人们关注和察觉到的负面情形。里克·汉森（Rick Hanson）总结了一项大脑研究成果，表明人们会趋"负"避"正"。除非人们有意来为他人展示积极的、有希望的言行，否则本来充满希望的事情很容易遭到忽略和遗忘。当人们看到其他人的言行出现了改变，当前环境下出现了积极变化，他们才会相信改变真的有可能，自己也能在言行上有所不同。

表达希望不一定要对每个人都起作用。如果可以触动哪怕一两个人并让他们开始换一种方式思考，那么这些少数人的行为变化就能促使其他人效仿。采用这一策略的教育者务必要相信，很多学生和老师都在等待哪怕一丝迹象——自己的言行可以有所不同。

表达希望不意味着人们或环境需要出现奇迹或翻天覆地的变化，而是应关注细小、简单的言行也能给他人带来积极的影响。很多简单而有效的行为会遭到忽略，因此关注这些行为，可以让人们知道小事情也能引起大变化。

简单地承认这些积极的言行已经存在，并正在帮助其他人和整个学校，就能让师生意识到自己已经拥有了积极改变的能力，这样他们就能了解到肯定他人积极言行的可贵。

有时候，我们只需用积极而充满希望的信息来取代"不要欺负别人"的消极信息，就能让学生和老师们肯定自己是谁、可以做什么。很多人都希望领导者能给予自己这样的尊重，并且会积极响应学校的号召，为让学校变得更美好而做出自己的贡献。

表达希望也象征着权力的转移和领导人态度的变化：从"你需要做什么"变为"我们需要你"。希望不能保证改变一定实现；它需要当权者放弃对控制的需求，取而代之的是接纳忠言：真正的改变来自选择积极行事、关爱他人者。

看到他人愿意为帮助他人不惜承担风险，能够启发人们也做出同样的选择——看到他人的无私和奉献，人们会这么想，"如果他能做到，那么我也能"。

研究探讨——表达希望策略——的参考资料

特里萨·艾玛贝尔（Teresa Amabile）和史蒂文·克拉美（Steven Kramer）《进展原则：用小的成就来激发工作中的乐趣、兴趣和创意》（*The Progress Principle: Using Small Wins to Ignite Joy, Engagement, and Creativity at Work*）。

第五章："进展原则：有意义的成就之力"

这本书对于人们如何提高工作效率并得到满足感有很大启示。本书借助对员工日记的实证研究，了解员工每天日常工作中的感受。提供了具体的例子，证明当人们认为自己的工作很有意义，有益于他们自己、同事和所在组织时，会出现怎样的情况。

奥秘（像GOOGLE这样的公司如何大获成功）在于为工作心理创造条件——激发积极的情绪、强大的内在动力以及对同事和工作本身的好感。一开始就让人们感到这么做很有意义：需要设定明确的目标、自由、帮助和资源——人们需要它们来在日常工作中取得真正意义上的进步。这取决于尊重想法和提出想法的人。（pp.1-2）

丹·西斯和奇普·西斯（Dan Heath and Chip Heath）《转换：如何改变难以改变的事物》（*Switch: How to Change Things When Change Is Hard*）。

第六章："缩小改变"

在这本佳作中，作者提出了简单而有效的方式来推动人们在个人习惯、普通人和组织中做出积极改变。

"当你策划前期的成功时，实际上就在编织希望。希望对于改变是不可或缺的：一旦人们步入正轨并开始取得进展，就要让他们看到自己在前进（p.141）。

提摩西·威尔逊（Timothy Wilson）《重新定向：惊人的心理变化新科

技》(*Re-Direct: The Surprising New Science of Psychological Change*)。

第三章:"塑造我们的故事:提升个人幸福感"

本书探讨了我们个人的快乐和幸福多么依赖于我们如何看待这个世界以及自身所扮演的角色。威尔逊认为,由于我们的感受建立于我们对自己的认知,我们可以通过告诉自己要有更强的幸福感,来"重写整个故事"。

什么样的观点让我们开心?研究给出了三大要素:意义、希望和目标。首先,就人类生存和在世界上的地位等最基本的问题给出答案,在一定程度上帮我们理解为什么坏事情时有发生。其次,帮我们学会乐观——不是因为积极想法有着什么魔力,而是乐观的人可以更好地应对逆境。最后,帮我们把自己视为主角,决定了我们自己的目标以及如何为之努力;换句话说,就是获得使命感(p.49)。

研究文章

提摩斯·威尔森和帕特里西亚·林威尔(Timothy Wilson and Patricia Linville的)"提升大学新生学术成绩:重新审视归因疗法"(*Improving the Academic Performance of College Freshman: Attribution Therapy Revisited*)。

大学新人要了解一份调查结果,表明很多学生在头一年都会遇到学术问题,但这些问题不久就能解决。他们也要观看对高年级学生的视频采访,后者会传达相似的信息——随着时间推移,趁机会取得进步。比起没有收到此类信息的同学,他们的成绩要明显好很多,也不太可能辍学。这些获得希望的学生比其他学生表现要出色许多。

活动

视频片段讨论

播放由本内特·米勒导演、布拉德·皮特主演的电影《点球成金》(*Moneyball*)片段该片段尤其能证明，播放一段视频能够影响观众如何看待问题以及最终感受。在该片段中，乔纳·希尔（Jonah Hill）饰演布拉德·皮特的助理。皮特管理一支棒球队的新体系似乎效果并不好，因此而颇为沮丧。希尔认为问题出在皮特对自己成功的期望上。他没有教导或只是告诉皮特他想错了，而是邀请他收看一段视频，一位球员在冲出一垒时摔倒了，由于没有到二垒，他十分沮丧。但他没有意识到他完成了一个全垒打，因此摔倒是没有影响的。他的队友都鼓励他完成比赛。皮特观看了视频并感谢希尔提供的信息，希尔并没有对此说什么。希尔表达的是一种"隐喻"。皮特表示自己"收到了"，并告知希尔他是一个"好人"。希尔将皮特的失败重构为成功；这让皮特获得了希望，继续用新颖的方式管理俱乐部。

与学生和老师探讨这一片段，谈谈表达希望如何能帮助他人经受住失望和挫折的考验。

文本讨论

阅读朗斯顿·休斯（LangstonHughes）的短文《谢谢，太太》（*Thank You Ma'am*），讲述了一位小男孩试图在街上抢劫一位老妇人。她意识到这位男孩肯定是遇上了麻烦，于是把他带回了自己的小屋，照顾他，并给他做饭。男孩对这些善举大为意外，毕竟自己可是试图抢劫对方的。因此，他深受感动，有了希望去改变自己的生活。

面对做错事的人，这则故事给出了有悖于传统的做法。正直善良和关爱（表达希望）对有需要的人能产生何等的积极影响。

活动：留心

目的：对比积极和消极事件的影响

让学生和老师了解消极事件对于我们看待世界的影响，远大于积极实践的影响。告诉他们，为了抵消消极事件的影响，务必要留意、认知并分享积极事件和经历。要求人们要特别"留心"这些积极行为，将其记录下来，至少坚持一周。重新召集大家并花时间来分享这些积极的故事，以及对留心积极行为有何感受。

对校园表达希望的建议

- 在公告板上张贴关于帮助他人的积极故事。社区所有成员都可以参与。对于张贴的故事提供指导，以及有人需要负责审阅这些故事。如果学生和老师只接触媒体中的负面报道，希望很容易遗失——认为现状无法改变的想法占据主导。为学校提供机会来分享关于希望的故事，至少可以证明学校重视对世界积极面的探索。

- 为会议提出要求，在审视负面要素前要先分享所探讨话题的积极要素。比如，当分析学生的需求或问题前，先确定学生有哪些长处和能力。

- 使分享好消息成为班级会议和教职工大会的突出特点。哪怕只花一点时间来向人们分享自己在生活中发生的好事，可以提升所有参与者的精神和士气。

- 让学生自己制作PSA格式的视频，展现自己做过的虽小、但很有意义的助人行为。这些视频也可以包括对学生或老师的简短采访，被采访者是善举和帮助的受益者。他们可以简单地叙述自己向他人表达善意的话语或出手相助之前和之后的感受。

策略三：将多个"我"联系起来

"我们倾听他人言辞的时间越长——真的予以关注——我们所有人的生活就有了更多的共性。也就是说，我们更在乎交流彼此的生平，而不只是想法。"

——芭芭拉·德明（Barbara Deming）

我要表达的观点可能很多读者不太赞成，因此在我做出解释前，请不要放下本书或忽略我说的话。这一观点很容易惹人生气，但确实反映了与做出改变极为相关的事实。

我从没有遇到过我不喜欢的洋基球迷；因此，我总是认为所有的洋基球迷肯定都是好人。

我喜欢棒球，我从小在纽约市长大，这里是洋基队的主场。棒球是我人生的组成部分，总能让我想起过去。这让我和很多人有着密切的联系，而除此之外我们并没有共同点。我发现我遇到的一些人相处起来很随和，因此我总能用一种积极的眼光看待他们。有着共同的兴趣和认同感，我可以和陌生人一起探索我们身上的其他方面，以及我们之间有什么不同。这种共性也为今后就一些更严肃的话题展开探讨奠定了基础。

我还发现，即使我遇到了红袜队（洋基队的死敌）球迷，我们至少在"对抗"上有着共同点，都对棒球有着热爱，在认同某支球队和追随这些球队上有着起起落落。

在我心目中，我知道也有很多洋基球迷，如果认识他们也许我并不喜欢。当然，洋基球迷做的有些事情我也不赞同，但就是这些看似微不足道的联系和共性，让我在对他们可能得出某些负面结论之前，赋予他们"疑点利益"（疑罪从无）。

找到与其他人的共同点，对于我们看待他人以及如何与之打交道有着深远的影响。如果人们在任何方面有所联系，那么彼此的关系通常会变得更好；因此，将多个"我"（个体）联系起来决不能遭到忽视，尤其是在学校里！

将多个"我"联系起来意味着什么？

如本书之前所讨论的，学校的当前设定目的是为个体服务：让个体在干扰最小的情况下工作。将个体们联系起来只能产生不必要的交流，降低每个人的工作效率。在这种主流设定下，学校和在校人员陷入了一个糟糕的困境：他们的天性乐于社交，但环境结构要求他们不得不抑制这种天性。

师生们很容易陷入这种冲突造成的苦恼。老师们只能尽可能让学生减少交流。然而语言本身就具有社会性；存在的目的就是帮助人们交流，允许人们分享各自的想法。也难怪，有一位生性善良、兢兢业业的幼儿园教师告诉我，她最大的问题在于学生们彼此之间交流太少。而她所在的学校表现并不合格，学生在正常标准的考试中成绩都不理想。这一现象的主要原因是什么？很多学生都存在语言障碍。

由于提升学生的理解能力、表达能力以及概念直接关系到学术表现，那么"提升考试成绩"的方式是让学生彼此更多地交谈和为对方考虑，就很好理解了。在大多数学校，看待学生想要与彼此交谈和互动的想法总是太消极，而老师不得不抑制学生的这种想法。（这也证明了心理设定如何决定了游戏规则：控制学生行为的需要实际上妨碍了学习。）

将多个"我"联系起来有很多目的。这承认了学生与他人建立联系的社会需要，而在这一过程中也可以更好地认识到自我。它用学习的社会层面来支持学术层面，将大多数学校分离的两个世界关联起来。当学生在老师的指导和支持下，在课堂里建立了社会联系（不仅是上学放学的路上），就能意识到自己与其他可能不在自己社交圈中的学生有着很多共同点。

将学习的社会层面和学术层面整合起来的老师可以建立一种新颖、更加包容的社交圈，让存在社交困难的学生能依靠自身在课堂里建立与他人的联系。将多个"我"联系起来不仅是重构预防欺凌体系的一个关键策略，更能够重新定义对学校来说何谓"教学"。

将多个"我"联系起来如何起到效果？

人们通常会按照潜意识的想法来对他人加以评判。因此，学生可能认为不受欢迎的学生与众不同，而实际上并没有多大差别。找到与他人的共同点可以克服对他人的主观印象，而这些印象通常是对同龄人不确切的评估。就算与某位不受欢迎的学生只找到一个共同点，也足以促使旁观者认为，尽管这位学生不是自己的朋友，但也不应受到不公平对待。如果"和我不像"的想法妨碍了帮助别人，那么反过来也同样如此——"和我很像"的想法则有利于帮助别人。

学生们发现彼此越多的共同点，就越不可能排斥其他学生。这样一来，想要欺负别人的学生就会发现，很难找到欺凌的目标或孤立无援的学生。

一旦学生感受到自己与他人密切相关且有人支持自己，就会放松下来并达到最佳状态，同时也能减少对同龄人的负面看法。

这些参与到学校生活各个层面中的学生，基本不会成为欺凌或虐待的对象。

如果学生发现自己不需要害怕看似不同的人，那就表明该生在接受差别上有突出能力。而残疾学生正是如此。坐轮椅的学生或有其他明显残障的学生在学校里是与众不同者的代表，而被接受程度也较高。在人们眼中，这种差别也并没有多明显。一个环境下对差别的接受度能够也应该提升，对所有人都是如此。

由于很多被盯上的学生通常不是很"受喜欢"，那么旁观者对于提供帮助就很难负起责任，因为和大多数人一样，他们一般只会帮助自己喜欢或了解的人。在没有成人指导和支持的情况下，学生会仅依靠他们是否喜欢对方，来决定是否提供帮助。如果老师们能帮助学生找到彼此的共同点，那么就能强化课堂上的集体意识，也为学生提供了是否帮助他人的另一标准。将多个"我"联系起来至少可以为学生提供更明确的选择。

研究探讨——将多个"我"联系起来——的参考资料

罗伯特·卡尔迪尼（RobertCialdini）《影响：科学与实践》（*Influence: Science and Practice*）。

第五章："喜欢"

本书对于想要了解如何影响他人行为的人来说，是基础读物。本章中，卡尔迪尼探讨了喜欢某个人这一简单行为会影响一个人对对方的所有反应。他认为相似度决定了人们喜欢什么或不喜欢什么。讽刺的是，他还提醒顾客要注意，防止虚假的共性诱骗他们购买想要或需要的商品。如果这种影响可有效用于影响顾客行为，那么教育者务必要理解并应用其来提升社交与帮助行为。

由于一些细小的相似性可以有效推动人们做出积极反应，且相似的外表很容易伪造，我建议，在一些宣称"和你一样"的人面前要特别注意。

特雷莎·阿马比尔（Teresa Amabile）和史蒂文·克雷默（Steven Kramer）的《进步原则：用小成就来激发工作中的乐趣、热情和创意》（The Progress Principle: Using Small Wins to Ignite Joy, Engagement, and Creativity at Work）。

第七章："滋养因子：人际支持的力量"

本章探讨了人们建立联系的基本需求。这种与他人相关联的意识实际上滋养着人们，并为他们提供意义和宗旨，即使工作内容对他们来说并没有吸引力。老师和学生如果感到自己并不孤单，而是有很多人支持着自己，就会面对困难持之以恒，并敢于接受挑战。

这种滋养因子指的是每个人在工作中所热衷的：人际联系。当你对下属的工作予以肯定和表扬时，就滋养了他们的内心世界。你也可以帮助人们解决人际矛盾，让人们有机会认识彼此或只是给他们带来乐趣。我们的猜想是，当你思考工作中最美妙的时光时，大多数都是与人陪伴下度过的。

作者：埃德蒙森（Edmondson）《团队：组织如何在知识经济中学习、创新和竞争》（Teaming: How Organizations Learn, Innovate, and Compete in the Knowledge Economy）。

在本章中，埃德蒙森探讨了面对让自己与他人区分的诸多原因上，个人和团队有哪些必要条件和困难。她认为，领导要为人们克服差异（真实的或想象）创造恰当的条件，携手让学习和解决问题的能力迈上更高层次。鉴于学生要面对的挑战标准较高，教育者务必要找到方式让学生们在学习上互相支持。每个组织（包括学校）只有在全体成员齐心协力而非单枪匹马的情况下，才能应对错综复杂的挑战。

同来自一个群体的任何人交流，无论差距甚大或遇到了一些小的障碍……这需要找到并表露一些想当然的假设来避免误解和错误。

丹尼尔·平克：《推销是人类的本性》（*To Sell Is Human*）。

第四章："调节"

本章描述了同他人建立联系的好处。平克称之为调节：让某人的行为和观点与其他人和社会背景相协调。

寻找相似性——嗨，我也有一只小猎犬——会看似琐碎。我们会认为这只是"闲聊"而不予重视。但这是不对的。相似性——真正的，不是捏造的——差异性是人类联系的关键。当人们有着共同立场时，更可能齐心协力。

研究文章

蒂芙尼·布赖农和格里高利·沃尔顿：《建立文化利益：族际交往是如何通过激发外Out＝外围群体文化来减少偏见的》（*Enacting Cultural Interests: How Intergroup Contact Reduces Prejudice by Sparking Interest in an Out-Group's Culture*）。

当来自不同民族的学生找到共同兴趣时，他们更能表现出对某一少数民族文化的兴趣。文化活动的参与者最终能改善多数群体学生对少数民族文化的态度。

假设，凯伦（一位美国白人）和丽丽娜（一位墨西哥裔美国人）对神秘小说有着共同爱好，因而提升了彼此的社交关系。作为好朋友，凯伦了解丽丽娜的个人兴趣，包括与她墨西哥血统相关的兴趣，并主动分享这种兴趣。如果凯伦有机会参与相关的文化活动，比如收看墨西哥电视节目或和丽丽娜一起制作墨西哥菜肴，对于墨西哥文化的开放态度让凯伦愿意热情地全心投入。这么做可能使凯伦反思并表达对墨西哥文化的兴趣，因而不会对拉丁裔持有负面态度。

格雷戈里·沃尔顿、杰弗里·科恩、大卫·希维尔和史蒂文·斯宾塞

《纯粹的归属感：社会联系的力量》（*Mere Belonging: The Power of Social Connections.*）。

该研究表明了个人之间的社会关联（即使不明显）可以影响到学术成绩。在一项研究中，本科生阅读了一位数学专业毕业生的报告。该报告记录了他在数学学院的积极经历，并因此而走向了成功。作者的生日故意经过了调整，来配合部分参与者的生日。接下来，所有学生都面对相似的数学题，并以此来探索对学习数学的兴趣。这些生日与作者一致的学生们在数学题上钻研了很久，表现出了对学习数学更加浓厚的兴趣。

这一结论表明动机对于社会关系来说十分敏感，这与社会认同威胁的研究是一致的，发现传达给学生的一些细微线索——如果学生认为自己或自己的群体不属于某一学习领域，会挫伤学习的动机。

活动

视频片段讨论

电影《十月的天空》(*October Sky*)由约翰斯顿导演，杰克·吉伦哈尔（Jake Gyllenhaal）主演，以NASA科学家荷默·希坎姆的真实故事改编。在高中时期，他迷恋上了火箭科技，集结了一帮朋友们打造了一艘火箭。然而，他发现这群人缺乏专业知识，因此不得不向一位不受欢迎的学生寻求帮助。这一幕大约出现在电影开始后10分钟，主角看到这位学生独自坐在学校咖啡厅里。他决定接近他，但朋友提醒他如果这么做，"他就和自己的社交生活吻别了"。他不顾这一风险并接近了他，虽然一开始令自己颇感意外，但最后还是加入了自己的团队并帮助他们打造火箭。

与学生和老师们讨论这一片段，谈谈与学生有共同兴趣的影响。这证明了人们如何能在一起工作的过程中学会克服社交困难。

文版讨论

阅读并讨论：2014年7月《读者文摘》（*Reader's Digest*）中格列

农·道尔·梅尔顿（GlennonDoyle Melton）的《一位老师阻止欺凌的绝佳策略》（*One Teacher's Brilliant Strategy to Stop Bullying.*）。

她描述了一位老师发现班上一些同学朋友很少，然后设计了一些活动和学习体验来建立学生之间的联系。

活动：扩展共性范围

目的：发现一个群体中的共性即该活动适用于任何类型的群组。

将人们两两分组。给每组两到三分钟在纸上写下可能与他人的相同之处。

要求每组找到另一组。给每个小组两到三分钟来对比这些相同之处，找到四人共有的部分。他们也可利用这段时间来寻找四人其他共同之处。

继续让小组人数翻倍（4变8；8变16，以此类推）。直到最终合并了所有小组。在记录纸上画一个圈，在这个圈里，指定一名成员把所有人的共同之处写下来。

把这个圈放在教室中间，要求每个人在圈周围的空白处签上自己的名字。

要求每个人在参与的过程中记录想法和感受。反思过后，展开讨论，要求每位参与者与全班分享自己的想法和感受。

将校园内的多个"我"联系起来的建议

• 把大家的集体照贴在教学楼公告板的突出位置。人们需要看到彼此之间都有着联系。

• 要求所有教师在学年开始致力于记录每个班的共同点。将记录单放在教室里，并提供空白处添加新内容。

• 在教学楼找地方播放视频，将人们的爱好分类：跑步锻炼、看电影、海滩度假、乡村音乐等。要求学生和老师把名字写在分类的适合位置。

• 生日是找到人们共同之处的好办法。如果学校召开例会，腾出一段时间，在会议前让当天过生日的成员站起来。全校给予他们一轮掌声甚至可以对他们唱生日快乐歌。

• 开发图书馆资源，多包含帮助人们熟悉彼此的活动，要求大家就相同经历进行交流，并分享彼此的故事。

• 指定一天，学校的所有人都同意当天穿一个颜色的衣服。

• 有意用幽默来使人们联系起来。分享一段有趣的视频，无论多短，都可以用笑声联系每个人。在一些教室放置交互式白板，老师几乎可以每天以笑声开始一天的课程，让每个人都有一种好心情，准备好齐心协力完成学习。

• 如果将社区变成一个彼此相关的集体成为学校的重要目标，那么可以设置一个计划委员会来负责寻找和推荐好的方法，以加强学校所有成员之间的联系。

• 当整个学校都能致力于某个服务项目时，确保学校在实现目标的过程中保证进度的可见性。为人们参与服务项目的实际情况拍摄照片也是不错的办法。

总结

这些重构策略的目的在于促使改变的发生，而不是强制做出改变。

目标是让人们换一种方式来思考和感受在校经历，并帮助人们改变并影响彼此。

主要有三大类策略：为提醒人们学校中人为要素的心理策略；为改变人们身份意识和对自身在学校里所扮演角色看法的"身份"策略；为促成学校积极改变的具体言行所参考的"行为"策略。

心理策略包括（1）找到"为什么"——强调道德目的在校园事件中的作用；（2）表达希望——强调突出学校事件积极一面的重要性，以及对人们的影响；（3）将多个"我"联系起来——由强调个人重要性的传统观点转为强调校园社区所有成员之间的联系和共性。

第九章　重构预防欺凌体系的"身份"策略

"身份"策略
1. 改变身份意识。
2. 要求参与策略。

策略一：改变身份意识

"如果你按照一个人本来的样子去对待他，他就能够变成这个样子。"

——约翰·沃尔夫冈·冯·歌德

凯文是一名很文静、很谦虚的学生。通常他表达最多的表情就是一个简单的笑容，只持续不到一秒钟。他学习很刻苦，尤其是阅读和写作，这二者是他的弱项。但当他参加三年级第一次标准测试时，只拿到了1级（四个等级中最低级），没有人感到惊讶。

凯文每天都不得不面对他最棘手的问题：阅读和写作。我很好奇，当他环顾四周，发现周围学生在阅读和写作上毫不费力时，会有何感受。尽管他没有表达出来，但肯定会认为自己哪里"出错"了。他接受老师的帮助，但某种程度上这种外界帮助只能更突出一个事实——他与大多数学生不同。我们尽量对他保持积极的态度，但他似乎只能将这种"区别"视为"没别人好"的表现。而且，只是表扬他的刻苦不足以让他在学校里过得开心：他知道自己比别人努力，但是成绩仍然落后于其他人。我们的鼓励无法消除他观察到的事实，很遗憾，也无法改变他对自己的想法和感受。

直到有一天，当一位负责学校商店（位于储藏室的一个狭小空间，每周有几天会售卖学习用品）的助教邀请凯文作为志愿者帮助自己时，一切有了转机。他欣然同意了，在商店的方方面面忙前忙后。他可以准确描述所卖的每一件商品，并在心里记录库存情况。他会建议学生哪些铅笔或橡皮最好用。他很快改变了想法，在同其他人交谈时会主动微笑。作为校长，我经常去那里购买钢笔或铅笔，而凯文（一般情况下不会和我说太多话，因为我认为他面对校长会很紧张）会建议我买什么。我们都认为他在言行上变了一个人，和以往截然不同了。

凯文在阅读和写作上依然不好过，依旧需要大量帮助，但微笑变多了，也健谈了。他不再只局限于自己的弱项，而是在一些长处上有了一席之地。他如释重负一般；学校商店的经历让他有了新的身份。这种身份意识帮助他获得了信心，体现在他的社会交往以及学校生活的其他方面。对他来说，阅读和写作虽然并没有变得容易，但不再是自己的一种约束或限制。他的考试成绩在四年级时提到了2级，五年级时提到了3级。尽管他的成绩提升没有多显著，但他在学校商店的经历着实改变了学校对他的意义，也改变了自身和他人对自己的看法。

如果没有在学校商店的经历，凯文依旧能取得在标准阅读测试中两个等级的进步。或许这种进步来自于外部帮助，最终有了成效。但当凯文将学校商店视为自己可以取得成功的地方时，我看到了他的"新生"。他获得了新的身份，也有了成功的自信。他将这种新的身份融入了新的场合下，包括考试在内。他的新身份和自信心使得自己在考试中能够充分发挥，而进入商店帮忙之前的身份恰恰抑制了自己的发挥。他的新身份改变了他对课业辅导的看法：不再意味着自己出了什么差错，而是一种进步的机会，就像在学校商店里的时光，让自己有了长足的进步。

一旦学校经历让凯文有了新的身份，学校本身对他的意义也有所不同了；它为凯文开拓了新的视野。他不再是一位需要纠正错误的学生，而是一位能够不断进步的好学生，不亚于其他人。他也成为了一名施惠者——帮助学校变得更加美好，而不只是一名受益者——总是接受来自学校的帮助。

作为竭力想要帮助凯文的教育者，我们找到了更好的方式来帮助他。我们没有试图鼓励他去改变（讽刺的是，他一直都希望变得更好），而是换一种方式去对待他，使这种经历能够改变他的身份意识。随后，他能够按照这种新的身份来行事；他开始变得一天比一天好。正如我们所想的，他也在等待我们按照这样的方式来看待和对待他。

我们从凯文身上学到的经验让我陷入了沉思：我才意识到有多少学生在等待新的机遇（和不同的身份），却又无法得到。

改变身份意识意味着什么？

大多数教育者对问题学生都很重视，但这种重视反过来给学生施加了一种身份，这种身份限制并束缚了学生在学校里的表现。学生会吸收（潜移默化下）这种态度和结论，即教育者从他们行为中推断的结果。因此，当学生表现出背离学校期望的行为时，很多教育者会草草得出结论，认为他们需要某种程度上的改变，他们身上"出了问题"。这种信息的根本在于：学生（而不是学校环境）需要改变。

改变身份策略意味着，同学生互动的教育者和所有成人务必保持对学生强项和能力的关注。也就是说，大人们必须把想要纠正或改变学生的想法放在一边，而是赋予学生信心，给他们提供恰当的条件和支持来帮助学生学自己想学的东西。如果学生遇到困难、难以进步时，问题在于环境、周围的条件，而不是学生本身（大人们需要克制自己犯基本归因谬误）。

改变身份策略同卡罗尔·德威克（Carol Dweck）和同事描述的成长/固定心理设定概念直接相关。教育者不能将学生的问题归咎于他们固有的能力，认为是他们本身出了问题，而要重构对问题的认识，要知道这是学习过程中很正常的一部分，所有人都会遇到。问题对所有人（包括老师）

来说，都是成长和学习不可多得的好机会；并非表示哪里出了差错或出现了本不应该发生的事。

当问题或困难出现时（总会出现的），学生可以尝试不同的策略和调整来克服。这种对学习的责任感不会自动出现，而是由平常与他们打交道的老师培养起来的。老师不能只是告诉学生们做什么以及怎么做，然后就期待他们对学习有所掌控。当老师改变自己控制者或管理者的身份时，学生们会自然而然地接受新的身份，反映出更多责任感和自信心。

改变身份策略需要老师们不再质疑自己如何能鼓励学生改变（通常只是给出奖惩的有限选择），而是探索可以为学生提供哪些机会，反映并肯定学生积极的一面。

改变身份策略强调老师的积极言行，可以肯定学生是校园社区负责任、有爱心的成员。还包括老师对学生的谈话方式：他们需要用一种负责任的腔调来同学生交谈，要避免居高临下。

老师们需要证明自己对学生的尊重和礼貌，就像他们面对位高权重者时一样。当老师们有意不去依赖自身的制度性权威来迫使学生做出改变时，实际上是在塑造公平地对待他人，而不顾及社会地位或权力大小的形象。这样一来，老师们就为学生树立了新的榜样。当学生受到尊重时，他们会得到自己真正渴望的身份；证明自己也值得他人的尊重。他们不希望别人只是告诉自己不应该做什么或不应该违反哪些规矩。

改变身份策略令人们意识到，找到一个人的身份意识是成人过程中的一个关键部分。学生们希望大人们告诉他们自己"是谁"。他们需要大人们在生活中意识到自己成为超人的潜力，而不只是克拉克·肯特（超人原型）。他们会对为自己提供希望并肯定自己能力的信息报以积极响应，而并非那些只关注自身缺点和失败的信息。

学校不能通过对失败和负面评价的恐惧来塑造学生的身份，而是要给予他们希望，通过自信心来塑造，从而克服重重困难直到成功。

改变身份意识如何起到效果

人际关系塑造了身份意识，因此也是改变身份的方式。

学生不能被锁定为欺凌者、被欺凌者和旁观者，而是要得到所需的知识、技能和态度来探索自己的真正身份和角色。当学校为学生提供机会来找到自我时，学生就能够换一种视角看待他人，也会换一种方式去对待他人。当教育者改变了对学生的看法时，学生也会开始改变对自身的看法。随着越来越多的学生将自身视为学习和肩负社区责任的"活性剂"时，学校的文化规范就会朝积极的方向发展，更加注重对每位成员的关怀和尊重。

当教育者决定为学生赋予积极的身份时，他们就会告诉学生，自己相信他们有成为某类人的能力。如果学生看到自己信赖的成人们相信自身的能力，会更可能做出讲道德、无私甚至牺牲自我的选择。

如果容易遭遇欺凌的学生收到来自大人们积极而肯定的信息，他们会大大受益。他们通常不愿举报欺凌的原因在于认为自己罪有应得，错误地推断大人们可能也这么想。他们需要积极的信息，重构他们的校园经历，帮助自己用积极的眼光看待整个学校。

当教职工表现出过强的权力和控制力时，欺凌他人的学生就能证明规避控制的能力，并认为自己在同龄人眼中的地位提升了。但如果大人们改变这种"强权"身份并值得信赖，愿意支持学生，就会塑造一种更积极的身份，缓解学生和成人之间尖锐的分歧（相应地，师生关系的实质就会从"势不两立"转为"齐心协力"）。在更注重合作的环境下，目睹欺凌的学生就不会认为这些"戏耍"老师的学生有多大魅力或多令人羡慕。利用欺凌来获得更高地位的学生就会发现，很多同龄人并不赞同自己的行为。

当学生认为自己是主动的公民时，就会按照这种身份来行事。他们会承担责任，按自己的意愿来打造学校和社区。他们作为公民或社区成员的言行会与尊重、关怀的价值观更加一致，而不是顺从和听话。

学校如果为学生提供价值观而不只是规则时，学生能按照自己的理念来做出道德决定。这使得学生难以忽略与自己价值观相冲突的言行。当规则与价值观和原则明显相关时，目睹他人受到虐待的学生就有了道德选择能力。尽管很多学生仍然决定不予帮助，但起码强于学生将虐待视为学校生活的正常部分，在面对需要帮助者时，会为保证自身安全和地位而袖手旁观。

当学生有机会在塑造学校环境上做出选择并发表意见，因而获得对学校的主人翁意识时，在对学校不利的行为面前，他们会鼓起勇气挺身而出。这种身份使得学生不再一味地追求自保。这样他们就会为别人着想，将学校的利益置于个人利益之上。他们会这么想："在我们学校，可不能这样对待他人。"

目睹欺凌的学生通常拿不准自己的言行，因此面对事情的不确定性束手无策。如果学生不得不停下来思考该怎么做，在他们做出决定或有时间提供帮助前，事情就已经结束了。他们的不作为会被视为对欺凌的默许，这样就给了欺凌者一种虚假的自信，错误地认为旁观者赞许自己的做法。不作为无意中会塑造并维系一种身份意识，如果真相（人们真实的感受）有机会浮出水面，这种意识就会不攻自破。

大多数旁观者都不认同欺凌行为，他们不会以自己的不作为为荣。无法按照自身的价值观或意识来行事，让学生感到很痛苦、沮丧。如果明确地表示学生是公民、社区成员、团队成员或有爱心（讲道德）的人，他们就不会在面对欺凌时束手无策了。学生一旦接受这些身份，他们就承担起了相应的责任：

就像医生治疗病人、教师辅导学生、市民投票等。一种积极的身份可以让助人行为更加主动（在第十章，第一目击者的身份是所有学生都可获得的）。

改变身份策略符合第七章中解释的自我肯定理论。当成年人认为学生想要帮助他人并为公众利益做出贡献时，学生就有了一种积极、确定的身份。这样一来，学生就不再"屏蔽"批评或负面信息，也不会将精力完全放在自保上。而赋予学生积极身份的成人们（即使这些学生做得完全相反）更有可能获得学生的信任和尊重。很多学生需要有一位成人信任自己，用一种欣赏的眼光看待自己。成人赋予孩子的身份意识会伴随孩子成长——无论方向是好是坏。

得到老师尊重的学生更可能信任老师们，会向老师寻求建议和指导，以更好地应对所面对的欺凌，无论自己是欺凌的对象还是旁观者。学生也可以获得更多自信，用于欺凌面前挺身而出，此时他们不再害怕来自老师的批评——因没有等候来自权威的命令。

当人们如何受到对待以及个人对其他人所负责任在学校里成为老生常谈时，学生可以继而按照价值观和原则来培养自己的道德身份。而当这些问题没有得到重视或讨论时，学生更可能像大多数人一样"没有身份"，不会思考自己究竟在做什么。

当帮助他人和支持校园工作得到公众认可并受到重视，成功就不再依靠在技能上比其他人强多少，而是每个人都有资格成功。相比一些学校环境中，部分人身份要优于他人，学校应努力让每个人都获得同样重要的身份。在这种学校环境下，学生将不再需要努力融入更受欢迎的群体，因为整个群体就是一个团结的社区，每位成员都是平等的。因此，欺凌将不再具有保护和促进的社会功能，要知道大多数学校层次分明的社会环境下欺凌都具有这两种功能。

改变身份策略对于促进个人和组织做出积极改变来说十分重要。因此，学校需要从根本上改变完成其核心使命的方式：不再强调如何控制学生去做什么或不做什么，而是为学生创造条件，使他们成为自己理想中的人物，并帮助创造学生真正需要的身份。

研究探讨——改变身份意识——的参考资料

要想了解该策略为何如此重要以及如何帮助人们做出积极改变，有很多书籍、章节、文章和研究可以参考。

丹·西斯和奇普·西斯（Dan Heath and Chip Heath）《转换：如何改变难以改变的事物》（*Switch: How to Change Things When Change Is Hard*）。

第七章："培养你的人才"

本章总结了"身份"改变模式与"结果"改变模式的区别。作者解释了一个人如何通过点点滴滴的行为逐渐获得新身份，从而影响到此人在很多场合下的反应。与身份一致的动机远强于来自外部的动力。

身份在几乎任何改变场合下都会起到作用，谁也不例外。当你认为某人的行为需要改变时，先问问自己他们是否同意这一陈述："我立志成为做出这种改变的人。"如果他们的答案是肯定的，那么这是对你有利的一个重要因素。如果答案是否定的，那么你需要努力证明给他们看，他们需要立志获得新的自我形象。

罗伯特·卡尔迪尼《影响：科学与实践》

第三章："承诺与坚持"

提摩西·威尔森《重新定向：惊人的心理变化新科技》

第四章："塑造孩子的故事：成为更好的父母"

在卡尔迪尼和威尔森的章节中，作者描述了实证研究，证明了就算再强大的外部威胁或奖励，也只能带来对命令或规则的短暂遵从。一旦没有了这些外在力量，或具备这些外部力量的大人们不在场，儿童将不需要考虑之前的这些命令或规则。本章也描述了当采用其他不依赖外部动机的方式时，情况将会怎样。

两书的作者推荐了一些依靠解释规则的原因和理由的教养和教育方式，以此来帮助学生接纳这些价值观。这些方式帮助孩子们将积极行为归因于自己的身份。这样一来，就能对自身的生活更有把握，当遇到困难或问题时，也不会有多为难。

社会科学界发现，当我们认为在没有强大的外界压力下，会承担某种行为的内部责任。而主要结果恰好来自于这种外部压力。这让我们能够进行某种行为，但不会让我们承担这种行为的内部责任。因此，我们不会致力于这么做。对于强大的威胁同样如此；可能推动我们去顺从，但不大可能产生长期效果（卡尔迪尼，2001，p.82）。

然而，站在一种编故事的角度来看，关键问题在于孩子们如何向自己解释，为何没有在玩这个玩具。面对强大的威胁，孩子们很可能将行为归咎于威胁……而处于相对较弱的威胁下，他们会找到其他方式来解释自己的优秀行为，也就是说，他们必须是非常诚实的孩子，擅长回避诱惑（威尔森，2011，p.85）。

马尔科姆·格拉德威尔（Malcolm Gladwell）《以弱胜强》（*David and Goliath*）。

第四章："卡洛琳"

在本章中，格拉德威尔探讨了身份是由一个人对自身与他人关系的看法所决定的。他借用的例子是，几位成绩出色的高中生到久负盛名的常春藤学校上学，最后却异常地失落，因为他们不再是班里的尖子生。

认为自己在一所好学校里已经掌握了某个学科的学生，会感受到他们在真正的好学校里，其实被甩得越来越远。而这种感觉——看起来如此的主观、荒唐而不合理——就是问题所在。你对自己能力的感知——学术自我概念——在课堂的背景下塑造了应对挑战并完成困难任务的意愿。(p. 80)

乔治·沃顿、大卫·普尼斯库和卡罗尔·德威克"可拓展的自我"，摘自M. R. 莉莉和J. P. 唐尼《自我与身份手册》（*Handbook of Self and Identity*）。

第七章："可拓展的自我"

本章解释了人们有很多"自我"或身份，符合生活的某个领域：家庭、学校、运动、教堂，不胜枚举。每个人按照自己在哪或在做什么而有不同身份。如果人们能意识到自己在不同场合有着不同身份（比如"我擅长高尔夫，但不擅长公开演讲"），在某个领域如果遇到问题，他们不会感到压力大或沮丧。相反，认为自己只有一种身份的人，在任何领域遇到问题都会很头疼。作者认为，可以提醒人们自己最擅长哪个领域，以此来扩展对自身的看法，从而更好地应对危机。

人们越是意识到"自我"可以拓展，就越能够面对挑战激发出更复杂、更多样的"自我"，因此可以利用更多资源来取得优异表现（p.151）。

苏珊·魏因申克（Susan Weinschenk）《如何让人们做事：掌握劝说的艺术和科学》(*How to Get People to Do Stuff: Master the Art and Science of Persuasion*)。

第二章："归属感的需求"

本书目的是为领导或销售人员提供一些策略，从而可以按照自己的想法来改变他人的行为。尽管听起来像是对别人的利用，但本书确实给出了很多社会心理学研究，比起一些学术类文章更容易理解。作者用了"用名词，不是动词"的小标题，将人们对归属于社会群体的需求同给予这个群体头衔或名称关联起来。将人们称为选民而不是投票人，可以让他们认为自己属于某个明确的群体，然后就能和这些人一样行事了。

当你要求人们做事时，多用名词而不是动词。唤起人们对某个群体的归属感，更有可能满足你的要求。

研究文章

克里斯托弗·布莱恩、埃里森·马斯特、格雷戈里·沃尔顿《"帮助"还是"做一名帮助者"：唤起你子女的自我来让他们更乐于助人》

本研究中，学龄前儿童被分为两组。一组中实验者让他们展开对话并提到了孩子多擅长帮助他人。另一组中，实验者将他们称为"帮助者"。谈话后不久，实验者在孩子玩玩具时，突然将道具扔到了地板上。被称为

"帮助者"的孩子们立刻停止了玩耍，转而帮助实验者捡起道具，这要比其他学生表现得好。作者总结道，这些被称为"帮助者"的学生之所以帮忙，是因为他们将其视为获得一个重要身份的机会。

作者就何时何地对儿童使用名词和动词提出了关键一点："当孩子被失败的可能笼罩时，用名词会挫伤动机，因为名词有可能将失败与自我联系起来。相反，当失败并不相关时，名词就可能提升动机。"

用名词来完成某个任务可能难度很大，就像赞扬一名学生很聪明，而不是承认他们付出了多少努力。一名学生可能不愿意尝试挑战性任务，因为失败会否定自己希望维护的身份。用名词来完成儿童力所能及的任务，会使他们更可能按照这种身份去做出某种行为。

杰弗里·科恩、胡里奥·加西亚、南希·爱普菲尔、埃里森·马斯特"减少种族成绩落差：社会心理学干预"。

在本研究中，在学期开始，美国黑人大学的学生被要求写一份个人价值观的报告，并加以解释。对控制组的学生提问的问题较为宽泛（没有将个人与这些价值观相关联）。内容为积极个人价值观的学生要比控制组的学生成绩高很多。研究者总结认为，明确的个人价值观能帮学生扩展学术领域之外的身份意识。如果将自己视为有坚定价值观的人，他们能更好地应对学术挑战。这种扩展身份能抵消固有的威胁，这些威胁通常会拉低部分学生的学术成绩。

看似独立的小事，现实中可能是一系列行为中最重要的一步，此时其他必要条件已确定，但尚未充分发挥作用。按下开关单独看来也许是一个微不足道的小动作，但能给一个房间乃至城市带来一片光明（p.1309）。

理查德·德查莫斯（Richard Decharms）"小卒还是将军？为壮志难酬的年轻人打气""*Pawn or Origin? Enhancing Motivation in Disaffected Youth*"。

在研究中，德查莫斯认为"小卒"身份仿佛被外力所推动或控制，而"将军"身份则能够控制自身的行为。他的发现很明确：认为自己对学习有所控制的学生要比认为自己无法控制学习的学生成绩好很多。老师在接受改善课堂环境的培训后,学生可以在学习上有更多选择和控制权,那么学习成绩以及对学校的好感就会提升。认为身份是学习的关键已是老生常谈了。

慢慢、仔细地培养老师的能力来就学校事宜做出选择,给予他们更多选择来学习如何承担责任,他们就能够有效提升学生的动力和学习成绩。

活动

视频片段讨论

播放NBA季后赛前唱国歌的片段。

尽管第七章的活动中用到了这一片段,但其可以用来说明很多道理。视频中,奇克斯教练将自己的身份超脱于篮球教练,进而去教小女孩演唱美国国歌。

探讨一个人的身份如何改变其他人的身份。

探讨如何改变身份,以及身份如何影响文化以及社会环境的氛围。

探讨这种情形如何影射欺凌事件。想想在欺凌事件中,所有参与者都可以应用改变身份策略吗?

文本讨论

阅读并探讨《纽约时报》《New York Times》2014年4月11日的文章《培养一位有道德的孩子》(Raising a Moral Child),作者是亚当·格兰特(Adam Grant)。

这篇不错的文章引用了目前在养育儿童方面对身份的一些研究成果。它强调了面对儿童不当或伤害性行为时,内疚和羞耻反应的区别。作者探讨了,羞耻会让孩子们认为自己很差劲,而内疚则让他们对自己伤害他人的行为感到懊悔。这是教育孩子方面一个重要的分歧。

活动：三个问题

目的：用积极的前提来改变身份

本活动可用于教职工、老师或与学校相关的任何群体。

问题一：要求人们反思如下问题："目前我对学校有何贡献？"

这一前提表示所有参与者不仅关心学校，而且也采取了具体行动来证明自己的关心和帮助。尽管有些人在这方面可能做的不多，但他们和其他尽心尽力的人有着同样的待遇。他们可能不得不去回忆什么，但能够在记忆中找到一些积极方面。该问题为每位参与者设定了一种积极的身份。

确保人们单独来回顾过去，并写下答案。

依照群体规模和分享程度来决定公布答案的最佳方式。下面提供一些选择供参考：

- 要求人们两两分组来分享；
- 花一部分时间供人们轮流分享自己做了些什么；
- 把答案贴在一张记录纸上，这样每个人都可以一目了然。

可以让参与者来决定是否愿意在陈述下方署上自己的名字。

找一个方法来收集并保留所有行为的视觉记录。

问题二：重复相同的步骤："你还打算为学校做些什么（除了现在做的），来让它变得更加美好？"

问题三：重复相同的步骤："你希望所有人都做什么，来让学校变得更加美好？"还可以要求参与者解释能让学校变得更好的方式以及原因。

最后一个问题的答案可以是整个学校社区的共同目标。可以安排一个规划组来审核这些意见，并寻找相似答案。学校社区可以选择三到五个建议供大家投票，决定人们会共同致力的一个选择。

活动还可以在学生和教师之间展开，分开或一起都可以。有了社区成员这一共同身份，学生、老师和家长可以携手让学校变得更加美好。预防欺凌可以从简单回应某个单一问题转化为，为所有人创造一个更好的环境。

改变身份意识的建议

鼓励学生、老师和家长参与某个项目，从某个方面改进学校。除了将学校内部单独身份整合起来，这些活动也可以带来实际进步。

• 想办法用故事、惯例和看得见的方式来强调学校价值观，并认可社区成员符合这些价值观的言行。

• 想办法让所有学生都能参与学校的志愿者活动。不要为学生指派工作和强加责任。这样只能强化学校的等级观念，而不会帮助学生有效地参与这些活动。

• 要求学生经常为比自己低一年级的同学们提供书面和/或视频建议。当学生能够将所学的知识转化为对他人的帮助，就会接过"施惠者"这一身份，为共同利益着想。

• 老师和其他职工可以大方地邀请学生帮助自己解决问题。大人们要表现出对学生尊重的态度，为学生树立良好的榜样。

• 让教职工养成谈论社区的习惯，将学生和同事视为公民和社区成员。

• 扩展俱乐部或课后活动的范围，不要局限于传统的活动。比如说，可以组建一个建筑俱乐部，学生可以一起完成拼搭乐高积木，在无关特殊技巧或能力的情况下齐心协力。

• 就如何让学校变得更美好，定期向学生们咨询建议。这样邀请学生参与的行为可以改变他们的身份意识，表达对他们的尊重和认可。

策略二：要求参与

"尊重你的同胞们，公平相待、坦诚相待、珍惜友谊，坦率承认对他人的想法，携手为共同目标努力，帮助彼此实现目标。"

——比尔·布拉德利

当我首次担任校长时，家长教师协会会长问我对圣诞节有什么想法。这一问题让我有点惊讶，但回答起来相当容易。我答道，"我喜欢和家人一起过；这是一年中很美好的时光。"她笑着说道，"我意思是你对学校的圣诞节有什么想法？"我对此没有给出答案，因为对此我没有怎么想过。很快这就有了改变：如何庆祝或不庆祝圣诞节（以及学校的任何节假日）成为了我们学校的一大事宜，到现在有五年之久了。尽管这一问题可能让我们的学校社区陷入分裂，而且我习惯坦然置之；但回顾起来，实际上它让社区变得更加团结，也帮我成为了一名更好的学校领导。

我们学校并非处于一个非常多元化的社区。大多数家庭都是基督教信徒，过的都是传统的圣诞节，而在学校则用一种非宗教方式来庆祝。我的前任校长认为他的前任对圣诞节庆祝得太过了，因此决定减弱对圣诞节的重视。当我成为校长时，社区需要知道我会采用哪种方式，无论是支持还是反对圣诞。

我所知道的是，我对问题并不了解，需要了解的东西还很多。我也知道光靠自己是不行的，社区需要同我一起学习。这就是我们过去所做的——并不容易。需要花很长时间甚至数年，因为很多社区成员都要意识到，自己需要了解这一问题。很多人认为该问题很简单而明了，我可以直接宣布他们的方式是对的，而反对者是错误的。一旦家长和教职工委员会相遇（幸运的是，两边的人都肯定会成为志愿者），他们意识到尽管一开始对争辩感到失意，但很快发现，如果两边都"胜利"了，那么学校最终会因为来自"失败者"的坏心情而失败。在大量阅读、讨论、咨询、研究、争辩和审议后，委员会草拟了一套指导原则和信念，代表了委员会对整个学校社区想出的最佳答案。我们也开发了一系列针对某些问题的"问与答"，解释了学校如何处理这些问题。我们花了大概有五年时间来理解问题并让我们的方式得到接受，但当我们处理完该问题后，我们就成为了更团结的社区，可以应对其他的问题，对我们的协作能力也有了信心。这种齐心协力去工作的想法，在经历强烈的意见分歧后，会忽略真正的信赖式氛围以及对所有人的尊重。结果，我们的差异以及不愿让差异造成分歧的想法，帮助我们找到了共同的方式来得出方案，没有赢家或输家：这种方式代表了学校共同的价值观和信念。

回首过去，整个学校社区完成的工作为其他创意奠定了基础，当我们建立好应对学校过圣诞节这一貌似棘手的情绪问题的方案后，这些创意会自然而然地出现。学校社区一同为一个问题提出了解决方案，而该方案可以影射到未来的问题上。我们学校懂得了，任何积极改变都需要同一类型的集体意识。

要求参与：意味着什么？

具备集体意识与改变身份策略是相辅相成的，因为身份是由合作个体的言行发展而来。当人们协力解决问题并实现共同目标时，他们会用新的方式看待和了解彼此。他们看待和对待他人的方式会影响并塑造社区内每位个体的身份意识。

具备集体意识同一种被称为"宜家效应"的社会心理学现象相关："宜家效应是一种认知偏见，在顾客过分重视自己参与制作的产品时出现。"当人们参与到解决问题的过程中时，他们很可能主动去想办法解决问题；他们既重视解决问题的过程，也看重过程中出现的解决方式。

当师生参与到了解欺凌问题的过程中时，他们很可能改变看待问题的方式。成为解决问题的一大环节，为学生"重构"对欺凌问题的看法创造了条件，由对规则的违背转化为人们该如何对待彼此的道德问题。

要求参与策略假设人们合作并遵循如下步骤：

- 尊重每个人的意见；
- 有时间来反思和交谈；

• 不要按照先入之见匆匆得出结论；不仅可以按照一种新颖的方式解决问题，还能够提升学校整体的文化和氛围。

要求参与策略意味着领导者或明智的教师们花时间来思考事情的参与者都有谁、如何设计解决问题的方案以及决策程序。

要求参与策略也意味着领导者有能力促进解决问题的流程（并非微观管理）。有效教学意味着过程中涉及的所有人都有充分和平等的参与权。

要求参与策略如何起到效果？

这一部分的重点是解决欺凌问题、提升学校文化和氛围的过程中，学生参与度如何。我之所以强调学生的作用是因为他们通常会遭到忽略，只是大人们所做决定的接受者罢了。但我意识到，老师们也必须参与到了解欺凌的过程中来，并决定该采取哪种方式。他们的贡献至关重要，不仅仅只是领导所制定计划和策略的实施者。下面的评论确实适用于学校社区的全体成员。

当老师们要求学生参与到解决欺凌问题的过程中时，就向他们传达了截然不同的信息：他们是问题的答案，而不再被视为问题。只是告诉学生这一点不足以改变学生的身份意识。百说不如一干，行动比话语更能让人信服；学生需要亲自被邀请参与到解决问题的过程中来。

老师需要具体告诉学生怎么做来为学校社区做贡献。学生要意识到自己是老师的真实搭档，可以携手让学校变得更好。只有当学生感受到自己是答案时，才会真正这么做。他们接受了——有责任心的社区成员这一身份。这样一来，他们面对社区成员遭遇不公正待遇时，就会关心对方、负起责任。

如果你希望学生换一种行为方式，那么就要为他们获得新身份创造条件。如果学生相信大人们赋予自己的积极身份是真实的，那么应该得到邀请，参与到同这种新身份相关的活动中来。这样一来，他们就能同时获得身份并学到相关技能。比如说，当公民们首次受邀担任陪审员时，他们在积极参与庭审的过程中就能学到如何做好陪审员。

参与解决问题过程意味着要获得对问题的新知识和新看法，以及对人们的影响（考虑到每位参与者的不同）。随着学生参与到了解欺凌以及接收与人们道德意识相关信息的过程中，他们就有很大机会了解自身以及学校社区的其他成员。比如在过去，学生在目睹欺凌时可能会保持沉默，而现在，经过参与解决学校欺凌问题的过程，他们就能明白自己当初为何会犹豫迟疑。此外，他们也能了解一些能有效应对欺凌的策略。

介入或举报欺凌对于任何学生来说都是一项艰巨的任务。当学生参与到解决学校问题的过程中时，他们能"捡起"帮助和支持同龄人的想法和策略。与同龄人探讨如何帮助受到欺负的同学，可以提供学生在目睹欺凌时的多种选择。当旁观者发现志趣相投的同学们有和自己一样的想法，他们将获得勇气来做出正确的选择，即使面对来自社会的压力也无所畏惧。这些学生可以为彼此提供建议和鼓励。这时，介入并举报欺凌要比单打独斗容易得多。

老师们可能忘记，学生们经常无法理解自己欺负他人或不施以援手的动机是什么。当学生参与了解欺凌的社会动力时，他们能知道自己需要跟随社会群体来做事。通常帮助学生了解内心的想法，就能使他们更好地理解自身的感受和动机。这种理解能让他们在有机会欺负弱小的同学或帮助被欺负的同学时，做出更有道德的选择。

老师们可以有意设计一个解决问题的学生小组，来让学生们有机会熟悉那些通常不在自己社交圈里的同学。这不意味着把欺凌的潜在目标和可能欺负别人的学生放在一起。而是让通常不欺负别人以及受欢迎的学生有机会和容易受到欺凌的学生建立更有意义的关系。如果不受欢迎、朋友较少的学生可以和受欢迎的学生建立积极关系，那么对弱势学生的保护就大大提升了。

以小组的形式完成课堂作业对学生来说并不陌生。很多时候，除了完成作业，这种形式并没什么其他意义或目的。当学生以小组为单位协力解决问题时，工作本身就有了截然不同的意义和目的。很多看似懒散或不擅长学习的学生如果认为自己的工作很有意义，那么就会在同龄人眼中"大放光彩"。由于为学校社区做出贡献的方式有很多，"成功"并不取决于学习技能或知识。认为自己学习成绩比别人差的学生也可以对学校做出卓越贡献。由于这些学生更容易受到欺侮，教师应该彰显他们优点，从而减少他们成为欺凌对象的可能。

在实践层面上，学生可以提出很好的想法和有效的策略。由于欺凌出现在大人们不在场的情况下，因此只有学生知道欺凌在学校环境下是怎样出现的。他们在这一问题上是真正的专家。学生们知道他们的世界是怎样运转的，以及哪些信息会和大多数学生产生共鸣，哪些又会被忽略。学生设计的方案和策略要比来自老师的更加积极，而且更能够发挥作用！

邀请学生参与预防欺凌的过程中，不只是举行更多的集会或让学生穿上"反欺凌T恤"。而是要给学生布置有意义的任务和作业，可以激发他们的思维和解决问题的能力。他们在帮助别人上花的时间和精力越多，就越重视自己的工作。赋予他们真实性任务可以明显改善校园环境，增加学生的成就感，从而让他们致力于将学校变得更加美好。

要求参与策略意味着学校社区的全体成员要携手让学校变得更好：用社区来打造社区。身份意识、技能、知识、意义和宗旨都随着人们为公共利益努力而来，每个人都能做出贡献。在这种学校环境下，每个人都能获得成功和幸福，而不只限于少数人。

研究探讨——要求参与策略——的参考资料

凯里·帕特森、约瑟夫·格里尼、大卫·马克西菲尔德、隆·麦克米兰和艾尔·思维则勒尔（Kerry Patterson, Joseph Grenny, David Maxfield, Ron McMillan, and Al Switzler）的《影响者：改变的力量》（*Influencer: The Power to Change*）。

第七章:"找到成员的优势"

本章阐释了如何利用群体的力量来改变群体。给出的例子表明,和通常被认为是问题源头的人分享问题,是改变他们的身份意识和解决问题的有效途径。

当你周围的人引起或促成某些问题——惹下麻烦而不是化解麻烦——不要因为他们给你造成痛苦而去攻击对方。相反,要团结他们。将"我"的问题变成"我们"的问题。为解决棘手、持久的问题积累社会资本(p.181)。

利兹·怀斯曼(Liz Wiseman)、路易斯·艾伦(Lois Allen)和爱丽丝·福斯特(Elise Foster):《乘数效应:发掘学校里的天才》(*The Multiplier Effect: Tapping the Genius Within Our Schools*)。

第二章:"伯乐"

这本书非常不错,为理解两种基本类型的领导提供了框架:事倍功半的领导和事半功倍的领导。作者描述了每种类型的心理定势、设想和学科。他们断定,事半功倍的领导通过赋予他人领导权,可以增强个人乃至整个组织的综合能力、效率和幸福程度。

他们看到周围到处都是天才。他们发现人才并派上用场,培养并强化对方的才能。人们只能围着他们转。这些领导都比较外向、喜欢关注其他人、将人们视为等待发现的珍宝,因此可以发现他人身上的长处……事半功倍的领导深信人们都是才华横溢的。他们认为每个人都有才能,都有自己的一技之长。在他们眼中,别人的才能尤为清晰(pp.26-27)。

埃德加·施恩(Edgar Schein)《帮助:如何提供、给予和接受帮助》(*Helping: How to Offer, Give and Receive Help*)。

第七章:"团队工作是一种永恒的互相帮助"

让学生和老师参与到改善学校文化和氛围中来,本质上可以帮助人们作为一个集体来"帮助"学校,从而更好地学习和成长。在这一过程中,只有组织运作良好才能起到效果。本书之所以优秀,是因为对这一群体需要什么来帮助组织和成员给出了明确的解释。

我认为团队工作是一种互相帮助的状态，群体的所有成员都要一同努力。因此，打造一个团队不就是在所有人中创造一种互帮互助的关系吗？（p.108）

缇娜·罗森博格 《加入俱乐部：同龄人压力是如何改变世界的》

绪论和第四章："公司的工具"

本书记载了很多传统方式，用逻辑论证和恐惧策略来改变人们的行为，但通常会起到相反的作用，实际会助长想要改变的行为。作者描述了"用群体改变群体"的策略是如何取得辉煌成就的。

要想解决某一社会问题，重点通常是给予人们信息，或试图鼓励人们战胜恐惧。但这些策略在问题变得突出、造成情绪波动时难逃失败。这种行为越是重要，其传达信息的影响就越少，人们对于恐吓自己的信息就越是熟视无睹。

第四章描述了让学生参与禁烟运动，可以大大减少青少年吸烟问题。

佛罗里达采取了进一步的行动来改变青少年：用社会疗法强化了反抗（反对烟草公司）的概念。SWAT（反烟草学生组织）招募了几千名年轻人，培训他们领导和组织能力。这些孩子们让"真理不言而喻，得到了所有人的赞同"。

研究文章

米歇尔·诺顿（Michael Norton）"宜家效应：劳动唤起爱"（*The IKEA Effect: When Labor Leads to Love.*）。

研究证明了人们更重视自己帮助下的产物，而不是"装配好的产品"。尽管参与解决校园欺凌问题的过程不同于装配产品，但积极参与可以增强一个人对方案和计划的投入以及热情，这一点毋庸置疑。研究也表明，产品的价值提升取决于参与者是否认为装配已经完成了。同样，参与问题解决过程的师生应制定切实可行的目标,当完成时就能获得成就感。

参与者认为业余创作——实用产品和享乐产品——对专家来说价值是差不多的,希望其他人能一起分享意见。我们的会计认为,只有劳动使任务成功完成,方能提升价值;因此,当参与者制作然后摧毁自己的产品,或未能完成,都无法实现宜家效应。最后,我们表明,劳动不仅能增加对"自己动手"项目感兴趣的顾客所完成产品的价值,对于相对不感兴趣的顾客也同样可以(p. 2)。

活动

视频片段讨论

两段视频证明了一个完整的社区可以共同参与完成某个目标并解决难题。

观看《目击者》电影中建造谷仓的片段,该电影由皮特·威尔(Peter Weir)导演,哈里森·福特(Harrison Ford)主演。这一幕中,整个阿米什社区一同为一对新婚夫妇建造了一个谷仓。该片段通常用于合作学习的训练课上,以证明什么是积极依赖:整个社区需要不同的技巧和能力来成功完成某项任务。

接下来,观看电影《阿波罗13号》中"永不言败"的片段,该电影由隆·霍华德(Ron Howard)导演,汤姆·汉克斯(TomHanks)主演。

这一幕中,项目总监要求团队完成让被困的宇航员回家这一艰巨任务。这一幕证明了有效领导在帮助设定目标时的作用,而鼓励所有成员提出问题、表达感受并为实现目标献计献策。讨论相互依赖的概念以及对团队成员的影响。

探讨合作如何影响参与者对彼此以及工作的感受。

探讨这两个场景如何应用于校园欺凌问题。

探讨两个社区所面临挑战的目的和意义所在。

探讨社区成员参与这些活动的动机是什么。

文本讨论

阅读并讨论《再造少年儿童》（*Reclaiming Children and Youth*）杂志中托马斯·F. 塔特（Thomas F. Tate）的文章《同龄人影响以及积极的认知重建》（*Peer Influences and Positive Cognitive Restructuring*）。

本文探讨了同龄人的影响通常含有贬义。此外，作者认为，成人对孩子总持有一种悲观的看法，认为自己凌驾于孩子之上（叫做"成人主义"）。这些态度使他们无法让学生参与到解决问题的活动中来，无法发掘同龄人影响积极的一面。他探讨了让学生参与到这些活动中是何等重要。解决问题活动的参与者实际上提升了学生的认知处理能力以及社交技巧。

坚持与学生搭档的老师们指出，自己的作用在于教育——不是抚养——孩子。但让学生为解决困难负起责任是教育者的主要职责。无法意识到同龄人关系对这一过程的影响只能让老师的工作难以开展，造成更多问题学生面临被开除的窘境。

活动：做出真正的改变；让改变成真

目的：将想法变为行动

该活动可以被视为让想法成为现实的"试飞"。如前文所述，有时积极改变的最大障碍在于——认为改变是不可能的。很多学校社区似乎就深陷其中。不幸的是，当强迫人们做出改变时，他们会予以抵抗，因此，"证明"了改变的确不可能。打破这种恶性循环并做出积极改变是取得进步关键的第一步。

该活动的基础是前面介绍的"改变身份意识"中的活动——三个问题。问题三要求大家选出他们希望每个人都做的一件事，让学校变得更美好。指定一组人（确保包括各种社区成员，比如学生、家长、老师、管理员和后勤人员）来设计改变策略或行为规划——得到最多投票或被提及最多的行为或提议——使其在学校里出现得更频繁。

主管任务的小组可以用本书提到的资源来开始，或查询改变过程中的其他资料。他们可以在共同学习和对改变过程的理解基础上制定改变方案。

学校"要求参与"的建议

- 高校和大多数中学都有学生会。想办法增加学生会在学校决策中的参与度，以及学生会成员的多样性。
- 设立低年级学生会。这样不同年级的学生就有机会合作了。每个班可以在学生会有一位代表。
- 对于低年级来说，每个班可以有一位学生代表。
- 鉴于目前大多数学生都可以使用电脑，就学生对学校办学相关话题的感受进行相关调查要容易很多。与学生分享这些数据，让他们准确认识到其他学生有何想法和感受。
- 让学生参与完善或修改学校发展规划。学生可能有更新颖的方法来改变那些缺乏对他人尊重的行为。
- 如果学校的指导方针可以代表学校的价值观和信念，应该明确张贴出来。师生可以为学校成员遵守这些原则树立榜样。
- 每个班定期举办班会。要求学生交流彼此的想法，培养社区意识。会议上，大家还可以分享好消息和解决问题的建议。
- 每年制定一个主题，与学校使命和价值观相关。学生可以为学校主题提意见，所有学生都可以为第二年的主题评选投票。主题可以是："某学校为和平而奋斗""某学校重视社区文化"或"某学校注重健康生活"。这些主题为不同班级合作提供了机会，可以让整个学校团结起来探讨与每个人息息相关的主题。

- 要让学生参与到为班级和学校策划特别活动中来以认可学校的后勤人员，比如宿管、校车司机、食堂管理员和秘书等。
- 制定特殊的一天，所有学生和老师学习通常课堂上不会学习的课题。几年前，这些特殊的日子被称作"宣讲会"，整个学校都会学习具有社会意义的课题。让学生参与课题策划。这一天也包括一起观看励志的适龄电影，并在班里对电影展开讨论。

总结

"身份"策略目的是为学校社区的全体成员提供机会，发掘多种积极而有责任心的身份。这些身份告诉整个社区，学生是欺凌问题的答案，而非起因。

人们按照所获得的身份行事。学生身份由他们与老师的关系所决定。如果老师希望改变学生行为，他们需要尊重学生，并对学生充满信心。

如果学生认为自己是负责任、有爱心的社区成员，他们的行为会符合这种身份。

改变身份意识和要求参与策略紧密相关。身份由人与人相处的方式以及一同分享的经历所塑造。当人们有权携手让学校变得更好，他们会成为学校的施惠者，因此增加对学校的主人翁意识。这就是社区所培养的"亲社会规范"。

教育者需要重视学生在改善学校环境上所做的贡献。学生是理解欺凌的真正行家，对如何有效解决该问题也有着独到的见解。

第十章　重构预防欺凌体系的"行为"策略

这些重构策略可以通过多种积极改变来改变一个学校的文化和氛围。虽然之前策略关注的是具体目标，比如改变学生对自身的看法，并要求所有学校社区成员参与决策；但这些策略针对学校里更为宽泛的环境变化。这些资料和活动应帮助人们明白，如果经常使用这些策略，学校可以做出怎样的改变。

1. 安心玩耍。
2. 培训"第一反应者"。
3. 讲述"正确"的故事。

策略一：安心玩耍

"教育的主要目标是培养能够创新的人，不只是重复前人的工作——这些人具备创意、善于发现。"

——让·皮亚杰（Jean Piaget）

我很幸运，小的时候朋友们和我可以享受暑假愉快的时光。我们知道要保证安全、哪里可以去、哪里不可以去，当路灯亮起来的时候就要回家。如果我们遵照这些原则，就可以自由做我们想做的。我喜爱暑假时光。

相比于较为严格（一些人甚至认为很苛刻）的天主教式学校环境，我童年的暑期时光给了我很大的机会来发挥创意和进行社交。当时我并不知道这些，但两个月的玩耍中我学到的东西要比在校的十个月多很多。

在炎热的夏季午后，我们踢完第五场球或骑车直到口渴难耐，会到一位朋友家里小憩一下。他们家门前有很多台阶，正好让我们可以玩"学校游戏"。

这个游戏相当简单。小朋友们坐在最低的台阶上，一个人扮演老师站在他们面前。老师会把手背在后面，左手或右手里拿着一颗小石头。然后老师伸出紧握的双拳，一个里面藏着石头，向每个人展示，让他们猜哪只手里有石头。老师向每位学生重复这一问题，想让所有人都猜错。

很明显，只有一个正确答案，每名学生猜对的概率都是五五开。回答正确的会加分，向上移动一个台阶，而回答错误的则只能留在原来的台阶上。当有人毕业即到达顶部台阶后，游戏就做完了。作为最先毕业的奖励，获胜的学生可以扮演老师。

尽管游戏很简单，但着实令人深思，归结其本质，就是学校的真谛：找到正确答案，然后前进，得到错误答案则会受到惩罚。进步固然是好事，但游戏的真实目标其实是避免看到你的朋友都在前进，只有你还停留在低级台阶上。

我们在玩游戏时很安全，因为我们自愿去玩儿并且知道这只是游戏。我们都知道真实的学校游戏不是我们选择的，学校也不是安全的地方：对犯错和因犯错而受到惩罚的恐惧笼罩着每个人，我们所做的一切都有可能招致惩罚。恐惧是上学的重要环节和关键要素，即使我们当时并不知道。这就意味着我们不可能把它当成游戏，没有人能保证得到正确答案。瞎混只会造成更大的麻烦。难怪我在学校照片里从没有露出过笑容。我对待学校相当严肃。过去学校并不是一个安全的地方。而现在对于大多数学生（和老师）来说，情况依旧如此。

反欺侮：让学生远离恐惧

安心玩耍：意味着什么

我儿子学钢琴很多年了，我也参加过很多次他的独奏会。尽管我对他充满信心，我知道他很努力、准备很充分，但我在听他演奏时仍然充满忐忑，祈祷他尽可能少犯明显的错误。他几乎每一个音符都准确无误，但每弹错一个音符，就像箭一样射中我的心房。谢天谢地，这种独奏会一年只举办一次，而这也只是学习钢琴生涯的一小部分。如果独奏会的意义仅限于此，我确定他会干脆放弃钢琴。但时至今日，有时候学校的压力越来越像独奏会，而不像彩排、练习或卡拉OK一样轻松。

我之所以提到卡拉OK，是因为这完全就是独奏会的反面。这是音乐的一种娱乐方式；就是这种乐趣往往让人们忽略了卡拉OK的好处：

- 可以让人用愉快的方式享受音乐；
- 这种社交活动中，每位参与者都有机会在他人面前表演，而不会受到评判；
- 参与者有歌词和伴奏来帮助演唱；
- 错误也是乐趣的一部分；
- 人们有机会尝试一种不同的身份；
- 不会涉及惩罚或不良后果；
- 人们为唱歌本身而唱歌，不需要激励。

卡拉OK和独奏会本不用互相排斥。音乐爱好者既可以当作活动来参与，也可以培养对音乐的热爱和鉴赏力。唱卡拉OK和其他形式的彩排和练习一样，都能让表演者做好准备，在更严肃的场合下表演以证明自己的技能水平。

独奏会上，表演者需要为演出负责，但为其做准备时，就不需要那么严肃的环境了。人们为成功做好准备前，需要时间和空间来学习，而不需要负责、受到评判。如果独奏会和卡拉OK代表学习的两个对立面，那么学校要更倾向于卡拉OK这一边。

届时,在安全而愉快的环境下学习的人们可以在独奏会这样的场合下,有更多勇气和自信去表演。他们享受学习的过程,并乐于同他人分享所学的内容。这就截然不同于只是为了得到赞许、避免负面评价而不得不做的表演;这种方法等同于,为了完成独奏会而在模仿独奏会的环境下学习。

如果保证不了安全,会出现如下状况:
- 人们自然而然地去寻求自保、以自我为中心。
- 人们倾向于用熟悉、确凿的方式来思考和行事。
- 人们会将他人视为对自身安全的威胁。
- 人们更关注位高权重者,而非与自己平级或次于自己的人。
- 人们会反对冒险,不愿意尝试新的身份和行为方式。
- 人们会选择顺从和听话(保证安全),而尽量不去帮助和支持别人。

安心玩耍的策略意味着学校要创造一种学习环境,可以反映出卡拉OK的精神而不是独奏会那样严肃的氛围。这意味着学校要成为更安全的地方,将娱乐视为学习的方式,而不是去避免或抑制娱乐。

安心玩耍策略意味着消除,或至少缓解对犯错、受到评价的恐惧。

安心玩耍策略意味着不再将错误视为偏离正轨、不应出现的现象,而是学习过程中正常的一部分。

安心玩耍策略意味着不再担心掌权者会对自身表现评头品足。这意味着人们要将重心放在学习上,而不是为了得到权威的认可而故意表现什么。

安心玩耍策略很难实施,因为学校文化"教导"教育者,娱乐不是学习的方式,而是学习的反作用力,毫无意义。大多数教育者都知道要避免娱乐,娱乐也不安全。如果自己娱乐或允许学生娱乐,都会造成不良后果。实际上,学校为何抵制改变的原因,也许就在于他们很好地束缚了娱乐，也扼杀了娱乐带来的创意。

学校将恐惧运用得十分成功，同时让深受恐惧笼罩的人们（老师和学生）看不到这种恐惧。

不幸的是，教育者不得不用隐蔽的方式来接受娱乐和创意，因为当前的教育政策不允许这样的方式。学校要想做出积极改变，需要有创意、敢于颠覆的教育者带领自己的同龄人找到新的实践方式，让教育和学习更令人满意、更有效率。改变更可能由下至上出现，而非由上至下。

安心玩耍策略对于重构预防欺凌体系而言，意味着要重新理解安全的概念。大多数教育者认为安全感是学习的前提，但这种类型的安全通常无法让学生免于受到欺凌的威胁。保证学生安全意味着要让学生远离其他学生的威胁。由此看来，学生就被视为问题的源头，控制他们的行为就成了大多数政策、大纲和规定的焦点。

安心玩耍策略意味着学校的老师和领导首先要改变自身行为，当他们依靠恐惧来控制学生时，尤为如此。

安心玩耍策略意味着老师们需要改变自己对安全的狭义理解，而是要明白恐惧影响着学校的架构和运行，意味着要识别并理解恐惧是如何在学校中显现的，然后采取切实可行的方式来减少恐惧对学生造成的影响。

安心玩耍策略不意味着学校要祛除所有恐惧；尽管值得赞赏，但目标不会一夜间实现。该策略要求老师们意识到恐惧对学习和学校社区有怎样的负面影响。这种意识下，他们首先要承诺不用恐惧来控制学生。尽管他们可能并没有现成的方式来代替恐惧，但确实要尝试学习一些新的技能。

安心玩耍是如何起作用的？

简单说来，当学校里的恐惧和焦虑减少时，社区的每位成员都会感觉更好、更安全，这样一来，人们在学校也能怡然自得。减少学校惯例中暗藏的恐惧可以为培养学生的同情心提供更好的条件。获得更多的安全感可以让人们更愿意合作，不会以自我为中心。他们不再需要为安全而担忧，从而有精力探索环境中的其他方面。安全感可以让人们放心地娱乐、敢于尝试、享受学习。当人们放下对自己在社区里地位的担忧时，更有可能达到最佳状态并充分发挥潜能。

减少环境下的恐惧和焦虑不仅仅可以让学校远离恐惧；当人们在这样的氛围下会有不同的表现，使得学校自然而然更适合学习。如果学校能为娱乐和学习提供安全保障，那么老师们与学生的互动方式就会不同：

- 他们会更多地去探讨学习，而不是分配作业。
- 他们会重视学生的想法，为学生们互相学习创造机会。
- 他们不害怕和学生们分享自己的感受。他们会讲述自身学习的经历—成功与失败。
- 他们会告诉学生失败并不可怕，学习过程中本来就有起起落落。
- 他们会解释积极的关爱行为的理由和宗旨（并树立榜样）。
- 他们意识到人们会过分夸大负面事件，因此会帮助学生培养重视过程的能力。
- 他们为谦虚和自信树立榜样：并非无所不知，但对自己学习的能力充满信心。
- 他们会告诉学生，真正的失败就是根本不去尝试。
- 他们承认情绪、质疑都是学习的一部分。
- 他们会站在学生的视角上审视问题，而不是出于自身需求或恐惧。
- 他们本身也是学习者，而不只是老师。
- 他们会主动寻找人们身上积极的一面，而不是去评头品足。
- 他们会意识到学生都是"半成品"，犯错是正常的。
- 他们愿意帮助学生学习、向自己学习，而不只是纠正错误或解释不良后果。

• 他们相信每个人都在不断学习和成长，绝不会对任何人轻易下结论。

• 他们会为学生提供机会来做出选择，能经常在决策时发表自己的想法。

随着越来越多的老师们这样去做，恐惧就不再是学校里一种隐藏的、主流的、控制性因素了。学校做出积极改变最简单的方式就是让越来越多的老师这样做，直到行为成为一种规范，而非特例。

当老师们换一种方式去对待学生时，意味着他们帮助学生找到了新的身份，可以在不用担心不良后果或领导期望的情况下自由玩耍。学生也会越来越信任老师们，从而在遇到问题或困难时主动向老师寻求帮助和建议。

通常介入欺凌不仅需要自信、随机应变，更需要当第一次介入没有成功后，还愿意坚持下去。如果学生们担心自己犯错并一心想讨好老师，就不可能凭空去帮助别人；他们在学校的日常经历告诉自己管好自己的事就可以了。在这种情况下，他们就不会认为娱乐是安全的，也就不会在不确定的情况下干涉欺凌事件。如果学生们在安全的环境下学习，犯错也只是学习的一部分，他们就会获得自信去自主做决定，有勇气迈出帮助他人的第一步。

学生越是习惯了娱乐，他们就越不会墨守成规。他们会强调自身的道德感受，而不会担心权威人士是否赞成自己帮助他人。

当学校能确保所有学生都可以在安全的情况下娱乐时，失败就没那么丢人了。随着越来越少的学生被打上"坏学生"的烙印，学校做出改变的社会动力就失去了保护和提升社会地位的功能。

如果学校让每位学生找到归属感，不再担心自己在社区的身份或地位，那么为了获得最安全或最有威望的社会地位而投入的时间、精力，就可以用在其他追求和为社区所做的努力上。

研究探讨——安心玩耍策略——的参考资料

艾米·埃德蒙森：《合作：企业如何在知识经济中学习、创新以及竞争》

第四章："让合作变得安全"

由于企业在一种快节奏、日新月异的环境下面对着复杂而棘手的问题，他们需要每位员工积极参与、为实现目标而做出贡献。企业越是愿意学习，就越可能成功。当每位成员可以自由指出问题所在、提出问题并挑战惯性思维时，学习就得到了优化。埃德蒙森描述了人们战胜对权威的恐惧、获得发言的信心难度有多大，以及企业怎样才能战胜这一障碍，为真正的合作和真诚的反馈创造条件。

在心理安全的环境下，人们相信如果自己犯错，别人不会因此而惩罚或看不起自己。他们也相信，当自己寻求帮助或咨询信息时，其他人不会讨厌或羞辱自己。当人们信任并尊重彼此时，就会产生这种信念，也会给人们自信：敢于发言不会遭到羞辱、排斥或惩罚。因此，心理安全是一种理所应当的信念，认为当你提出问题、寻求反馈、承认错误或提出一个看似荒谬的想法时，他人会有何反应。大多数人认为自己需要"管理"人际风险来保持良好的形象，尤其是在职场，尤其是在有权评价自己的人面前。

西蒙·斯内克（Simon Sinek）《领导最后：为何有的团队齐心协力，有的则不是》（*Leaders Eat Last: Why Some Teams Pull Together and Others Don't by Simon Sinek*）。

第三章："归属感"：从"我"到"我们"

本书介绍了领导是创建一个安全环境（帮助个人远离内部和外部威胁）的关键。作者提供了一些企业的例子，将其称为"安全圈"。高度安全感和归属感是成功的基础，因为人们可以有动力去帮助彼此。他们也会共同致力于完成企业的使命。

恐吓、羞辱、排斥、木讷、力不从心以及他人的反感都是我们在企业里要避免的。但企业内部的危险是可以控制的，领导层应营造一种企业文化，让危险远离每一个人，方式就是让人们获得归属感。在一套明确的价值观和信念的基础上，为他们营造一种强大的企业文化。要给他们权力来做出决策。提供信赖与同情，由此打造安全圈。

皮特·格林《自由学习：释放玩耍的本能为何能让孩子们更快乐、更自立、成为更好的学生》。

第四章："强迫教育体系的七宗罪"

这本书有力地证明了所提出的每一个关键点。作者对整个强迫式教育体系提出了质疑，深入地解释了学校是怎样抑制学生学习的。尽管对于一些在校老师来说，他的观点有些偏激，但这些想法对于我们在教育方式乃至当前体系上做出改变，都有很大意义，不容忽视。

我们教育体系的一大悲哀在于，教会学生生活是他们必须要跨越的一系列障碍。无论用什么方式，成功都在于别人的评价，而不是取得真实的、令自己满意的成就。

我们本质上都是社会生物，合作是我们的本能。但尽管学校大谈帮助别人的意义，实际上他们在反对这种行为。本质上它教会了人们自私。强迫竞争、对学生成绩打分、排名，潜在上都在教学生管好自己，同时超过其他人。

爱德华·德西（Edward Deci）和理查德·福莱斯特（Richard Flaste）《我们为何这么做，靠什么这么做：理解自我激励》（*Why We Do What We Do: Understanding Self-motivation*）。

第六章："发展的内在力量"

之前在第五章提到的，本书详细地阐述了自我决定论。本章中，作者具体指出了意识到人们有学习和社交的本能有多重要。教育者要做出的关键选择是支持和培养这种本能还是通过控制手段来摒弃这种本能。当人们受到控制，无论是奖励还是惩罚，都会对迎合或反对掌权者感到焦虑和担忧。这种控制型环境限制了一个人的娱乐，因此也无法意识到自己用积极的方式对待世界的本能。这种学校环境总是在告诉并强迫学生要善良,做个好学生。

控制型环境要求、强迫、刺激、哄骗人们按照某种方式来行事、思考或感知。这种环境培养的都是机器人——只知道机械推理、听从指令,某种程度上并不能算是完整的人,偶尔会得到提示来反对控制。

如果人们持续被当作被动的机器或需要控制的野蛮人,他们会越来越被动、越来越需要被控制,这着实让人震惊。比如说,当他们受到控制时,会表现得越来越需要被控制。这样他们就会呼吁更严格的纪律,更加粗劣的手段来管理自己。讽刺的是,他们事实上需要的东西恰恰相反(pp.83-84)。

研究文章

盖·罗斯(Guy Roth)、亚尼夫·科纳特-梅蒙(Yaniv Kanat-Maymon)和尤利·毕比(Uri Bibi)"预防校园欺凌:自主支持教学和亲社会价值观内化的重要性"("Prevention of School Bullying: The Important Role of Autonomy-Supportive Teaching and Internalization of Pro-Social Values")。

本研究证明了如果学生用自主支持(非控制)方式来看待老师,欺凌就会大大减少,他们会对同学表现出更积极的态度。当学生感觉控制和焦虑减少时,他们更可能按照积极的方式去对待同龄人。

如果学校的外部调节涉及机械性行为——通过社会化来获得奖赏或避免惩罚,一旦没有监管,学生的攻击行为就会持续。此外,期望学生遵从外部规则和需求,同老师对学生设定的更深层次的教育目标格格不入,比如将体谅深层次内化以及反欺凌行为。如果老师对亲社会行为和态度(包括提供理论基础和站在他人的角度看问题)的判断和解释是直接、明确的,那么自主支持就是可行的。现有发现证明了学生对自主支持教学态度的重要性,这种方式可以帮助学生识别价值观、期望并将其吸收。因此,按照自我决定论，如果行为规范建立于认同与融入，那么就不再需要外部监控和控制了。

活动

视频片段讨论：

播放由大卫·安斯鲍夫（David Anspaugh）导演、金·哈克曼（Gene Hackman）主演的电影《火爆教头草地兵》中的一幕，一支小型高中篮球队的教练知道在巨型竞技场上打球让球员心生畏惧。他并没有劝诫或告诉他们不要害怕，他让球员们丈量场地的尺寸，从而发现比赛无关于场地的大小。他让恐惧远离了球员，这样大家就可以充分发挥实力。

我强烈推荐莱斯利·沙利文（Leslie Sullivan）导演、阿尔伯特·库鲁姆（Albert Cullum）导演的纪录片《伟大的一触》。故事讲述了一位知名的小学教师为学生营造了愉快而充满挑战的学习环境。尽管当时是20世纪60年代早期，他的很多课都有影像记录，因此这部纪录片里到处是当时的真实镜头。穿插在课堂场景里的是一些来自他学生的评论，这些学生都已经长大。影片告诉我们，当学生可以安心地玩耍时，学习的效率会有多高。

《生而好学》（Born to Learn）是YouTube上一段五分钟的动画电影，由戴米恩·刘易斯（Damian Lewis）讲述，非常出色地介绍了人类发展的一些基础知识。视频指出，娱乐的价值和目的是一切学习的基础。视频呼吁一种能支持人类发展的教育体系。

探讨并描述能带来心理安全感的环境。

探讨具体的教育实践，可以为学习提供安全的环境。

探讨学校如何能支持人的发展，而不是抑制或控制它。

文本讨论：

皮特·格雷"不请自来的评价是想象力的大敌"

该博文指出,实证研究表明了暗示教育对创意的影响。同时,也指出免于评价和指责的环境能提高学习效率和个人满意度。

这篇文章发在他的《自由学习》博客里,网址为 http://www.psychologytoday.com/blog/freedom-learn。

活动:创造安全感

目的:让心理安全具体化

心理安全T状表

由于心理安全是一种抽象概念,需要转化为具体的言行。该活动的参与者可以自行反思他们认为安全的学习经历,可以不害怕犯错,也不用担心失败遭到惩罚。将所有人分成不同小组,每组四到六人。

请他们想象安全的环境是什么样,哪些说了或没说的话让他们获得了安全感。

请每个人轮流分享这样的学习经历。

每个人分享完后,组员们一起完成一张T状表,描述心理安全"看起来怎样"和"听起来怎样"。第一栏,参与者要描述他们获得安全感的心理环境,比如舒适的家具、墙上的海报、人们坐在一起没有人监督,等等。而第二栏,参与者要给出人们会做出的一些陈述,比如"我也觉得这很难""你愿意尝试几次""有困难不怕,一开始大家都一样"。

看起来怎样	听起来怎样

反欺侮:让学生远离恐惧

学校里安心玩耍的建议

• 指定一个日子为全校"安全日",整个学校社区可以用各种形式探讨安全的概念。所有成员都可以探讨他们需要什么来获得学习上的安全感。同时安排时间,探讨是什么引起了人们的焦虑。学校也可以集思广益,探讨怎样让学校对每个人来说都很安全。

• 安排老师每节课上都花一点时间来探讨犯错的事宜。承认犯错的可能性,并探讨如何做出积极反应,以减少学生对课业的焦虑。

• 请学生制作"困难卡",在遇到困难时可以帮助自己。遗憾的是,很多学生会认为,聪明决定了完成的难易度以及速度。每次当他们遇到自己认为困难的任务时,就会感到害怕和焦虑,从而降低了自己的能力。探讨这种情况并为之做好准备,可以让学生在焦虑增加前制定出现成的方案。"困难卡"可以包含"当遇到难题时,我可以……"这样的话语。然后学生进行补充,比如"深呼吸""提醒自己应该试一试""找一个例子证明我可以"。这些卡片可以放在书桌里供其随时参考。这样具体的做法可以在学生面对压力时,减少他们的恐惧和焦虑。

• 反思学习的流程。每节课为学生和老师留两到三分钟,记下自己对这节课的想法和感受。学生可以做一份个人学习档案作为参考,提醒自己,当自己一开始感到焦虑时,要坚持不懈,直到取得积极成果。

• 让幽默成为每节课的一部分。安排学生准备适当的玩笑。定期播放一些搞笑的小视频。当一群人一同开怀大笑时,他们就会感觉和彼此在一起很安全。

• 每节课为学生准备"需要交谈"的小卡片。老师要告诉学生,自己有时似乎很忙碌、漠不关心,但的确在关心学生们的感受。明确表达这一点,为学生准备一沓"需要交谈"的卡片,从而提醒他们,当遇到成长和生活中不可避免的问题时,老师们和他们站在一起。由于口头上要求帮助较为困难,一个简单的"需要交谈"并附有名字的卡片可以让难为情的学生轻松得到帮助。学生只需要把卡片放在老师指定的位置。老师可以在方便的时候找该学生谈话，从而帮他解决问题。知道自己可以随时得到帮助是一种获得安全感的好方法，即使学生们根本不会用到这些卡片。

策略二：培训"第一反应者"

"世界之所以是一个危险的地方，不是因为有犯罪的人，而是因为有坐视不管的人。"

——阿尔伯特·爱因斯坦

我知道开车时一定要避免打瞌睡。因为我有一次就开车撞上了一个电线杆，当时我昏昏欲睡，被喇叭惊醒后，茫然不知所措。就在事故发生前，我没有意识到自己犯困；我只是在距离家只有两个街区的地方突然睡着了。当我睁开眼，并没有闹钟要关；这场噩梦是真实的，我所看到的就是面前一个白色的安全气囊。当我把它推开，发现自己的车在一个山坡上，车头朝下，而几秒钟之前我还在往上开。

出于本能，我想看看自己是否还能移动、是否流血（并没有），我脑海中出现的就是我出了车祸，并没有严重受伤。我关掉开关让喇叭安静下来，解开安全带，打开车门，几乎差一点摔倒在路旁的一个排水沟里。之后，有其他车停了下来，周围人们走向我想看看我是否有事。我张开嘴，却说不出话，因为我已经完全懵了。当我还在慢慢思考该怎么做时，我听到一声汽笛，急救医务人员的卡车已经来到我身边。一名镇静的急救人员走了过来，明确地指示我保持不动，不要说话。然后向我解释自己要做什么，以及这样做的原因。我被放到了一个担架上，脖子和头都被固定了。他很温柔，效率也很高，我马上意识到自己得到了良好的照顾。我清楚地知道他知道该怎么做，所以我要做的就是不要打扰他。我深吸了一口气以放松下来，知道除了接受医生的帮助，我什么都做不了。回想起来，我仍然很好奇自己竟然这么快就信任一名"陌生人",即使当时压力极大,思想混乱不堪。

救护车把我带到了急救室,一个护理小组涌到我身边。几秒钟之内,他们就完成了大致检查,发现我情况不错,只是一些肋骨有些痛。尽管我的车报废了,但人没事。尽管我的肋骨很快康复了,后来也得到了一辆新车,但我对这次经历记忆犹新:我对事件中这些第一反应者充满了感激之情。我意识到当有人受伤时,我们也都是事故的第一反应者。

培训第一反应者意味着什么?

培训第一反应者,这种策略要求将所有学校社区成员视为精神伤害的第一反应者,而伤害承受者可能是社区的任何一名成员。第一反应者有责任在紧要关头提供援助,即使是最混乱、最惊悚的场合也是如此。他们不会等待其他人施以援手,因为他们知道等待只能让事情变得更糟。他们也不会挑选谁来得到帮助;他们会帮助任何需要帮助的人。当越来越多的人不再忽视需要帮助的人,整个社区都会受益,每个人都会感觉更加安全。不知道为何,帮助情绪低落者所需的知识和技能没有普及到每一个人。学校里,所有人都应该是第一反应者;只需要做出决定就好。尽管培训第一反应者这一策略有诸多优点,但当前学校的环境必须符合其条件。

就其本身而言,这一策略可以为很多欺凌问题提供答案。这是一剂诱人的良药:给所有学生"情绪急救"的勇气近似于心脏复苏和心脏电击培训,因此他们也可以接受培训,成为应对欺凌的第一反应者。当他们看到或听说欺凌事件发生,只需要按照培训的内容来做就好。他们需要记住几句话,学习一个简单的策略,就能向最近的老师举报自己所看到的情况。作为解决欺凌问题的"答案",这听起来很不错,但仔细分析欺凌在学校中的表现形式,我们会发现问题的复杂和困难程度远非一个简单的答案就能解决。

要想让策略起效，教职工需要为策略实施创造条件。教育者和学校社区成员们需要：

1. 意识到心理和情感伤害的严重性不亚于肉体伤害。人们会认为情感伤害不会马上被察觉到，因此当人们应对心理和情感伤害时，通常缺乏像应对肉体损伤所具备的急迫感。人们不会自发将两种伤害等同起来，他们也不会表现出同样的急迫感，除非学校让教职工和学生明白一些轻易弄不懂的地方。如果接受培训的人无法意识到何时何地来应用这一策略，那么培训人们成为第一反应者就没什么效果了。

2. 意识到学生在减少和预防欺凌上最具影响力。大多数学校的预防欺凌政策都忽略了这一基本事实。大多数学校都反映出一种截然不同的信念：规则和惩罚是预防欺凌的关键。权威人士做出的规定符合这一基本信念，而并非需要遵守规则的学生。要求学生成为欺凌事件的第一反应者，最好的情况只是让他们对自己的身份感到质疑，而最糟的情况则会认为权威人士太过虚伪。

3. 意识到学生干预或举报欺凌有多难。如第四章所述，有很多"错误"阻止学生帮助其他同学。很多大人们忘却了"成长"有多难，学生的社交圈会产生多少矛盾而复杂的情感。将他们培训为第一反应者就好比要求消防员或警察学习技能，却不承认他们在应用这些技能时会遇到的危险和困难。

4. 明白同情心尽管重要，但不会提供具体的技能。有时大人们认为学生不作为是因为缺乏同情心。想要帮助他人固然重要，但不意味着具备了有效帮助他人所需的技能和知识。

5. 意识到如果缺乏应用技能的自信心，就算技术再高超也常常会失败。

6. 理解如果不给学生机会思考和理解自己当前在学校的角色和身份，学生很难接受任何新的角色和身份。

7. 意识到恐惧仍是学校结构和功能的一部分，会妨碍学生做出积极行为，使他们更加保守，不愿帮助别人。

8. 理解如果学校环境本身不安全（即使看似安全），那么欺凌行为很可能混入学校的背景"噪声"中，不会提示人们哪儿出了问题或需要做出改变。如果紧急情况是一种常态而非意外，那么第一反应者就没有了意义。如果人们经常误解他人受到的"伤害"没什么大不了，那就不会予以关注，也就不会施以援手。

9. 意识到第一反应者的动力来自于让学校变得更好的愿望，而非只是满足权威的期望或单纯为了解决某一问题。如果学生被要求遵照学校准则来担任第一反应者，他们就丧失了重要的动机——做一些高尚、有意义的事。没有了积极的意志，成为第一反应者就只是一种工作或任务，也就失去了原有的方向。

10. 接受教育才是学校的核心使命，而非训练。教育不同于训练。教育一词来自于拉丁语，翻译为"引领"。因此，教育需要接受并培养完整的人，而不是将其塑造为环境所需要的一种"产品"。教育需要为发掘每位学生的闪光点创造条件。随着学生思考和感知能力的提升，他们更愿意接受第一反应者的培训，帮他们做真正想做的事：帮助他人。最优秀的第一反应者关心、同情他人，会专门去学习具体的技巧，来完成一项艰巨而非必须要完成的任务。

随着学校开始重构预防欺凌的体系，开始改变自身文化和氛围，赋予学生第一反应者的身份可以帮他们克服有效解决欺凌问题的最后一个障碍：当遭遇伤害性行为时，学生有权力做出行动。

在我们911年之后的文化和社会下，赋予学生一套具体的知识和技能、第一反应者的身份或头衔，可提高他们的威信和认可。学生知道第一反应者都是英雄：有勇气、有担当。当这种身份同解决欺凌问题明确相关时，帮助别人就有着完全不同于目前学校所认为的意义。

变旁观者的身份为伤害性行为的第一反应者，可以改变欺凌目击者所具备的含义。当学生知道自己有责任帮助有需要的人，他们就不会有其他的选择。帮助学生知道并接受自己第一反应者的角色，可以消除他们责任意识中的疑惑或矛盾。因此就可以放心地去帮助他人。

当学生将帮助别人视为一种重要，乃至光荣的使命时，他们就会主动去学习专门的技能。他们可以帮助别人并让自己引以为豪。他们相信自己在帮助学校变得更好上起着重要作用。第一反应者的身份同重构学校社区是相吻合的——每个人都有责任确保大家的安全。

培训第一反应者是如何起效的？

让学生可以安心在学校玩耍，为赋予学生应对心理伤害的第一反应者身份提供了条件。如果你将学校比作戏剧的舞台，考虑当前大多数学校不愿意接受日常的剧本就很好理解了。如之前讨论的，学校的当前设定为学生准备了基础剧本：得高分、遵纪守规、管好自己的事。学生要想成为第一反应者，他们需要不同的剧本，来"摒弃"之前剧本所灌输的内容。

当培训与教育相结合时，效果最佳。得到良好培训的第一反应者需要有帮助他人的意志和愿望——这是无法培训的。遗憾的是，研究表明，随着学生年级的提升，他们的同情心实际上会减少。如果只是培训学生遵守规则，学习的目的就是满足强加的期望，那么就会缺少作为第一反应者所需的意志和愿望。相反，如果让他们得到充分成长，他们会获得动力来学习技能，使自己能在他人需要帮助或陷入危机时伸出援手。

培训第一反应者作为重构预防欺凌体系的策略之一，可以帮助学生在失去同情心之前加以利用。尽管研究表明同情心会逐步减少，但减少的原因并不明确。或许，是因为拥有同情心却无法发挥让学生们心灰意冷，所以他们干脆忽略了这种感受，或将不作为当做摆脱这种沮丧的方式。此外，学生对于一些细微的欺凌行为习以为常，在正常的交往中不会加以关注，因此这种情况下，教会他们干预或举报欺凌的技巧并没有什么效果。然而，目睹欺凌并希望提供帮助的学生此时只能束手无策（陷入"错误"中)。如果缺少技能和培训来将同情心转化为行动就是同情心减少的原因,那么克服这一点就很值得努力了。这也是培训第一反应者的要义所在——激活学生们的同情心。

培训第一反应者策略由两大关键成分组成:外部培训和内部培训。

学生可以学会领会外在暗示,来提醒自己注意欺凌行为。同他们在媒体中看到对欺凌的夸张描述相反,他们可以寻找一些更细微的线索和同龄人受到心理伤害的暗示。此外,他们可以学着发现哪些同龄人容易受到欺凌,并主动去伸出援手。

更重要的是,学生可以了解内心的想法,也就是内在线索。他们可以了解个人发展,以及为何需要得到同龄人的认可。他们随着与同龄人打交道,会听到别人对这种新感觉的"说道"。这种潜在的恐惧使得人们在与其他人探讨时,不敢"暴露于阳光下"。

在了解社会环境的内在和外在要素后,学生可以学到一些具体的词语、行为,这在欺凌事件中已经领略过。即使是最细微的怀疑、犹豫或模棱两可都会阻碍人们的积极行为,哪怕是最上进的人。用非常具体的言行来培训和排练,经过证实,可以很好地克服人们在关键时刻犹豫不决或束手无策。很少有人能有效地随机应变来帮助他人,哪怕只有丁点儿的自我保护意识。人们经历的培训、练习和排练越多,就越能在关键时刻不受负面思想的困扰(这种思想出现在培训和探讨培训前;接受培训后就会消除)。

即使培训第一反应者只能为助人为乐的大军增加一两名学生,效果也很不错。格拉德威尔解释说,改变的实际"质变点"是未知的,但也许再增加一两个人就能实现。文化改变就是行为的"质变点":人们会按照不同以往的方式交谈、行事。就算只能让寥寥数人接受新的言行方式,也可以为实质性文化变革打下基础;当改变看似不可能实现时,其实已经在蓬勃发展了。

研究探讨——培训第一反应者策略——的参考资料

丹·西斯和其普·西斯《转换：如何改变难以改变的事物》

第二章："制定关键举措"

本章探讨了模棱两可在阻止人们做出改变上起到的作用。当人们在任何处境下犹豫该怎么做时，他们常常会参照过去的思维和习惯。为人们提供明确的说辞和行为参考，可以帮他们在改变上事半功倍。明确学生们面对欺凌该说什么做什么，会在帮与不帮之间起到决定性作用。

改变开始于个人的选择和行为，但由于这也是争执的起点，所以并不容易做到。惰性和选择恐惧症使人们选择一切照旧。为了把人们引上新航道，你需要提供明确的指示（p.56）。

凯里·帕特森、约瑟夫·格里尼、大卫·马克西菲尔德、隆·麦克米兰和艾尔·思维则《改变一切：个人成就的新科技》

本书为人们改变行为提供了多种策略。作者强调要将预期改变转化为非常具体的言辞或行为，伴有对改变结果的具体描述。此外，当将这些具体的言行同目标价值观相关联时，人们更有可能坚持做出改变。

你要记住当前的行为和所做的牺牲背后都有更重要的原因。你所用来描述当前行为的措辞对你此刻的经历有着深远影响。比如说，当坚持低热量膳食时，不要将选择描述为"挨饿"或"不吃饭也行"来挫伤自己的动机。你在变得更健康；你在为自己的目标努力。这种差异听起来微不足道，但措辞着实很重要，关乎你所作所为的积极和消极面（p.57）。

提摩西·威尔森（Timothy Wilson）《陌生的自己：发现适应性潜意识》（*Strangers to Ourselves: Discovering the Adaptive Unconscious*）。

第十章："观察并改变我们的行为"

本书用实证研究的例子详细探讨了我们所做所想在多大程度上取决于潜意识，而我们仍然认为自己的生活处于掌控和意识下。威尔森提出，我们按照潜意识的影响来做出行动或决定，但学会了编造理由或解释来理解世界和我们自己。

本书与培训第一反应者策略息息相关，因为学生们确实不知道自己为何不去帮助他人，即使他们明确知道什么是对什么是错。威尔森认为，理解我们自身最好的方式之一是意识到我们深受潜意识的影响，以及对社会环境所做出的反应。老师可以教育学生了解自己来调和他们对自身看法和行为的差异。

他推荐"做好事，做好人"策略来做出改变。由于我们对自身和世界的看法不受我们直接控制，我们可以按照能够塑造我们想法的方式来做出行动。如果人们做了好事（即使他们不知道为什么），他们就开始认为自己是好人，反过来会让他们愿意做更多好事。

只有教育者承认并肯定学生的积极观念，帮助他们学习积极行事所需的技能，这种方法才会起效。如果教育者为学生设定了负面身份，那么学生很可能拒绝学习这些技能，导致学生会将这些迹象视为自己"不够好"的标志。

社会心理学里一个久经考验的道理是：行为总是会随着态度和感受的改变而改变。改变行为来配合我们对自己的意识，可以很好地改变适应性潜意识。

海蒂·霍尔沃森（Heidi Grant Halvorson）和E.特洛伊·希金斯（E. Tory Higgins）《焦点：用看待世界的不同方式走向成功并产生影响》（*Focus: Use Different Ways of Seeing the World for Success and Influence*）。

后记

本书为理解两种基本动机提供了很好的框架：促进和预防。一些人倾向于改善自己和境遇（促进），而有些人则更愿意保护自己免遭损失（预防）。作者认为所有人都拥有这两种动机，每个人都出于不同的目的，但二者都很重要，也很有必要。环境造就了动机上的差异。校园环境强调的是遵纪守规，更可能强化学生的预防动机。这种环境下的学生会非常保守、谨慎，只关注自我的安全而不顾他人。当学校让学生在心理上感到更加安全时，他们就有了帮助他人和挺身而出的促进动机。

培训第一反应者结合了学生的预防和促进动机。他们可以采取行动帮助他人来防止伤害，同时也可以促进学校的发展。因此，他们可以见义勇为来增强自己的能力和信心，同时也能预防伤害，保证学校的安全。这两种动机可以有效帮助学生理解自身的感受以及对世界的反应。

一旦你了解促进和预防两种动机以及相关的知识，你的生活就可以更加主动。由于你意识到你所做的一切都出于某种动机，因此而变得更加有效率，也证明了这一点。如果明白焦点可以让自己和其他人都轻松许多，你的生活就不会有太多烦恼（霍尔沃森和希金斯，2013，电子书3188）。

罗伯特·卡尔迪尼（Robert Cialdini）《影响：科学与实践》（*Influence: Science and Practice*）。

第四章："社会证明"

本章探讨了旁观者不提供帮助的环境因素。卡尔迪尼特别探讨了环境的不确定性是如何阻碍人们施以援手的。他提供了具体建议，以确保当有人真的需要帮助时，其他人不会袖手旁观。他建议陈述问题时用非常具体的语言，告诉旁观者怎样提供帮助。遗憾的是，遭遇欺凌的学生不太可能采用该策略，因为他们不愿意公开自己需要帮助。然而，这样可以鼓励想要提供帮助的学生，去具体思考受欺负的学生的想法和感受。尽可能让更多的人在面对他人有需要时，做到"训练有素，坚定不移"。

基本上，紧急情况下你可以采用的最好策略，当属减少周围人对你所处的境遇和他们负有的责任的顾虑。你要尽可能明确表达你需要帮助，因为当人们不确定时，他们更可能参考别人的做法，来决定自己该不该帮忙。

研究文章

埃利斯·马尔维克（Alice Marwick）和达纳·柏义德（Danah Boyd）

"戏剧！网络化大众下的青少年冲突、闲言碎语、欺凌"（*The Drama! Teen Conflict, Gossip, and Bullying in Networked Publics*）。

这篇文章很有见地，探讨了青年人怎样将欺凌视为大人的问题，从而与自己脱离关系。他们用"戏剧"这个词来涵盖广义的社会交往范畴，其中包括一系列虐待或不公平行为。作者解释了对自主权的需求可以驱使年轻人不再认为欺凌是合情合理的。由于年轻人确实需要在典型的社会交往和虐待行为之间做出区分，因此结果并不理想。当大人们将"欺凌"这个词强加给年轻人，尤其是以此来控制他们的行为时，就意味着无意中忽略了他们的感受，也就无法在社会行为之间做出重要区分。

这证明了当前学校环境中"剧本"和"角色"使得学生在目睹真正的欺凌行为时难以介入。老师们可以通过培养学生成为心理伤害的第一反应者，以改变这种剧本。这样一来学生就会获得更多自主权，同时也能增强探索自身社会的能力。

技巧让年轻人在卷入社会冲突时可以开拓出一种代理人的身份，同时在面对来自成人的动力时可以挽回面子，要知道同龄人认为这种动力很幼稚、和自己毫不相干。大多数青少年没有意识到自己陷入了家长、心理健康专家编造的"欺凌"说辞中。他们不希望将自己视为受害者或违规者，而是有能力探索世界的成人。

罗伯特·斯腾伯格（Robert Thornberg）《困境中的学生：校园心理设定和旁观者行为》（A Student in Distress: Moral Frames and Bystander Behavior in School）。

所有对预防欺凌感兴趣的教育者都应该阅读本文。斯腾伯格的研究基于对学生的真实访谈，目的是调查学生在目睹欺凌时如何行事，以及为何这样做。作者列出了多项学生不愿意帮助他人的原因。他为教育者帮助学生做更好的道德决策提供了具体建议。

口头教育不应只是依靠道德的学术讨论，或只是教育学生要服从老师、学校规则和纪律来培养学生的道德思维……为了教育和促进对学生的道德培养以及亲社会行为，老师们需要考虑他们日常与学生接触中所营造的校园文化。老师们需要知道自己无意中可能有损学生平常的道德意识，因此应有意去寻找策略来弥补。"亲社会道德"需要得到实践，因此而成为学生日常生活中意义建构和行为的重要组成部分。

活动

视频片段讨论：

播放两段YouTube上的视频，来自电视节目《日界线》，名为"我的孩子从不欺负人"（凯勒和奥尔Keller and Orr, 2011a,b），上演了学生面对欺凌的情形。

共有四个场景：两个涉及一群女生，两个涉及男生。有两个场景中，学生要么加入了欺凌，要么视而不见；另外两个中，学生们尝试去介入。参与者可以在观看后进行讨论：

是什么让学生难以介入？

你认为目睹欺凌的学生有何想法和感受？

对于介入的学生而言，他们究竟做了或说了什么？

这些学生有哪些区别？为什么有的提供了帮助，有的则没有？

如何鼓励不愿帮忙的学生提供帮助？

文本讨论：

奇诺·佛朗哥（Zeno Franco）和菲利普·津巴多（Philip Zimbardo）的《英雄主义的平凡之处》（*The Banality of Heroism*）。

菲利普·津巴多的研究证明了，普通人要想伤害他人有多么轻而易举。尽管多年对可能激发此类行为的条件进行探索和分析，他决定反其道而行之，探索普通人如何能见义勇为，甚至不惜自己的生命来帮助他人。本文给出了他的一些研究成果，以及为每个人在日常生活中见义勇为创造条件的建议。你可以在"牺牲小我"网站上查看这篇文章http://www.greatergood.berkeley.edu/ article/item/the_banality_of_heroism。

活动：说什么，做什么
目的：学习挺身而出时该说的话

借助视频"我的孩子从不欺负人"，请参与者给视频中没有提供帮助的孩子们写一封信。

用一种积极、富有同情心的方式来写信，承认他们不是很愿意帮助，并提供具体的说辞或行为来帮助这些学生以后能阻止欺凌的发生，或提供事后可以选择的言行。

这些信可以用来帮助制作"第一反应者卡片"，接下来会在建议中提到。

对学校培训第一反应者的建议

• 介绍第一反应者的概念，以及如何应用于学校环境。介绍物质层面上的概念，明确人们应该帮助有物质需求的人。一旦引入这一概念，社区成员可以意识到每个人在某种程度上都可以成为第一反应者；然后就可以将这一想法运用于情感和心理范畴。

• 成立一个第一反应者俱乐部，学生可以研究和了解第一反应者的相关知识，以及如何提高效率。社区中的第一反应者可作为更多信息的来源，反映人们的需求。学生可以同第一反应者交流，从而意识到自己和他们有很多共同之处。这强化了每个人都能成为高效的第一反应者的想法。

• 用"苛待"一词代替欺凌，提高社区成员的责任意识。建立集体责任制，确保没有人会受到苛待。社区所有成员都要正确地对待苛待或不尊重行为。

• 请师生联手开发一套具体的言行方案，在第一反应者面对苛待行为时，可以加以应用。

• 明确表达核心价值观或信念—保证所有社区成员免于贬低、苛待或伤害。

- 给所有社区成员发放第一反应者卡片，简单地列出一些用于苛待行为或预防苛待的言行。

- 为苛待的潜在对象制作第一反应者卡片，提醒他们如果因他人的苛待而受到伤害，该怎样做。这些卡片也可以提醒他们没必要接受其他人施加给自己的负面身份。

- 为可能欺负他人或已经欺负过他人的学生制作第一反应者卡片。列出一些简单的问题，要求他们问问自己为何要苛待他人。要求他们设想欺凌对象会有何感受，或其他人如何看待自己的苛待行为。这些卡片也可以包括一些口号或陈述，让他们想想自己在学校社区里希望得到什么身份。

- 请学生们制作第一反应者海报，提醒大家身为社区成员有哪些责任。要让海报起到激励的效果，而不是警告或威胁。可以针对他们在关心和帮助他人时所持的崇高或积极理想，这种理想推动他们努力让学校变得更美好。

- 经常将见义勇为列为学术主题，明确指出与当前处境和环境的关联。研究日常生活中经常见义勇为者的生活，将他们作为应对生活中问题和挑战的"航标"。

策略三：讲述"正确的"故事

当我们不再回首自责，并着眼于如何让人们团结一致时，教育可以得到显著提升。

我曾受邀参与了一次会议，会上几位经验丰富的校长为激励学校管理者提供了一些建议和帮助。将这些教授聚在一起确实很了不起。与其说是参与者，倒不如说我只是一名看客；我坐在两位德高望重的校长旁边，一起的还有两位有望成为校长的教师。大多数讨论自然集中在校长例行的实践课题上。当这些校长开始谈论教师评估时，他们的评价十分慎重而微妙。由于目前教师评估与标准化考试分数和教学紧密相关，这些都要符合非常严格的评估准则，校长们需要对提出反馈非常在行，而不能引起教师的防备或消磨他们的意志。

  会议结束后，我感觉筋疲力尽。教育本来应该关乎学习和激发新思想，却莫名其妙地遏制了积极的想法，这让我很费解。听到校长们精心描述在管理评估体系上如何"操作"，我觉得他们简直就是在谈论如何操作牙根管或结肠镜。这些技术了得的专家们分享了专业经验，但并没有体现出哪怕一丝的核心使命感；相反，他们只关注如何在施行政策时减少痛苦和损失。我很好奇，这些老师们走出会场是否会质疑想要成为学校管理者的决定。这些经验丰富的管理者用很严肃的腔调讲述的内容让人根本听不进去。

  学校经历（无论对学生还是老师来说）一定要像服用烈性药一样——不得不做而且让人一段时间都很不愉快，只为了以后自己过得更好吗？生活并非享乐，那么为此而做的准备——上学——不应该配合这一现实吗？这是关于学校和教育的另一则故事，连想象的空间都没有了吗？

  我认为答案非常明确：故事还有另一种版本。另一种版本不仅是可能的，也是必要的。实际上，换一种故事版本看似简单，却可以改变学校的现状。事实上人们没有选择，也没有关于学校和教育更加引人入胜的故事，这就是学校为何固执地抵制变革的原因。生活和工作在学校的人们听不到不同的、更引人入胜的故事来帮助他们理解自己的经历，错误地认为自己没有其他选择。他们也错误地认为自己无法创造或讲述故事，只能被动地接受学校的现状——他们从前辈那里听来的故事，他们无法改变，也不应该改变。不一定非要这样！学校完全可以想出新的故事，推动人们做出行动，让大家坚定地站在一起。

  以下主题：抛弃、排斥、隔绝、指责、羞辱、环境破坏以及失去心爱的人之间有何共性？这都是皮克斯工作室著名电影的主题：抛弃：《玩具总动员》；排斥：《海底总动员》；指责：《料理鼠王》；羞辱：《超人特工队》；环境破坏：《机器人总动员》；失去心爱的人：《飞屋环游记》。这些都是悲伤、有些令人沮丧的主题，但上百万人蜂拥去看这些电影是因为这些都反映出了人生阅历，为人们齐心协力战胜困难提供希望。这些主题可以由厄运故事转变为励志冒险。人们希望聆听这样的故事，使他们对生活更加坚定，不在乎旷日持久的烦恼和困难，也不在意有时人们会苛刻甚至残酷地对待他人。这些故事并非给人们提供不切实际的幻想，去妄想无忧无虑的生活，而是带给人们希望，并指出当人们关爱彼此，相信自己可以改变世界时就能实现这些愿望，而不是被动地接受上天安排的命运。和皮克斯电影类似的故事也发生在我们的校园里，我们需要意识到这些故事的存在，去发现并讲述它们。

当故事改变时，学校也能相应地改变。当学校里的人们讲述并谱写自己英勇的故事时，学校就能有所改变。这些故事传达的是希望和梦想，而不是恐惧。学校并非注定是充斥着繁重工作的工厂，不需要为了让每天的故事都千篇一律而施加控制。相反，学校可以像皮克斯工作室一样，讲述人们希望也需要听到的励志故事。皮克斯和学校都能打动人心、改变人们的心态，因此二者都需要以人为本，不要去否认或逃避人类的本性。

如果皮克斯可以把这些主题变为积极向上的励志故事，足以打动上百万人的心灵，那么学校也可以讲述一个截然不同的故事，让学校成为每个人都能得到爱护、重视的地方。没有什么故事比保护儿童生命并帮他们茁壮成长更有意义了。大多数教育者选择这教育这份职业时，都要牢记这样的故事。这样的故事要讲述给故事中的人，这样他们就能按照故事讲述的内容来做了。

这就是重构预防欺凌体系的精髓所在：

当预防欺凌只是告诉学生要遵守规则，告诉老师们要好好施行政策和大纲，那么什么都改变不了；这样的故事一成不变。如果预防欺凌演变为励志故事，激励每个人齐心协力来实现某个伟大而崇高的目标，并谱写和讲述自己成就的故事，那么预防欺凌的意义就变成鼓励人们每天都要积极行善，让每个人的生活都变得更加美好。

然而，包括师生在内的所有人，以及整个社区都要下决心讲述一个不同的故事，去相信让故事有所改变起码是可能的。就像亨利·福特所说，"无论你认为自己行还是不行，你都是对的"。认为有可能做出改变的人们要从自我做起，开始讲述不同的故事——正确的故事。

讲述正确的故事：意味着什么？

讲述正确的故事很可能是重构预防欺凌体系最重要的一条策略；所有策略都与它有着错综复杂的关联，并依赖于它。这意味着首先是教育者，然后是学生们，要开始意识到故事能够改变现实的威力，包括如何看待和对待他人，群体如何转变为社区。这意味着学校社区可以谱写自己的故事，而不只是重述前人留下来的故事。

讲述正确的故事意味着有正确的故事可以用来讲述，而且并非所有故事都一样。一些故事可以激励并坚定人们的信念，而一些故事只能让人们更加消极，或引起他们的反抗——故事并非为自己量身打造。正确的故事之所以正确有两方面原因：

正适合听者，让他们有权参与故事的谱写；

关乎尊重并关爱社区的每位成员，因此较为高尚。

讲述正确的故事意味着每位学校社区成员都要积极参与到谱写学校自己的故事中来。他们一定要相信有能力规划属于自己的历程，他们有权力按照自己的想法来打造学校社区。当校外的人询问有关学校的事宜，学生和老师们能够告诉他们学校的使命和目标、确立这些目标的原因以及如何为实现目标而努力。他们要能够将在打造学校社区过程中所学到的知识关联起来。

当学校社区成员培养出打造理想社区所需的集体意识时，他们就能灵活应对自己遇到的很多外界阻碍。协力完成这些复杂和颇具挑战性的问题，可以塑造他们的身份。这时，他们将不再是被动的接受者，只需要完成领导布置的任务，而是可以积极参与到协力解决问题中来，去实现真实的目标、应对严酷的挑战。当人们用这种方式聚在一起，就会愿意讲述自己的故事；他们为自己所做的事、所谱写的故事感到自豪。

讲述正确的故事需要人们寻找已经发生的故事、事件和成功的案例，但它们大部分因负面事件而遭到遗忘或掩盖。这些幕后的故事必须要放到前台来，让人们真正了解学校究竟在发生些什么。没有学校社区是从零开始的，也不需要凭空想象一个全新的故事。但他们需要辨别人们按照正确方式——关爱和尊重——对待他人的案例，以区分哪些时候人们忘记了正确的方式，认为苛待他人合情合理。

讲述正确的故事意味着这些故事能让学校社区成员团结在一起；换句话说，学校的故事就是他们自己的故事，是一起谱写出来的。

讲述正确的故事：如何起作用？

大多数学校里，预防欺凌在社区成员眼中和故事没有任何关联（学校里有很多关于预防欺凌的故事，但并不积极，也根本没有被视为故事）。当透过故事的角度来看待一个组织以及组织内部人们的行为，故事就可以发生改变。当人们认为组织里发生的事就是事情本来的样子，那么改变就并非故事的一部分，也就不会发生。当学校里一部分人开始透过故事的角度来看待预防欺凌和学校这一组织本身，那么改变就有了可能，尤其是当人们开始讲述一个又一个积极的故事时。当预防欺凌演变为人们关心、尊重彼此的故事，而非负面记录，那么社区所有成员都可能负起责任，将积极的故事转变为现实。

学校里发生着很多事情和活动。很多事情的出现是为了引起人们的注意。故事的功能之一就是引起人们对某些事件的关注。正确的故事可以引导人们关注某些事件并为人们阐释背后的含义。缺乏同情心以及缺乏助人为乐的意识可能是因为人们没有将这些事件"视为"帮助他人的机会，而只是和其他事件混为一谈。如果人们不认为所发生的事有何意义或非同一般，他们也很可能不会提供帮助。讲述正确的故事也许正是唤起大多数人的同情心所需要的。正确的故事让人们关注自己需要看到的事，帮他们理解身边究竟发生着什么。

讲述正确的故事可以将"行善"这一抽象或宽泛的概念演绎为具体的人际互动方式。师生们知道自己应该行善、帮助他人，但如果这些概念依旧晦涩、宽泛，学生很难体验到行善或帮助他人的实际感受。

当师生们在正确故事的背景下看待苛待行为时，他们会用全新的方式阐释这些行为，并做出不同的反应。正确的故事也要重新定义学生的身份，不只是需要遵守规则，而是要成为第一反应者，一位社区里有责任心的成员，需要用行动来惩恶扬善，重新恢复环境秩序。比如说，当预防欺凌的故事从"不要做负面的事"演变为"帮助咖啡厅里的一名学生排解孤独"，那么学生就知道小小的行为也有着深远的意义和重要性。正确的故事帮助师生在日常生活中，面对有需要的人会挺身而出。

讲述正确的故事可以帮助人们意识到，自己并非只能循规蹈矩地做一名学生或教职人员。

讲述正确的故事引导人们关注积极的英勇行为，激发人们的潜能；故事号召他们做伟大的自己。

正确的故事也告诉人们可以谱写自己的故事、设定自己未来的方向、实现自己的目标。

"讲述正确的故事"要学会倾听

讲述正确的故事需要注意一点：要想在当今学校里占据人们的心灵，需要时间、耐心和复述。埃内特·西蒙斯为讲述正确的故事提供了如下建议。

恐惧非常普遍……讲述爱、希望与信念的故事似乎需要更多精力、想象甚至是自律（P.185）。

开始故事前，最好能请参与者独自讲述一个故事，表达自己是谁，为何来此（p.190）。

讲述正确的故事并非关乎比较谁的故事好，而是在于倾听的重要性，即使故事一开始可能存在矛盾。必须要花时间来让人们讲述自己的故事，确保当权者能够倾听并认可这些故事。倾听他人的故事是一种尊重的表现，最终塑造了交往的类型，代表了社区共同的故事：我们都是不同的个体，但彼此尊重和关心。我们社区每个人都有各自的故事。倾听和尊重决定了我们是谁。这就是我们的故事，正确的故事。

就我个人而言，最近为中学生写了一部小说。我曾告诉过自己写不了小说，没有足够的想象力，所以完成这部小说对我来说是一种惊喜。我曾看到一位朋友创作了一部剧，但从来没有写过任何小说，这让我知道我为自己施加了错误的桎梏。一旦我告诉自己有能力写小说，这本书的第一行几乎马上在我脑海中浮现了出来，我恨不得一口气把它写完。虽然这份工作很艰辛、很陌生，但我着实很喜欢。更让我喜欢这段经历的是：我发现当你书写自己的故事时，没有什么能阻止你赋予它一个美好、积极的结局。我相信学校要想在人们对待彼此上谱写正确的故事，这一点是肯定的；书写他们理想中的学校也是如此。他们的努力不仅可能收获一个美好、积极的解决；而且这几乎是可以确定的。

研究探讨——讲述正确的故事——的参考资料

丹·西斯和奇普·西斯《创意黏力学：为何一些想法存在了下来，一些则没有》

第六章："故事"

本书为用一种值得纪念的方式交流想法提供了可行的策略。如果交流的方式没有得到他人的关注并印刻在他人的脑海中，那么即使最好的想法也无法给他人造成影响。本章通过例子证明了如何用故事来解决问题，激励人们去改变。他们描述了故事可以用来帮助人们找到解决问题或改变某种境遇的可能。这种方法也可以用来向师生展示欺凌问题，并鼓励他们通过合作来解决这一问题。

问题在于当你给听众留下深刻印象时，他们也会做出相应反应。你向他们传达信息的方式暗示了他们应该如何回应。如果你提出了一个论证，就暗示他们要评估你的论证——评判、争论和批评——然后也提出论证，至少在心目中会这么做。但如果你传达给观众一个故事——意味着你在用一种思想邀请人们参与（p.234）。

丹尼尔·平克《全新思维：为何右脑发达的人会统治未来》

第五章："故事"

平克认为在数字信息时代，故事是人们理解所接受信息的重要方式。在学校环境下发生着各种各样的事，预防欺凌很可能成为一长串待办事项里的一部分。故事可以让这一事项变得更有意义，因此而成为定义人们身份的核心要素。

我们都是自己故事的一部分。我们通过简短的叙述浓缩了多年的经历、想法和感受，然后传达给别人和我们自己。事情往往就是这样。但对个人经历的叙述可能更加普遍，也更加急迫，因为很多人在寻求对自身和目标深层次的理解上更为自由。

保罗·史密斯（Paul Smith）《先讲一个故事：如何讲述一个充满吸引力、说服力和启示的商业故事》（*Lead With a Story: A Guide to Crafting Business Narratives That Captivate, Convince and Inspire*）。

第八章："给文化下定义"

第九章："确立价值观"

本书描述了在商界，如何用故事来完成很多目标。本书给出了一些商业领导的例子以及他们成功运用的故事。本书也解释了为何企业纷纷将"讲故事"视为公司治理的关键技能。第八章和第九章描述了现实故事如何在一个企业里传播，通常代表了与企业官方使命/价值陈述相抵触的文化和价值观。因此，领导需要确保他们讲述的现实故事能积极地反映出公司理念或价值观。如果学校的官方理念和价值观没有在教育者的言行中表现出来，那么期望学生能按照这些价值观来行事就是痴人说梦。要想让学生帮助老师们实现学校的使命，学生首先要看到老师们的言行符合这些价值观。

公司价值观由公司人员的行为所决定，而记录这些行为的故事——并非通过深埋在档案柜里的公司价值观所体现。如果你没有能强烈反映公司价值观的故事，那么在员工（他们是最在乎的）心目中你也许根本就没有所谓的公司价值观。

安内特·西蒙斯（Annette Simmons）《故事讲得最好者胜：如何用自己的故事来交流权力和影响》（*Whoever Tells the Best Story Wins: How to Use Your Own Stories to Communicate With Power and Impact*）。

在这本实用的好书中，很难挑选出最好的一两个章节。这本书可谓学校领导班子应该研读的首选。高中学生通过阅读和讨论也可以大大受益。每章末尾都有一套练习来培养学生们讲故事的技巧。本书的核心信息在于，讲故事可以让一个由数据和非人际沟通主宰的世界回归人性。

重构预防欺凌体系需要让人性回归校园，要知道人性已经埋没在考试取得高分、遵纪守规的压力下。如果你对重构感兴趣，而不仅限于预防欺凌，那么这本书将非常有用。

如果不提供个人鲜明的个性供对方参考，人们就无法感受交流的真诚……大多数交流失败都是因为缺少了人性。这很容易解决。为了将人性融入每一次交流，你需要做的就是讲更多的故事和表露出来更多的诚意。这样一来，你的交流看起来更加人性化了……面对无数的选择，一个有意义的故事就像水上救生衣一样，告诉我们什么是安全的、重要的，至少比单纯为引起注意而发出的空洞之声更加实在。

反欺侮：让学生远离恐惧

活动

视频片段讨论：

很多演讲设计会一开始，都会有一个故事来引出关键概念或想法。这可以证明一个简单的个人事迹同全球贫困和人际交往的概念有什么关联。杰奎琳·诺佛格拉兹（Jacqueline Novogratz）关于她"蓝背心"的故事，以及对自己生活和职业的影响对于师生来说是很好的"入门故事"。这段演讲设计会的观众可以探讨，她为何选用蓝背心的故事，以及如何反映出我们彼此相关的主题。

文本讨论

保罗·扎克（Paul Zak）《故事如何改变大脑》

这篇网络文章也带有一小段视频，可以单独播放，或连同文章一起探讨。

本文给出了一则研究，证明了大脑对于故事会有怎样的反应。解释了按照一条大起大落的故事线叙述的故事，是怎样作用于大脑并释放催产素的，这是一种能激发同情心和关爱的荷尔蒙。情感刺激是同情心的基础，对于像人类这样的社会动物来说尤为有效，因为这样我们可以迅速知道周围人是暴躁还是和蔼、危险还是安全、是朋友还是敌人。

研究文章：

理查德·雷恩（Richard Ryan）和温蒂·哥罗尼克（Wendy Grolnick）《课堂里的"小卒还是将军"：用儿童的视角看待个人差异的自我举报和影射评估》（*Origins and Pawns in Classroom: Self-Report and Projective Assessments of Individual Differences in Children's Perceptions*）。

该研究反过来证明了：在某种类型的课堂经历决定了学生会给自己讲

述什么故事。如果课堂上老师支持学生的自主性并提供选择，这些学生会讲述自己主动参与学习的故事——也就是所谓的"将军"。如果老师强调对学生的控制，很少给学生提供选择，那么学生则会讲述自己被动接受学习的故事——所谓的"小卒"。

尤其是学生对课堂上的"将军"氛围的看法似乎能影响自我评价，这样一来，如果课堂上这种氛围越强，学生的自尊心、认知能力和掌握动机就会越强。

活动：书写我们学校的下一章内容

目的：通过书写和讲述故事来"搭建桥梁"

该活动要引入一种思想：每个社区都可以书写自己的故事。这肯定了学校里已经发生的积极事件，然后要求参与者设想出以后的情境（下一章内容）——越来越多的人按照学校的价值观和信念来做事。

要求参与者回想学校的校训或核心价值观。如果学校没有校训，那么可以给参与者以下句干："当我们学校达到鼎盛时，我们的所见所闻是_____"。

参与者需要把自己遵照学校校训和价值观的行为记录下来，也可以记录其他人的类似行为。

他们需要尽可能多地记录能想起来的例子。这些例子可以总结到索引卡或相当尺寸的便利贴里。

将参与者分为多个四到五人的小组。

参与者可以把卡片或便利贴放在记录纸上。

放置好之后，参与者需要将它们归为不同的类别，并移到相应的位置上。他们也可以为这些类别做一些标签。

每个小组创建一份"可视化展示"，题目可以是"我们的学校此时处于鼎盛状态"或"践行学校的使命和价值观"。

每个小组向全体成员展示自己的成果。所有展示结束后，大家对每段展示的共同之处进行讨论。所有人最后要得出三到四个能够代表学校的综合评述。

参与者回到自己的小组，回答如下陈述："我们希望自己的'下一章内容'是什么样？"（我们需要怎样来为实现目标而努力？）

每个小组把对该问题的答案写在记录纸上。每个小组都完成之后，把它们贴到墙上。所有参与者可以在班级里走动，阅览墙上的所有答案。

接下来，大家一起决定让"下一章内容"变为现实需要怎么做，比如指定一个小组制定行动方案，让另一个小组执行方案，设定几个短期的可行目标，诸如此类。

对学校讲述正确故事的建议

- 将"讲故事"纳入学术大纲的范畴。
- 要求师生提升自己讲故事的能力，为他们提供实践的机会。
- 保存一份校园日志，记录人们互相帮助的积极故事。要求师生提交自己的或看到的积极故事。以此来记录整个学校的故事。找时间在校际活动上分享这些故事。
- 在公告板上贴上"我们学校处于鼎盛状态"的标签，附上师生们具有正面意义的故事。
- 创作一些"入门"故事。这些故事可以取材典型的欺凌情形，以彰显学生应对欺凌或任何苛待行为的不同方式。当然也可以包括故事中任务的想法和感受。故事中，不同的角色可以就如何行动做出不同决定，这样就可以得出一个结论。这可以帮助故事的听众明白，故事中的角色们是怎样影响故事的结局的。要求老师们在课堂讨论上运用这些故事。
- 成立一个课后讲故事小组，帮大家了解更多故事以及这些故事对人们行为的影响。内容可以包括神话、传说、童话、寓言，以及在帮助人们了解自己和世界上起到的作用。小组可以和学校社区的其他成员一起分享自己学到的知识。

- 鼓励师生们记录自己的学习经历,讲述自己有关学习或改变的故事。他们可以记录如何学习尝试新事物和应对挑战的（学术方面或社会方面）。当他们日后面对可能造成怀疑自我的情形时,这些记录下的故事可以提供参考。
- 让学校形成一种传统:将每个学年定为学校故事的一章,强调所有学校社区的成员都是这一故事的作者。

总结

"行为"策略通过逐渐改变学校文化和氛围来催生一系列改变。

安全玩耍策略的目的是帮助学校社区成员增强对一些隐藏事实的关注,以及恐惧在学校环境中的影响。

安全玩耍策略可以减少学校社区成员的恐惧,让他们减少过分的自我保护,而是更关注帮助他人。

培训第一反应者策略的目的是培养一种意识——学校社区的每位成员对于社区内每个人的幸福都有一定责任。这一策略用第一反应者（目前在我们的文化下深受推崇）来促进助人行为,甚至是见义勇为。

培训第一反应者取决于能否把不同因素用到正确的位置。这并非是强加给学生的独立策略。而是在适当的条件下,可以为想要帮助他人,但出于一系列值得理解的原因而没有或无法做出行动的学生提供多种选择。

讲述正确的故事对于重构预防欺凌体系来说至关重要,因为可以在极大程度上改变学校社区成员看待欺凌以及自身角色的方式。

讲述正确的故事可以帮助人们理解自身的目的以及在组织中的角色。也可以增加同情心和帮助别人的动力。

讲述正确的故事将"预防欺凌"由一套成人强加的规则、一些需要执行的政策或项目,转化为肩负责任甚至挺身而出的机会;人们帮助彼此来打造自己憧憬的社区,这样的故事会更有意义、更有目的性。

第十一章　重构预防欺凌体系清单

打造学校的团体精神

一开始，我在教育中应用清单的时候有些忐忑。学校总是在寻找能够"纠正"问题的秘诀，为重构预防欺凌提供清单的想法似乎有悖于我的一条核心理念：支持教育者做出明智的协同决策要比盲目地遵从一系列指导更加重要。但阿图·葛文德（Atul Gawande）的研究鼓励我进一步研究清单的用法，探讨其如何应用于重构预防欺凌体系。

我在《纽约客杂志》读了很多阿图·葛文德的文章，很是欣赏他的作品，因此我决定读读他的这本书——《清单宣言》。阅读并研究之后，我深信他的"清单法"同我的理念完全一致。运用正确的方式，清单能成为非常重要的工具，帮助教育者在解决问题和推行积极的做法上更具创意。实际上，葛文德已经预言到我的想法：

人们对于遵守规则的恐惧在于其过于刻板。在他们的印象里，自己就像是没有思想的机器人，埋头钻研某份清单，无法看到挡风玻璃外面的情况，也无法应付真实的世界。当你发现，如果清单是精心制作的，那么效果截然相反。这样的清单会把愚蠢的东西排除在外，你的智慧不应浪费在这些东西上，而是将"好钢用在刀刃上"。

重构预防欺凌体系的清单不涉及教育者需要完成的机械任务；而是提供一套想法、概念和研究成果，学校社区需要理解它们来完善整个重构过程。也包括一些关键目标和具体步骤，为打造学校的团体精神创造条件。

第六章里描述了重构的宗旨，就是清单的一个例子。这些宗旨首字母缩略词为"SPIRIT"（精神）。它们彼此紧密相关，一同为团结的学校社区提供了定性描述。这份清单可以用来评估提升学校文化和氛围的进度。

第八章到第十章里的八大策略，目的都是帮助学校成为更加团结的学校社区，并体现重构的六大宗旨。清单里的很多条目都与每个策略末尾提出的建议相对应。策划团队可以用这些清单来确定学校社区的重心和目标。

重构预防欺凌体系以打造学校团体精神的六大宗旨：

- S—以学生为中心。
- P—以原则为基础。
- I—综合实践。
- R—核心关系。
- I—影响导向。
- T—强化联系。

重构宗旨一：以学生为中心

教职工审视自己对学生的基本假设，探讨哪种假设塑造了教学实践。

教职工为将言行同积极的假设相匹配而努力，即学生想要在学校好好表现，能够帮助他人。

教职工应了解哪些研究和信息对学生预防和减少欺凌产生更大影响（反对成人直接施加的控制）。

学生知道欺凌的定义，在更广的范畴下懂得如何对待他人，以及欺凌行为在社会中的影响。

教师要让学生了解他们在预防和减少欺凌上的影响。

教师要向学生口头表达，他们需要参与让学校成为更安全的学习社区。

教师要积极要求学生参与确定目标、行为方案以及与学校社区相关的重大决定。

教师要支持站在彼此的视角看待问题,而不是出于自身的考虑。

教师有机会了解非认知因素以及心理设定研究,尤其是与学生将自己视为学习者相关的内容。

教师要意识到自己的态度和所用的语言,会影响学生对自身的看法。

教师要防止将欺凌问题或其他学校问题归咎于学生本身及/或他们的家人。

教师要熟悉并使用四大关键学生心理设定:我属于学校/班级社区;我的能力会随着努力而提升;我可以胜任这次任务;我所做的对我来说很有意义和价值。

学校需要经常用这四种心理设定来理解问题,并帮助学生肯定地做出这些陈述。

教师要意识到肯定学生长处和重视他们对学校所作贡献的重要性。

教师之间要达成一个基本共识,即谈及预防欺凌时,学生是"答案",而不是"问题"。

重构宗旨二:以原则为基础

教师有机会探讨学校的使命、核心价值观和信念。

邀请学生参与理解学校的使命和价值观。

师生都要参与探讨学校的使命和价值观如何转化为具体的言行。

师生都要理解规则(限制某些行为)和原则(提倡有价值的行为)之间的区别和联系。

设定目标来支持所有社区成员按照学校的使命、价值观和原则来行动。

当规则或章程没有做出规定时,师生要根据原则来作出决定和判断。

如果师生的言行可以体现学校使命、价值观和原则,那么应该得到他人的认可和支持。

学校环境要明确而突出地体现学校使命、价值观、核心理念和指导原则（无论学校选择哪个作为校训）。

提供专业培训，赋予教师所需的知识、技能和态度来确保社区成员能遵循学校使命、价值观和原则来行事。

学校的使命、价值观和原则要凸显团结的重要性，以及每个人有责任互帮互助。

学校的使命、价值观和指导原则要体现我国宪法和民主传统的宗旨，以及成为有责任的公民意味着什么。

教师要理解尊重多样性的重要性，经常探讨并证明如何来提升学校文化和营造氛围。

所有学校社区的成员都要知道学校的使命和价值观，以及它们因何而重要。

重构宗旨三：综合实践

教师要理解学校文化和氛围的概念，知道言行怎样传达他们对学生的看法以及自身的信念。

教师要理解如果有人受到不公平待遇或不尊重，会对学校的文化及氛围有哪些负面影响。

要为教师提供专业培训、教学工具来整合课堂的学术目标和社会目标。

专业培训和教师讨论要重在培养教师的技能，营造以学生为中心的课堂氛围，使学生更具有自主性和选择权。

提供专业培训来帮助教师增强课堂上学习的合作意识。

教师要理解对外在和内在动机的研究，以及每种动机对学生学习质量的影响。

要在课堂上为学生提供结构化学习的机会，允许他们找到与同龄人的相似之处和不同之处。

为学生提供机会在课堂上进行合作，同时练习并提高社交技巧。

为学生提供机会来反思和评估自身学习及对他人的行为。

在课堂上，给学生机会帮助彼此完成学术任务。

学生要学会在学习过程中与自己竞争（让自己变得更好），同他人合作。

将对学习目的和意义的探讨融入教育实践。

传授教师技能，让学习成为课堂的中心（而不是追求老师的认可）。

重构宗旨四：核心关系

教师要积极寻求所有学生的信赖。

教师要理解并培养得到学生信赖所需的技能。

教师不要害怕向学生展示自己的人性：在合适的场合承认错误、肯定质疑、表达迟钝的歉意、道歉及请求原谅。

教师要愿意与学生分享自己学习和成长的故事。

教师欢迎并赞赏学生讲述自己的故事和经历。

教师不要认为请求学生帮助很丢人，而是要表达对学生努力和意见的需求。

教师要意识到坚持帮助和关心弱势学生及孤立群体的重要性。

教师要经常邀请学生分享想法和感受，并认真倾听。

教师要积极努力，让每位学生在同龄人眼中都很可贵。

很多校际项目、活动都可以培养师生之间积极的关系。

提供更多的机会让不同年级和年龄的学生在学校进行互动。

对于师生来说，学校领导要经常出面、平易近人、乐于沟通。

学生要看到，学校后勤人员（宿舍管理员、保安、校车司机）能得到学校全体成员的尊敬和重视。

学生要清楚当自己有需要、看到他人有需要或自己需要建议时，可以找谁。

班主任要经常安排时间来了解学生的关系，以及彼此相处的情况。

重构宗旨五：影响导向

纪律政策和流程的目的是尊重学生，同时不会纵容不得体行为。

纪律政策和流程的目的是帮学生理解不得体的言行不仅在于对规则的违反，更是对学校价值观和原则（以及自身的）的违背。

纪律政策和流程的目的是从根本上帮助学生学会更好的方式来满足需求，与学校社区其他成员建立关系，而不是通过惩罚措施来防止日后的不得体行为。

纪律政策和流程要懂得当任何伤害出现时，修复人际关系和团体意识的重要性。

将学生视为"半成品"，错误只是学习过程中正常的一部分，而不要想当然地加以藐视或不尊重。

要给予社会和情感学习与学业同等的重视。

将问题视为工作和生活中不可避免的一部分，也是学习的机会。

所有教师要经常反思和评价自己对权力的使用情况。

教师要理解故事对帮助学生认识世界的重要性和影响，以及故事对心灵的触动。

教师要理解恐惧和焦虑对学习的负面影响，为学习提供安全的心理环境。

教师要对任何形式的不尊重、苛待保持敏感，掌握相关技巧，在看到或听说这类行为时以尊重的方式介入。

向学生解释规则、章程和惯例对于满足人的需要是很合理、很灵活的。

规则和程序的目的不是控制特殊情况。它所依据的基本事实是，大多数学生都愿意合作、尊重他人。

允许学生对规则和过程以尊重的方式提出质疑。

老师们要清楚信任学生的重要性，以及自作主张地怀疑他们可能做错事会造成哪些负面结果。

师生们不能完全依赖规则和政策来解决矛盾，而是要探索不同的方式来化解。

重构宗旨六：强化联系

学校设定的价值和目标是强化主人翁意识，以及身为学校社区成员的自豪感。

学校应想出不同的方式来识别学校社区每位成员的价值和贡献。

社区服务是学校教育体制下非常重要的组成部分，而不只是偶然事件。

要尽可能多地鼓励合作，而不是只强调竞争。

学校可以邀请周边社区的成员参与学校的活动。

教职工在家长会或职业交往中要尊重家长，不能谴责或批评他们。

要欢迎家长经常来学校，通过不同的方式参与学校生活。

学校应提供公共空间来展示有关师生协力完成目标的信息。

师生要经常合作策划一些校际活动。

师生要携手营造一种友善、融洽的校园环境。

学校应制订相应的计划来欢迎并吸引新生和他们的家人。

学校应致力于强调和凸显学校里发生的积极事件，并同大家交流。

学校要花时间和资源来评估学生和教师对学校氛围的感受。

师生要携手制定一些目标，以强化学校的团体意识。

第十二章　答疑解惑

本章以问答的形式探讨一些本书中没有特别提到的问题和话题。这些问题和答案也解释了重构预防欺凌体系与很多学校现有的计划、策略之间的关系。

问题一

学校如何应对网络欺凌？

网络欺凌已在媒体上引起了广泛注意，也引起了公众对教育者的担忧。尽管该问题不同于校园发生的欺凌事件，但仍是校园环境下社会动态的一种副产品。研究表明，网络欺凌并没有造成新的学生成为欺凌的对象，但却将"社会竞技场"延伸至学校之外，因此学生有时候难逃欺凌，甚至在家也一样。

如我在本书中所提到的，大多数学校的社会结构和行为动机为欺凌创造了条件。如果这种校园环境下的学生并非弱势，在学生中人缘也很不错，那么对网络欺凌有利的条件也会发生改变。比如说，如果更多的旁观者介入和举报欺凌，那么欺凌就会大大减少甚至消失。改变学校环境，可以在学生之间创造更多联系，改变欺凌在学校社会里的作用，以及在社会媒体中的扩张。

网络欺凌对于当今的学校设定确实造成了严重威胁，这种设定依赖于命令和控制体系来管理学生的行为。随着学校加强对学生的控制来回应欺凌和网络欺凌，学生们就会运用科技与精明的大人们保持距离，想方设法逃避学校规章制度的约束。网络欺凌标志着控制学生的传统方式已不再有效。"凌驾"的方式必须转移为"共享"，尤其是针对网络欺凌。老师已无法继续控制学生行为，学生比老师更清楚这一点。这对于老师来说是个绝佳的机会与学生携手一起实现共同目标——打造一个更加安全、更强调尊重的学校环境。

教育者必须要记住，大多数学生都不会欺负别人、不会认同欺凌，会非常负责任地使用社交媒体。这些学生会主动帮助并配合他们认为尊重自己、自己也尊重对方的大人们。教育者在研究应对网络欺凌的策略过程中，最好的盟友就是学生本身。重构预防欺凌体系的关键宗旨在应对网络欺凌方面作用更加明显。如果学校想要有效地阻止任何形式的欺凌，这些宗旨更加有必要。重构预防欺凌体系（包括网络欺凌）的最大障碍，就是教育者对失去控制的恐惧，这使得他们更加依赖于传统的方法，这些方法在应对其他问题上似乎很有成效。

研究欺凌和网络欺凌的过程中，南希·维拉德（Nancy Willard）的作品是我发现最好用的资源之一。她看待这一问题的视角同我在本书中提出的观点相呼应。她的作品对我的很多研究提供了启示，这些研究的重点是社会规范及与学生合作的重要性。她的作品《网络精英：拥抱数字安全和文明》（*CyberSavvy: Embracing Digital Safety and Civility*）以及网站www.embracingdigitalyouth.org都是绝佳的资源，为教育者和家长提供了良好的建议和实践策略。

她的方法强调了如下关键要素，与重构方法相一致：

- 强化积极的社会规范和做法；
- 促进有效解决问题和应用策略；
- 鼓励旁观者主动提供帮助；
- 收集当地信息为教学和持续评估提供指导（p.7）。

问题二

学校已经出台的预防欺凌项目怎么样？它们在解决该问题上是否值得而有效？

当前学校广泛采用的预防欺凌项目都经过缜密研究，没有出现错误。这些项目或大纲很多都取得了不错效果，更多的学校应该加以应用，而不是依靠只举办一次的大会或其他听起来不错，却没有经过实地应用的研究。"当园丁的经历"这个例子能够很好地诠释这一主题。

我姐夫的西红柿真是让我抓狂！他的果园生产的西红柿不仅比我多，而且个头更大，味道更好。我们两人的种子都是由我在一家店铺亲自挑选的相同品种。我们两人对果园都进行了细心的照顾，浇水、施肥及给予它们充足的照明。他的果园为何产量比我高这么多？最终我明白：我的果园有着多年的历史；而他的只有两年。因此，我果园的土壤已经很贫瘠了，而他的却很肥沃。虽然我用对了方法，但最终的决定因素竟然是土壤！这个教训很明确：为了得到最好的西红柿，你必须要打好基础。

这一教训也可以用在学校预防欺凌上：如果无法扎根于积极、关怀的学校文化和氛围，即使最好的政策、项目、规则和章程都无法减少或预防欺凌。或许这解释了为何政府统计局的数字会显示，2005年到2011年间学生举报欺凌的比率没什么变化，即使每个州都出台了反欺凌法案，公众对这一问题更加关注，预防欺凌的资源也很充足（国家教育统计中心，2012）。

预防欺凌就像任何变革措施一样，都要面对的是：学校的文化和氛围对于学校的一切事物有着主要影响，就像管理或领导专家皮特·德鲁克所说的，"文化会把策略吃掉做早餐"。政策、项目、章程等都可以为人们所用，但无法改变人类——只有人类可以改变人类。预防欺凌必须要打好基础——让人们的感情和理智变得更注重尊重和关爱。

问题三

像"积极的行为干预与支持"(PBIS)这样的项目怎么样?他们在解决所有校园不恰当行为(包括欺凌在内)上有效果吗?

对越来越多的学校来说,"积极的行为干预与支持"这一项目已成为一种常设的组织结构。对于一些因行为问题而耗费了大量教学时间和精力的学校来说,PBIS可谓是"救生圈",让混乱的校园环境获得稳定和秩序。

在这些学校中,惩罚、威胁、斥责,以及与学生行为格格不入的反应都会成为针对学生行为不端的家常便饭。因此,对于深陷负面行为泥潭的学校来说,PBIS可以让一切有所改观。

下面是PBIS为学校带来秩序和稳定的方法:

- 消除对学生行为不端的苛刻、草率以及情绪化的反应。
- 为老师提供可靠、积极的方式来回应学生行为。
- 将重点由学生不应做什么转为学生应该做什么。
- 确保学生能学习并实践积极的行为。
- 在不同的学校场合下,对学生行为有合理的预期。
- 提供方法来衡量、监控和评估进度。
- 确保积极的合作行为能得到最多关注。

简言之,PBIS为一些学校带来的秩序和稳定是显著改善的第一步。用医疗术语来说,PBIS可以很好地"止血"或提供急救护理。但我所考虑的不是处于麻烦中的学校迈出第一步,而是要成为最终的解决方案。PBIS可以帮助处于危机中的学校做出诊断,但谁会将诊断步骤作为获得长期健康的最终方案呢?

一旦学校得到"稳定",就有责任巩固它所取得的积极成就。成功运用PBIS的学校现在要做的,不仅是改变如何对待学生的行为,而且要审视自己教育学生的方式。

优秀的学校有勇气问自己：

如果学生所学内容更具吸引力和意义，学生还会出现行为不端吗？

如果老师同学生建立更信赖、支持的关系，学生还会出现行为不端吗？

如果老师所用的教学法允许学生更多地互动、参与体育活动，而不是长时间坐在座位上听讲，学生还会出现行为不端吗？

如果学生在所学内容上有更多选择权，学生还会出现行为不端吗？

我们的目标就是让学生遵守学校规章制度吗？还是帮助学生在没有明确规定，也没有大人监督的情况下做出明智的决定？

学生要想在21世纪取得成功，需要怎样的校外环境？

想象一个所有条件都具备的有利学习环境：你感受到有人照顾自己、为自己提供社会支持，就算犯错也很安全，可从中吸取教训。PBIS如果能帮学校迈出重要的第一步，那么就很有价值。教育者有责任教育学生，而不只是让他们做出某些行为。

如果学生在自己的社会环境下有权利介入或举报欺凌，他们需要在学习方面更加主动，对自己的看法不只局限于遵守规则和满足老师的期望（迪伦，2013b）。

问题四

如果校长或其他学校管理者不明白重构意味着什么，而且执迷于维持现状，学校社区的成员可以做什么？

由于领导在大多数成功的变革中占主导地位，这个问题很难解决。当你漫步在一家书店的走廊里，你会发现商业区里大多数书籍都与领导有关，只是形式不同。但教育并非如此。尽管人们很关注学校的领导角色，但很多情况下校领导都只是上级下发政策的执行者而已。对他们的评判标准通常是对教学大纲的执行情况，而不是在触动学校成员的心灵上做得有多好。成功管理学校异常艰难，所以人们很难批评校长或管理者在带领学校做出重大的积极改变上效果如何。

人们通常遗忘的一个重要的区别在于，领导并不等同于位高权重者。没有权力或地位的人们也能领导人们做出有效的、积极的变革，比如甘地和马丁·路德·金。因此，如果学校社区的成员对学校有不同的看法，真心希望让学校变得更包容、更体贴，他们首先可以模仿他们希望其他人能具备的行为。他们可以一同分享想法，探讨如何在所有学生的交往中普及更加讲礼貌的方式。除了通过发言可以实现的最终成果，我相信长期来看，这样的方法要比其他方式效果更好，也好于面对苛待无动于衷。人们越注重合作，不会在发言时感到孤单，他们的效率就会越高；有时只需要有一个人做出表率，就能让积极的改变发生。有时一个人的勇气可以触动很多人的心灵，他们只需要一个信号来坚定他们心目中希望做的事。

问题五

由于心理设定在人们看待世界上影响如此之大，有着截然不同设定的人们怎么能合作呢？

准确来说，这是个非常难以逾越的障碍，因为人们从未将心理设定视为人们区别的真正原因。人们最终会就心理设定塑造的态度或行为产生矛盾和冲突。比如说，一些教师坚信面对学生的行为不端，唯一答案就是更加严厉的惩罚措施。有着不同人生观的人就会面对一种选择，要么让此人拥护并主导该问题的讨论，要么就否定或质疑这些选项。部分问题在于时间太过紧张。有时只有人们在需要解决的问题上存在争议，大家才会探讨这些区别。如果一名学生的所作所为引起了很强烈的情感反应，通常会让人们坚持已有的想法。当代价并非很昂贵或尚未做出决定时，专家需要参与这些问题的讨论。这是我为何呼吁要强调做出决策以及探讨问题的过程，这远比注重内容的程式化方式更重要。当教育者参与到有意义、尊重彼此的对话中来，他们会发现自己对于教育的设想和价值观，并在不受到威胁的情况下获得一种新的视角。最终当人们开始信赖彼此而且不会将不同的看法视为一种威胁，而是一种学习的机会时，那么通往他们心灵的大门就会打开，让人们意识到看待问题可能还有其他方式。这也是为何越来越多的教师需要更善于倾听，这样就能在承认他人的观点之余不一定要赞同。我认为如果专业人士之间建立了信任，明显持反对意见的人们就能明白如何与有着相似价值观的人一起合作。通常如果人们信任彼此，深入挖掘自己的想法，他们会发现区别更多停留于语义上，而非实质上。

出于这一原因，当我面对任何人群时，我欢迎人们提出强烈的反对，我感谢他们有勇气向我提出反对。我发现当我承认并珍惜他们出于信赖而表达的不同意见时，我们在问题上可以展开效果非常好的探讨，离开的时候感到自己从对方身上学到了不少知识。我发现我越是不在乎改变一个人的想法，我与他们的联系就越密切，总能在某些层面上达成一致的理解。

问题六

貌似重构的实行对学校过于不满，对学校成员也暗示着这一点。回避需要了解重构信息的人岂不是很危险吗？

这确实很危险，我对于学校里喜欢批评别人者非常敏感。这绝对不是一种谴责。我也是学校的一员，我对学校的工作者怀着很深的同情和赞赏之情，尤其是公共学校的工作者。他们经常得不到其他人的赏识或遭到过分批评。我最不愿做的事就是因当前的教育状态责备教育者。这也是我为何要研究学校的历史根源，以及学校出现当前状态的原因。我希望发现教育者们是如何从学生到教育者传承下来的。结合了严父设定和工厂设定的心理设定对于学校有着牢固的控制，我们的文化施加如此深厚的影响，让换一种方式看待学校几乎成了缘木求鱼。

这也解释了为何，就算是最善良的人最终也会按照一种不习惯的方式来对待他人，尤其是学生。我的意图是指出我们所有人都受到了心理设定的影响，而这种影响方式可以让我们所有人挽回面子，有机会来改变自己的做法。我知道老师们对于他们对待学生的方式总是不尽如人意的评论极度敏感。我希望通过理解学校的历史和心理设定，以及心理设定对我们看法、感受、想法和行为的塑造，在不用严厉批判自己过去的情况下开始改变自己在学校里的所作所为。这是我写这本书的根本目的，如果我不经意间伤害到了致力于帮助学生的老师们，我提出道歉，这绝不是我的本意。

问题七

如果有效地预防欺凌需要学生在目睹欺凌时介入或举报，那么学校不应该更强调提升勇气和同情心的教育计划吗？

我女儿的工作地点很理想，不是因为气候很暖和（并不暖和）或办公室很漂亮（确实是）。而是因为她居住的地方近在一英里之外。她每天都可以步行上下班，所以一天可以锻炼30分钟，目前也是专家推荐的锻炼时间。她不需要去健身房或购买家用健身设备，只需要每天步行上下班就好。当锻炼身体融入一个人的日常生活而不再是一种附属品，或为了适应忙碌生活而增加的某种活动，那么像她这样的人只需要好好生活、好好工作就可以保持健康。

这种能满足基本需求的综合方法也可适用于学校，这也是我为何认为，如果我们真的在教育学生而不是训练他们，那么学校就不需要品德教育和/或社会情感项目的原因。

训练不是件坏事；很多任务都需要训练，但这不是教育。人们需要经过训练来掌握某些工作的技巧。他们学习的能力是必要的，但训练只是获取某种工作所需技能的一种方法,而并不只是对本身的提高。一旦经过训练,接受训练者就会受到监管和评估,确保能保持由训练掌握的技巧。

在学校的工厂模式下,品德和社会/情感技巧不会融入师生的交往中。主要的社交技巧是:叫你怎么做就怎么做。如果意识到学校缺失了社会/品德元素,决策者就会决定将品德教育和社会/情感技巧培训加入学校的传统架构中。

如果我们的学校能从工厂设定传承来的训练体系,转换为能体现"教育"这个词的模式,学生自然就会获得社会/情感技能以及取得人生成功所需的品德特征。如果人们能向彼此学习(所有的学习行为都是社会性的,就算我们阅读别人写的书也不例外)、倾听他人的意见,解决生活中难免会出现的问题并团结合作,人们就能在教育过程中养成社会/情感技巧。约翰·德威总结得很精辟:"生活在一起的过程能够教育人们。"

如果老师们尊重并相信每位学生都愿意学习和好好表现,他们就为教育"品德"树立了榜样。如果老师们教育而不是训练学生,那么他们所树立的榜样就能塑造来自日常交往的品德和社会技巧,而不需要专门的课程或项目。

我们都体会过教育与训练之间的差别。尽管传承了工厂/训练设定,学校里总会有很多老师们会教育他们的学生,而不是训练他们。随便找个人让他告诉你一些在学校值得铭记和积极的经历,你不会听到"这个项目棒极了"或"十年级的课程安排真正影响到了我"。这时,触动他人心灵的故事就会变得屡见不鲜:老师们通过让学生知道自己有多重要、多么特殊来影响学生的生活。

教育学生成为完整的人,不需要额外的品德教育。教育本身,就这个词的真实含义来看,就能够塑造品德。

问题八

有没有学校在预防和减少欺凌以及所有行为不端上做得很成功？学校如果不按照你在书里描述的方式进行重构，就不会成功吗？

当然有一些学校在预防和减少欺凌上做得很成功，可能将成功归功于一些不需要按照本书描述的方法来重构的项目或策略。评判成功的部分问题在于能否指出造成差异的因素。比如说，某所学校可以执行某个预防欺凌项目并减少欺凌发生率，但这种积极结果可能来自于学校的其他因素，而并不包含在该项目中。比如说，学校领导的变更，或相当一部分教职工决定与学生建立更好的关系。关键在于人们可以改变他人，最终因关系的改善可以给学校文化和氛围带来积极的改变。一些项目或课程可能就是改变的催化剂。预防欺凌存在的问题是，很多学校认为欺凌这一问题需要学生不要违规，因此不承担改变对学生态度的相应责任。这些学校通常无法看到项目的积极一面，无论出台什么项目。

这就像22条军规里的一幕（两难的境地）：这些学校意识到改变取决于关系的改善，但仍寻求用一些项目或课程来实现没有这些项目也能实现的目标，而只想遵照上级命令的学校也会执行项目并走个过场，却无法取得任何进展。这些学校认为自己需要一个项目，其实比认为自己不需要该项目的学校还不需要，但却又不得不使用这些项目。

评价成功的另一个问题在于所用的标准。一些学校将中止、延迟数据以及办公室转介的数量视为评价进步与否的主要标准。尽管减少这些方面能有效衡量进步情况，但学校总是把稳定视为目标，而非在实现更重要的目标上迈出哪怕是一小步，这也是可以理解的。

大多数学校把成功的标准定为：遵守、完成和一致。学生需要遵守规则，需要完成老师布置的任务，没有这样做的学生则需要变得和其他学生一样。越是符合这些标准，学校的运转就越是平稳。像PBIS这样的大多数项目自称"以证据为基础",因为他们能给出一些能够衡量这些标准的数据。

我呼吁将成功的标准变为:献身、创意和信心。师生们需要跳出这些条条框框,致力于学习能反映更高尚、更重要的价值观,而不只是追求组织的平稳运行。他们不只是需要回答所面对的问题,而是要提出自己的问题,避免在某一具体领域上鼠目寸光。他们需要信心来变成自己心目中的样子,而不只是通过与他人的比较来评判自己。如果学生能做到这三点,他们就更可能关心他人,有更好的能力来获取校内与校外成功所需的知识、技能和态度。

问题九

本书中引述的社会心理学著作反映出来对改变的研究,为何没有融入并应用到教育实践中呢?

我并不知道答案,但我有一些猜测:

- 习惯:学校不习惯关注行为方法之外的领域。
- 适应:行为方法适应当前的学校结构,符合学校运作的传统方式。
- 明显缺乏需求:除了媒体中描述的公众认知,大多数学校"运作"良好(按照成功的有限标准),何必去研究新的领域。
- 需要教职工改变言行:大多数学校更关注如何来改变学生,而不是改变教职工的行为处事。
- 人们对"犯错"过于不适,难以接受:对于清楚"正确"之于传统学校之重要性的教师来说,很难承认他们对于教育的一些基本设想偏离了轨道,这让他们难以面对和接受。
- 偏重具体的策略:教职工通常只会采用符合当前行为结构的策略。需要花时间思考的变革理论总是被认为在浪费时间。这符合当前流行的观念:教育是一系列正确的行为,而不是将想法和行为或理论与实践相结合。

- 行为方法反映出很多固有的文化设想：教育者已经将这些设想融入实践，这些方式对于大多数人来说都是绝对的"常识"。

- 权力和地位能带来改变：掌权者下发的奖惩确实能让人们做出改变，因此掌权者何必要改变该种方式。没有权力决定人们买什么或选择什么的企业只能另辟蹊径，通过社会心理学方式来影响人们的行为。掌权者很难察觉到用权力来改变人们会有哪些隐含的负面结果。

- 教育政策的决策者几乎对研究一窍不通：在政策方面，遵照常规的传统做法来看待世界和处事十分普遍。面对铁证如山，除了零容忍政策、固有做法、付给教师绩效工资外，还能有什么办法吗？

尽管对改变的研究难以融入学校制度有着种种原因，越来越多的教育者开始阅读关于这一话题的著作和研究文章，包括我在本书中引述的一些研究。这些教育者也可以通过全球社交媒体来保持联系，使越来越多的课堂能够普及这些想法。这些改变极有可能由下至上进行。

问题十

大多数学校似乎建立在一种固有的思维模式上，而非"成长性"思维模式。这是推行本书提出的重构方式所面对的最大障碍吗？

这种思维模式确实给重构或重新设计教育方式设置了巨大的障碍。如今学校体制下的思维模式不仅根深蒂固，还作用于当前对教师的评估体系。太多的时间、精力和财力浪费在按照考试成绩来管理和评定学生和老师的行为上，而没有用在提升教学效果上。

比如说，通过对学生进行测试来更好地了解他们的行为表现，希望将考试结果公诸于众时，学生和他们的学校有动力来更好地表现，来回避因失败或表现不佳而造成的"丢脸"。一旦这种方法不起作用，同样的方法会被用于教师考核：用考核结果来激励老师们做出改变，以避免被认为工作没有效率或干脆丢掉工作。在两种情境下，学生和老师"应当"在固定时期内按照某种方式行事，否则将承受负面后果。比如说，如果学生通过期末考试则算是成功，但需要暑期补课来通过同样考试的学生就会被视为失败，比学校规定某个时期内学习同样教材的同学差。教师也要在规定时期内学习教学法，否则就会面对不良后果。

这两种情境下，成功意味着不惜一切代价也要避免错误和失败。因此，学校并不能包容学生自由地学习和成长；学生们需要尽力满足掌权者的要求，而这样的顺从会给学生的人生和对自身的想法带来负面影响。这样的情境让学生和老师越来越难以合作去支持彼此的学习。

我认为欺凌问题实际上可以比作特洛伊木马——出于某种理由为改变打开一扇门，但随后带来了比初始问题更深远的变化，促使人们需要首先来打开这扇门。考试成绩不理想会让一些人很生气，但对于大多数儿女表现不错的家庭来说，他们基本没有动力去改变学校。如果家庭对学校变革的影响微不足道，学习成绩低就会产生较大影响。但欺凌跨域了社会经济的领域，对学习成绩不错的学生也会造成很大影响。如果欺凌问题持续存在，不仅会影响每一名学生和每一个家庭，还要比考试成绩不理想更能触动人们的情绪。现在，欺凌在情绪上的极大影响以及让学校变得更安全的想法，要比学习因素更能迫使学校做出改变。如果法律、研究和媒体关注无法降低欺凌发生率，那么确保子女安全的道德需求就会迫使掌权者想办法改变"根深蒂固"的思维模式，这种模式塑造了学校的基本功能。这也是我写这本书的原因。另外我也希望欺凌在学校中的持续存在能带来改变的不同方式：首先尝试去解决欺凌问题，但最终能让学校的文化和氛围产生天翻地覆的变化——变得更好。这就能够应验佛家所说——"拦路虎正是努力的方向"。

致 谢

我非常感谢科尔文出版我的两部作品。有机会同读者分享我的想法对我来说是一种特殊的荣誉和幸事。我对科尔文员工对我在写书过程中提供的帮助和支持充满感激。科尔文对于作者和他们的心声表示十分尊重。

我特别要感谢我的编辑杰西卡·艾伦（Jessica Allan），他坚持为我的所有作品提供着支持和鼓励。

我有幸经常在学校里工作，在与学生和老师们相处的过程中，我一直在成长和学习。我感谢所有喜欢我的校长、教师和学生们。

我特别要感谢我的朋友、同事和Measurement Incorporated (MI)副总裁汤姆·科尔史。他对我不懈的支持和鼓励让我作为教育者能一直学习和成长，并且帮助我将两部作品成功出版。

我在MI奥尔巴尼办公室的其他同事为专业对话和合作提供了理想的环境。他们的支持、倾听和分享，让我心中充满感激。

我在MI里的团队为纽约地区特殊教育和技术支持中心提供专业支持。本书中提出的很多关键概念来自我的团队经历，因此我要特别感谢凯利·瓦尔莫（Kelly Valmore）、迪娜·司徒拉特（Diana Straut）、文思·塔尔西奥（Vince Tarsio）和缇娜·提尔尼(Tina Tierney)这些了不起的队友和同事。你们每个人都做出了伟大的贡献，都是心胸开阔、敬业奉献的楷模。

有时候制订出版计划的难度几乎和写书本身一样大。MI的同事拉尔卡·科里纳（Carla Corina）花了很多时间阅读我的草稿，并提出了很有见解的反馈，帮我梳理和坚定了很多想法。

卡西·巴丁(Casey Bardin)目前是沙卡中学的一位学校管理员，他之前在我当校长的那所学校担任体育老师。卡西在教育领域、心理学、领导方面就像是新思想的"海绵",他涉猎的领域不胜枚举。我们之间的谈话在很大程度上帮助了我提出本书中很多关键概念。他的领导力和专业性是希望和乐观的源泉,让我知道在学校里可以实现什么。

我的朋友和同事克利恩·法洛普(Corrine Falope),一直激励着我。他对学习浓厚的兴趣和对教育的钻研在退休之后仍然丝毫不减。他向我证实了一位真正的教育者永远不会"退休",而只会愈发的明智。

南希·安德雷斯对我在各方面都有所指导。他对我的支持和信任让我总是充满自信,让我感觉自己的能力不只局限于专业知识。我祝愿每个人都能拥有这样的同事和朋友。

本书的关键主题是社区。很多社区都像家庭一样团结,但并非所有家庭都能像社区一样强大。我有幸拥有一个像社区一样团结和充满关爱的家庭。我知道一个拥有信仰、慷慨和乐观的人对他人会有怎样的影响。这个人就是我的岳母安托瓦内特·隆巴多(Antoinette Lombardo),她抚养了10名子女(其中老四成了我的妻子),25名孙子和4名重孙。我感谢她告诉我信仰、希望和爱的力量,可以让如此多的人获得幸福。她今年90岁了,身子骨仍然很硬朗。

我的4名已经长大成人的子女——艾尔尼、提姆、比莱恩、汉娜都是我的好朋友。他们无条件的支持和鼓励总是陪伴着我。他们总能找到时间,耐心地听我并就我的作品或阅读的文章侃侃而谈(有时很啰嗦)。

最后,如果没有我的妻子罗伊萨永恒的爱和支持,我可能一事无成。她是我认识的人中最具有爱心的一位。每天她都在教我关心、尊重和爱生活中的人们意味着什么。

参考文献

Adaptive Schools. (2013). *Thinking collaboratively.* Retrieved from http://www.thinkingcollaboratively.com

Aguilar, E. (2013). *The art of coaching: Effective strategies for school transformation.* San Francisco, CA: Wiley.

Amabile, T., & Kramer, S. (2011). *The progress principle: Using small wins to ignite joy, engagement, and creativity at work.* Boston, MA: Harvard Business Review Press.

Anspaugh, D. (1986). *Hoosiers* [DVD]. United States: MGM Home Entertainment. Retrieved from https://www.youtube.com/watch?v=9Cdc13CU9Fc&list=FL n1sPEq 8nRrTJOFeZxxCMSA&index=67

Asher, W. (Director). (1952). *Switching Jobs* [Television series episode]. In W. Asher (Director). *I Love Lucy* [DVD]. United States: Columbia Broadcasting System.

Bazelon, E. (2013). *Sticks and stones: Defeating the culture of bullying and rediscovering the power of character and empathy.* New York, NY: Random House.

Blackwell, L., Trzesniewski, K., & Dweck. C. (2007). Implicit theories of intelli-gence predict achievement across an adolescent transition: A longitudinal study and an intervention. *Child Development, 78(1)*, 246–263.

Bloom, P. (2010, May). The moral life of babies. *New York Times Magazine, 9, 44.*

Brannon, T., & Walton, G. (2013). Enacting cultural interests: How intergroup con-tact reduces prejudice by sparking interest in an out-group's culture. *Psychological Science, 20(10)*, 1–11.

Briceño, E. (2012). The power of belief—Mind-set and success [Vimeo by L. Butler]. *TED X Manhattan Beach.* Retrieved from https://www.youtube.com/watch?v=pN34FNbOKXc

Brown, R. P., & Day, E. A. (2006). The difference isn't Black and White: Stereotype threat and the race gap on Raven's advanced progressive matrices. *Journal of Applied Psychology, 91(4)*, 979–985.

Bryan, C. J., Master, A., & Walton, G. M. (2014). Helping versus being a helper: Invoking the self to increase helping in young children. *Child Development, 85(5), 1836–1842.*

The Center for Effective Discipline. (2010). *U.S. Statistics on corporal punishment by state and race.* Washington, DC: U.S. Department of Education, Office of Civil Rights. Retrieved from http://www.stophitting.com/index.php?page=statesbanning

Cialdini, R. B. (2001). *Influence: science and practice (4th ed.).* Boston, MA: Allyn and Bacon.

Cohen, G., Garcia, J., Apfel, N., & Master, A. (2006). Reducing the racial achieve-ment gap: A social-psychological intervention. *Science, 313*(5791), 1307–1310.

Collins, J. C. (2001). Good to great: *Why some companies make the leap–and others don't.* New York, NY: HarperBusiness.

Cooperrider, D., & Whitney. D. (2005). *Appreciative inquiry: A positive revolution in change.* San Francisco, CA: Berrett-Koehler.

Davidson, A. (2012, May). Mitt Romney, bully. *New Yorker.* Retrieved from http:// www.newyorker.com/news/amy-davidson/mitt-romney-bully

DeCharms, R. (1977). Pawn or origin? Enhancing motivation in disaffected youth. *Educational Leadership, 34(6)*, 444–448.

Deci, E. (2012). *Ed Deci: Promoting motivation for health and excellence [Video]. TED X Flour City.* Retrieved from https://www.youtube.com/watch?v=VGrcets0E 6I&index=13&list=FLn1sPEq8nRrTJOFeZxxCMSA

Deci, E. L., & Flaste, R. (1996). *Why we do what we do: Understanding self-motivation.* New York, NY: Penguins Books.

Deci, E., & Ryan, R. (2000). Self-determination theory and the facilitation of intrin-sic motivation, social development, and well-being. *American Psychologist, 55, 68–78.*

Deci, E., & Ryan, R. (2002). An overview of self-determination theory. *Handbook of self-determination theory. Rochester*, NY: University of Rochester Press.

Dewey, J. (1940). *Education today.* New York, NY: G. P. Putnam.

Dewey, J. (1985). *Democracy and education.* Carbondale: APA, 6.30, p. 187: Southern Illinois University Press. (Original work published 1916)

Dillon, J. (2012). No place for bullying: Leadership for schools that care for every student. Thousand Oaks, CA: Corwin.

Dillon, J. (2013a). Education builds character. *Smartblog on Education.* Retrieved from http://smartblogs.com/education/2014/06/09/education-builds-character/

Dillon, J. (2013b). Problem with success. *Smartblog on Education.* Retrieved from http://smartblogs.com/education/2013/07/02/a-problem-with-success/

Dillon, J. (2013c). Bullying prevention from the ground up. *Smartblog on Education.* Retrieved from http://smartblogs.com/education/2013/10/07/bullying-prevention-from-the-ground-up/

Dillon, J. (2013d). Best antidote to bullying: Community building [Washington, D.C. Commentary]. *Education Week.* Retrieved from http://www.edweek .org/ew/articles/2013/12/11/14dillon.h33.html

Dillon, J. (2014). Untying the Nots of bullying prevention. *Principal, 93(3), 36–39.*

Dweck, C., Walton, G., & Cohen, G. (2011). Academic tenacity: Mind-sets and skills that promote long-term learning. *Gates Foundation,* 1–40.

Edmondson, A. C. (2012). Teaming: How organizations learn, innovate, and compete in the knowledge economy. San Francisco, CA: Jossey-Bass.

Farrington, C.A., Roderick, M., Allensworth, E., Nagaoka, J., Keyes, T. S., Johnson, D.W., & Beechum, N. O. (2012). Teaching adolescents to become learners: The role of noncognitive factors is shaping school performance: A critical literature review. Chicago, IL: University of Chicago Consortium on Chicago School Research.

Fassler, D. (2012, February). Adolescent brain development and life without parole. *Huffington Post.* Retrieved from http://www.huffingtonpost.com/ david-fassler-md

Franco, Z., & Zimbardo, P. (2006, September). The banality of heroism. *Greater Good Magazine.* Berkeley: University of California at Berkeley. Retrieved from http://greatergood.berkeley.edu/article/item/the_banality_of_heroism

Fredrickson, B. (2009). *Positivity.* New York, NY: Crown.

Freire, P. (2000). *Pedagogy of the oppressed* (30th anniversary ed.). New York, NY: Bloomsbury Academic. (Original work published 1968)

Friesen, S., & Jardine, D. (2009). *21st century learning and learners* (Report prepared for Western and Northern Canadian Curriculum Protocol). Calgary, Canada: Galileo Educational Network, University of Calgary. Retrieved from http:// education.alberta.ca/media/

Fullan, M. (2001). *Leading in a culture of change.* San Francisco, CA: Jossey-Bass.

Garmston, R. J., & Wellman, B. M. (1999). *The adaptive school*: A *sourcebook for devel-oping collaborative groups*. Norwood, MA: Christopher-Gordon.

Gawande, A. (2010). T*he checklist manifesto:* How to get things right. New York, NY: Metropolitan Books.

Gawande, A. (2013, July). Slow Ideas. *The New Yorker*. Retrieved from http:// www.newyorker.com/magazine/2013/07/29/slow-ideas

Gladwell, M. (2002). The tipping point: How little things can make a big difference. Boston, MA: Little, Brown.

Gladwell, M. (2014). *David and Goliath: Underdogs, misfits, and the art of battling giants.* New York, NY: Little Brown.

Goodman, R. (Director). (2002). *The "in crowd" and social cruelty with John Stossel* [television series & DVD]. New York, NY: ABC News. Retrieved from https:// www.youtube.com/watch?v=UrsHp-z08f8

Gopnick, A. (2012, January). What's wrong with the teenage mind? *Wall Street Journal Online*. Retrieved from http://online.wsj.com/news/articles/

Grant, A. (2014, April). Raising a moral child. *New York Times*, Opinion Section.

Gray, P. (2012, October). Unsolicited evaluation is the enemy of creativity [Web log post]. *Psychology Today*. Retrieved from http://www.psychologytoday.com/ blog/freedom-learn/201210/unsolicited-evaluation-is-the-enemy-creativity

Gray, P. (2013). Free to learn: *Why unleashing the instinct to play will make our chil¬dren happier, more self-reliant, and better students for life.* Philadelphia, PA: Basic Books.

Haidt, J. (2010). Wired to be inspired. In D. Keltner, J. Marsh, & J. A. Smith (Eds.), *The compassionate instinct*. New York, NY: Norton.

Halvorson, H. G., & Higgins, E. T. (2013). *Focus: Use different ways of seeing the world for success and influence* (eBook version). New York, NY: Hudson Street Press. Retrieved from http://www.amazon.com/Focus-Different-

Seeing-Success -Influence-ebook/dp/B008BM4MM6/ref=tmm_kin_swatch_0?_encoding= UTF8&sr=&qid=

Hanson, R. (2013). Hardwiring happiness: The new brain science of contentment, calm, and confidence. New York: Random House.

Heath, C., & Heath, D. (2007). *Made to stick: Why some ideas survive and others die*. New York, NY: Random House.

Heath, C., & Heath, D. (2010). Switch: *How to change things when change is hard*. New York, NY: Broadway Books.

Heath, C., & Heath, D. (2013). *Decisive*. New York, NY: Crown Business.

Horowitz, J. (2012). Debate on Romney's memory of incident: Bullying activist says his claim could be true. *Washington Post. 302*

Howard, R. (Director). (1995). *Apollo 13* [DVD]. United States: MCA Universal Home Video. Retrieved from https://www.youtube.com/watch?v=hLZZ_y1xdJg

Hughes, L. (1997). *The short stories of Langston Hughes* (A. S. Harper, Ed.). New York, NY: Hill and Wang.

Jamieson, J. P., Mendes, W. B., & Nock, M. K. (2013). Improving acute stress responses: The power of reappraisal. *Current Directions in Psychological Science, 22,* 51–56.

Johnston, J. (Director). (1999). *October Sky* [DVD]. United States: Universal Pictures.

Kahneman, D. (2011). *Thinking, fast and slow*. New York, NY: Farrar, Straus and Giroux.

Kanigel, R. (1997). T*he one best way: Frederick Taylor and the enigma of efficiency*. Cambridge, MA: MIT Press.

Keller, L., & Orr, A. (2011a, June). My kid would never bully (girls group). *NBC Dateline*. Retrieved from https://www.youtube.com/watch?v=Ask9x8gx9Dg &index=5&list=FLn1sPEq8nRrTJOFeZxxCMSA

Keller, L., & Orr, A. (2011b, June). My kid would never bully (boys group). *NBC Dateline*. Retrieved from https://www.youtube.com/watch?v=JyBTap2wudo &index=6&list=FLn1sPEq8nRrTJOFeZxxCMSA

Keltner, D., & Marsh, J. (2010a). We are all bystanders. *The Compassionate Instinct.* New York: W.W. Norton.

Keltner, D., Marsh, J., & Smith, J. A. (Eds.). (2010b). *The compassionate instinct: The science of human goodness.* New York, NY: W.W. Norton.

Kennedy, J. (1960). *The New Frontier speech. Retrieved from.* http://www.wiki quote.org/

King, M. L. Jr., (1992). *I have a dream: Writings and speeches that changed the world* (J. M. Washington, Ed.). San Francisco, CA: HarperCollins Publishers.

Knight, J. (2011). *Unmistakable impact: A partnership approach for dramatically improv¬ing instruction.* Thousand Oaks, CA: Corwin.

Konrath, S., O'Brien, E., & Hsing, C. (2011). Changes in dispositional empathy in American college students over time: A meta-analysis. *Personality and Social Psychology Review, 15(2)*, 180–198.

Kotter, J. P. (2008). *A sense of urgency.* Boston, MA: Harvard Business Press.

Kreisberg, S. (1992). *Transforming power: Domination, empowerment and dominion.* Albany: State University of New York at Albany.

Lakoff, G. (2004). *Don't think of an elephant!: Know your values and frame the debate: The essential guide for progressives.* White River Junction, VT: Chelsea Green.

Lakoff, G. (2006). *Thinking points: Communicating our American values and vision: A progressive's handbook.* New York, NY: Farrar, Straus and Giroux.

Lane, K. L., Menzies, H., Bruhn, A., & Crnbori, M. (2011). *Managing challenging behav-iors in schools: Research-based strategies that work.* New York, NY: Guilford Press.

Lewis, D. (Narrator). (2011, March). *Born to Learn* [Video]. United States: 21st Century Learning Initiative. Retrieved from http://www.born-to-learn.org and https://www.youtube.com/watch?v=falHoOEUFz0

Marwick, A., & boyd, d. (2011, September). The drama! Teen conflict, gossip, and bullying in networked publics. A decade in Internet time: Symposium on the dynamics of the Internet and society. United Kingdom: *Social Science Research Network*. Abstract retrieved from http://papers.ssrn.com/sol3/papers.cfm?abstract_id=1926349 or http://ssrn.com/abstract=1926349303

McNeill, L. (1988). *Contradictions of control.* New York, NY: Routledge, Chapman and Hall.

Melton, G. D. (2014, June). One teacher's brilliant strategy to stop bullying. *Reader's Digest.*

Miller, B. (Director). (2012). *Moneyball* [DVD]. United States: Sony Pictures Home Entertainment. Retrieved from https://www.youtube.com/watch?v=xn7 C6jgl0RI

Morrison, B., & Marachi, R. (2011, March). *Understanding and responding to school bullying [Webinar]. In Safe and Supportive Schools Technical Assistance Center, American Institutes for Research.* Washington, DC: U.S. Department of Education Office of Safe and Drug Free Schools. Available at http://safesupportive learning.ed.gov/events/webinar/bullying-prevention

National Center for Education Statistics. (2012). *Indicators of school crime and safety.* Washington, DC: U.S. Department of Education, Institute of Education Sciences. Retrieved from http://nces.ed.gov/programs/crimeindicators/crimeindicators2012/tables/table_11_5.asp

National Center for Education Statistics. (2014). *Bullying in school statistics.* Washington, DC: U.S. Department of Education. Retrieved from http://nces .ed.gov/programs/digest/d13/tables/dt13_230.50.asp

Norton, M. (2009). The IKEA effect: When labor leads to love. *Harvard*

Business Review, 87(2), 30.

Novogratz, J. (2006). Jacqueline Novogratz: Invest in Africa's own solutions [Video]. *TED Talks: Ideas worth spreading.* Retrieved from https://www.youtube.com/ watch?v=8k_XH-ajLo0

Olweus, D. (1993). *Bullying at school.* Malden, MA: Blackwell.

Olweus, D., Limber S., Flex, V., Mullin, N., Riese, J., & Synder, M. (2007). *Olweus bullying prevention program teacher guide.* Center City, MN: Hazelden.

Patterson, K., Grenny, J., Maxfield, D., McMillan, R., & Switzler, A. (2008). *Influencer: The power to change anything.* New York, NY: McGraw-Hill.

Patterson, K., Grenny, J., Maxfield, D., McMillan, R., & Switzler, A. (2011). *Change anything: The new science of personal success.* New York, NY: Business Plus.

Perkins, H. W., Craig, D., & Perkins, J. (2011). Using social norms to reduce bullying: A research intervention among adolescents in five middle schools. *Group Processes & Intergroup Relations, 14(5)*, 703–723.

Pink, D. H. (2006). A whole new mind: Why right-brainers will rule the future. New York, NY: Riverhead Books.

Pink, D. H. (2009). Drive: *The surprising truth about what motivates us.* New York, NY: Riverhead Books.

Pink, D. (2010). *Two questions that can change your life* [Video file]. Retrieved from http://www.danielpink.com/archives/2010/01/2questionsvideo

Pink, D. H. (2012). *To sell is human: The surprising truth about moving others.* New York, NY: Riverhead Books.

Pink, D. (2013). Our motivations are unbelievably interesting [Video]. *RSA Animation.* Oxford, UK: Edge Initiatives. Retrieved from https://www.youtube.com/watch?v=avnHUxSVfVM

Pirsig, R. M. (1974). *Zen and the art of motorcycle maintenance: An inquiry into values.* New York, NY: Morrow.

Reeve, J., Ryan, R., Deci, E., &. Jang, H. (2007). Understanding and promoting autonomous self-regulation: A self-determination theory perspective. In 304

D. H. Schunk & B. J. Zimmerman (Eds.), *Motivation and self-regulated learning: Theory, research and application* (pp. 223–244). Mahwah, NJ: Lawrence Erlbaum.

Robinson, K. (2011). *Out of our minds: Learning to be creative*. West Sussex, UK: Capstone.

Rodkin, P. (2011). Bullying: The power of peers. *Educational Leadership, 69(1)*, 10–16.

Rosenberg, T. (2011). *Join the club: How peer pressure can transform the world*. New York, NY: W.W. Norton.

Roth, G., Kanat-Maymon, Y., & Bibi, U. (2011). Prevention of school bullying: The important role of autonomy supportive teaching and the internalization of pro-social values. *British Journal of Educational Psychology, 81*, 654–666.

Ryan, R., & Grolnick, W. (1986). Origins and pawns in the classroom: Self-report and projective assessments of individual differences in children's perceptions. *Journal of Personality and Social Psychology, 50(3)*, 550–558.

Ryzik, M. (2011, February). Animation advocacy, Pixar style. *New York Time*s, p. C1. Retrieved from A Rare Look at Pixar Studios http://www.youtube.com

Salmivalli, C. (2010). Bullying and the peer group: A review. *Aggression and Violent Behavior, 15*, 112–120.

Sarason, S. B. (1996). *Revisiting "The culture of the school and the problem of change."* New York: Teachers College Press.

Schein, E. (2009). *Helping: How to offer, give and receive help*. San Francisco, CA: Berrett-Koehler.

Schwartz, B., & Sharpe, K. (2010). *Practical wisdom: The right way to do the right thing.* New York, NY: Riverhead Books.

Self-affirmation theory. (n.d.). *Wikipedia. Retrieved July* 28, 2014 from Wikimedia Foundation http://en.wikipedia.org/wiki/Self-affirmation

Sergiovanni, T. J. (1996). *Leadership for the schoolhouse: How is it different?: Why is it important? San Francisco*, CA: Jossey-Bass.

Shapiro, M. (Producer). (2003, April 25). *Mo Cheeks National Anthem* [NBA Playoff Game on ESPN]. United States: National Broadcasting Company. Retrieved from https://www.youtube.com/watch?v=q4880PJnO2E&list=FLn1sPEq8nRrTJOFeZxxCMSA&index=72

Simmons, A. (2007). *Whoever tells the best story wins: How to use your own stories to communicate with power and impact.* New York, NY: Amacom.

Sinek, S. (2009). *Start with why: How great leaders inspire everyone to take action.* New York, NY: Portfolio.

Sinek, S. (2014). *Leaders eat last: Why some teams pull together and others don't.* New York, NY: Penquin.

Smith, P. (2012). *Lead with a story: A guide to crafting business narratives that captivate, convince, and inspire.* New York, NY: American Management Association.

Sullivan, L. (Director). (2004). *A touch of greatness* [DVD]. United States: First Run Features. Retrieved from https://www.youtube.com/watch?v=jujtkzGiG9U &list=FLn1sPEq8nRrTJOFeZxxCMSA

Surowiecki, J. (2004). *The wisdom of crowds: Why the many are smarter than the few and how collective wisdom shapes business, economies, societies, and nation*s. New York, NY: Doubleday.

Tate, T. (2001). Peer influences and positive cognitive restructuring. *Reclaiming Children and Youth, 9(4)*, 215–218.

Taylor, C., Manganello, J., Lee, S., & Rice, J. (2010). Mothers' spanking of 3-year-old children and subsequent risk of children's aggressive behavior. *Pediatrics, 125(5)*, 1057–1085.305

Thornberg, R. (2010). A student in distress: Moral frames and bystander behavior in school. *Elementary School Journal, 110(4)*, 585–608.

United States Department of Health and Human Services. (2014). *What bullying is, what cyberbullying is, who is at risk, and how you can prevent and respond to bullying* [website]. Washington, DC: author. Retrieved from http://www.stopbullying.gov/

Walton, G., & Cohen, G. (2007). A question of belonging: Race, social fit, and achievement. *Journal of Personality and Social Psychology,* 92(1), 82–96.

Walton, G., & Cohen, G. (2011). A brief social-belonging intervention improves aca-demic and health outcomes of minority students. *Science, 331(6023)*, 1147–11451.

Walton, G., Cohen, G., Cwir, D., & Spencer, S. J. (2013). Mere belonging: The power of social connections. *Journal of Personality and Social Psychology, 102,* 513–532.

Walton, G., Panesku, D., & Dweck, C. (2012). Expandable selves. In M. R. Leary & J. P. Tangney (Eds.), *Handbook of Self and Identity* (pp. 141–154). New York, NY: Guilford Press.

Weinschenk, S. (2013). How to get people to do stuff: *Master the art and science of per-suasion and motivation.* Berkeley, CA: New Riders.

Weir, P. (Director). (1985). *Witness* [DVD]. United States: Paramount Pictures Corp. Retrieved from https://www.youtube.com/watch?v=a7kLSk9-TRg

Willard, N. (2012). Cyber savvy: *Embracing digital safety and civility.* Thousand Oaks, CA: Corwin.

Wilson, T. D. (2002). *Strangers to ourselves: Discovering the adaptive unconscious.* Cambridge, MA: Belknap Press of Harvard University Press

Wilson, T. (2011). *Re-Direct: The surprising new science of psychological change.* New York, NY: Little, Brown.

Wilson, T., & Linville, P. (1982). Improving the academic performance of college freshman: Attribution therapy revisited. *Journal of Personality and Social Psychology I,* 42(2), 367–376.

Wilson, T., & Linville, P. (1985). Improving the performance of college freshman with attributional techniques. *Journal of Personality and Social Psychology, 49(1)*, 287–293.

Wiseman, L., Allen, L., & Foster, E. (2013). *The multiplier effect: Tapping the genius within our schools.* Thousand Oaks, CA: Corwin.

Yakin, B. (Director). (2001). *Remember the Titans* [DVD]. United States: Walt Disney Home Video. Retrieved from https://www.youtube.com/watch?v=uiqdA1 B3_Nc

Yeager, D., Henderson, M., D'Mello, S., Paunesku, D., Walton, G., Spitzer, B., & Duckworth, A. (2014). Boring but important: A self-transcendent purpose for learning fosters academic self-regulation. *Journal of Educational Psychology, 107(4),* 559–580.

Yeager, D. S., & Walton, G. M. (2011). Social-psychological interventions in educa-tion: They're not magic. *Review of Educational Research, 81(2),* 267–301.

Zak, P. (2013, December). How Stories Change the Brain. *Greater Good Science Center.* Berkeley: University of California at Berkeley. Retrieved from http:// greatergood.berkeley.edu/article/item/how_stories_change_brain